Johann Caspar Lavater

J. C. Lavaters Sämtliche kleinere prosaische Schriften vom Jahr 1763-1783

Zweiter Band: Gelegenheitspredigten

Johann Caspar Lavater

J. C. Lavaters Sämtliche kleinere prosaische Schriften vom Jahr 1763-1783
Zweiter Band: Gelegenheitspredigten

ISBN/EAN: 9783743659520

Hergestellt in Europa, USA, Kanada, Australien, Japan

Cover: Foto ©Lupo / pixelio.de

Weitere Bücher finden Sie auf **www.hansebooks.com**

Johann Caspar Lavaters

Sämtliche

kleinere

Prosaische Schriften

vom Jahr 1763 — 1783.

Zweyter Band,

Gelegenheits = Predigten.

———————   —————

Winterthur,
Bey Heinrich Steiner und Comp. 1784.

Meinem

lieben Freund,

Steffan Erſam,

Untervogt der Herrſchaft
Weiningen,

zugeeignet.

Kämpfe den guten Kampf des Glaubens! Ergreife das ewige Leben! Jage nach der Gottseeligkeit, dem Glauben, der Liebe; der Gedulb, der Sanftmuth — und halte das Gebot Christi unsträflich bis auf die Erscheinung unsers Herrn Jesu Christi!

Zürich, den vierten Herbstmonats 1 7 8 4.

Innhalt:

Seite.

Bettagspredigt über 2 Könige XII. 11.   1.
Einige Zusätze aus der Predigt, gehalten am Sonntage nach dem Buβtage über Apostg. III. 16.   41.
Bettagspredigt über Jesajá XL. 6—11.   49.
Trauungsrede an Herrn Felix Heβ, Diener Göttlichen Worts, und Jungfrau Maria Barbara Schultheβ.   83.
Predigt bey der Taufe zweyer Israeliten.   107.
Das gesegnete Andenken des Gerechten über Sprüchw. X. 7. am Begräbniβtage Herrn Stadthalter Heinrich Eschers.   165.
Erweckung zu frommen Empfindungen bey dem Gebrauche des Gesundbrunnens über Psalm CIV. 10. gehalten im Emserbade.   197.
Predigt bey der Einweyhung des Philanthropins zu Marschlins in Bündten, über Sprüchw. III. 1—7. 209.
Der Verbrecher ohne seines Gleichen und sein Schicksal, über Psalm XXXVIII. 10—15. Bey Anlaβ der Nachtmahls-Vergiftung.   235.
Zwote Predigt über Nahum III. 1.   289.
Abschieds-Predigt von der Waysenkirche, über 2 Cor. XIII. 13.   311.

Antritts

Innhalt.

Seite.

Antritts-Predigt zum Diakonate bey der Kirche zu
Sant Peter.   339.

Predigt nach Heinrich Wasers Hinrichtung, über
1 Corinth. X. V. 12.   385.

Predigt bey Anlaß der grossen Erderschütterungen in
Sizilien und Calabrien, über Psalm XLVI. o.   401.

Behttags-Predigt,

über

2. Könige XII, 11.

Gehalten den 12. Herbstmonat 1771.

Vorbericht
zur ersten, absonderlichen Ausgabe dieser Predigt.

Von Allem dem, was sich für und wider die Ausgabe einzelner Predigten, die bey besondern Gelegenheiten und an feyerlichen Tagen gehalten worden, sagen ließ, soll hier kein Wort gesagt werden; Auch nichts von dem, daß ich kühn, oder wenn man will, unbescheiden genug bin, und weiters seyn werde, Schriften, die mir gemeinnützig, und dem Publikum zu fehlen scheinen, herauszugeben. Ich mag wohl warten, ist meine freundliche Antwort an Alle, die mich deswegen einer unersättlichen Eitelkeit oder Ruhmsucht beschuldigen. Jetzt darf, und muß ich nur so viel versichern, daß die gegenwärtige Predigt von einer freundschäftlichen Hand bereits unter die Presse gegeben war, eh' ich mich auf häufiges Verlangen entschliessen konnte, sie dem Drucke zu überlassen. Lieber, dächt' ich da, will ich sie nun selber herausgeben, als sie mit der Vorrede eines Andern herausgeben lassen; Selber, um wenigstens

Vorbericht.

den Druckfehlern vorzukommen, — um hie und da noch ein Wort, eine Zeile, die ich wirklich gesagt habe, und die sich in der Handschrift nicht befindet, so gut als möglich nachzutragen, und um in einem kleinen Vorbericht, folgende, mir wichtig scheinende Anmerkung beysezen zu können. Eine Behttagspredigt, die öffentlich gehalten worden, muß nothwendig beym Lesen zu Hause eben so viel verlieren, als ein Gemählde oder eine Bildsäule, die auf eine gewisse Entfernung gemacht ist, wenn sie bey Nahem betrachtet wird. Wie viele Umstände treffen zusammen, die in der Kirche mehr Feuer, mehr dringende Heftigkeit, erlauben — ja fordern, welche beym stillen, einsamen Lesen wegfallen. Ich weiß, (und jeder weise Prediger ist vom Gefühle dieser Wahrheit durchdrungen) der Prediger darf sich nie nichts als Wahrheit erlauben. Kein Umstand, keine Feyerlichkeit giebt ihm Recht oder Freyheit, hievon das geringste zu vergeben; Aber die Einkleidung der Wahrheit will anderst seyn, wenn man an einem heiligen Buß- und Communionstage mit einer zu allen ernsthaften Empfindungen aufgelegten Versammlung redet, die bereits der freymüthigen Sprache eines Predigers gewohnt ist; Und wenn man nur für einzelne Leser im Zimmer schreibt. Ich muß also alle Leser, die etwa die ganze Predigt, oder einzelne Stellen zu stark, zu rednerisch, zu affektvoll, zu strenge, oder wie sie es nennen wollen, finden mögten, dieß zu erwägen bitten, daß diese Predigt an einem öffentlichen Behttage

Vorbericht.

tage gehalten, und nicht zum ruhigen Lesen gemacht worden; Zugleich aber muß ich sie innigst brüderlich bitten, sich bey jeder Stelle, die ihnen etwa zu strenge, zu schrecklich, zu unevangelisch scheinen mögte, beym ruhigsten Lesen vor Gott und ihrem Gewissen zu fragen: „Ob sie nicht richtig, nicht der „Wahrheit, der biblischen Wahrheit gemäß sey?" Es ist nichts leichter, aber auch nichts einem weisen Menschen unanständiger, als überhaupt ein absprechendes Urtheil über solche Abhandlungen zu fällen. — Wenn alle einzelne Sätze in einer Predigt wahr, und richtig verbunden sind, so muß die ganze Predigt, so streng oder rührend sie sonst scheinen oder seyn mag, wahr seyn. Ich bitte also Alle, denen irgend ein einzelner Satz falsch oder übertrieben scheint, mich dessen zu berichten. Sogleich werde ich denselben zurücknehmen, wenn er im mindesten schädlich seyn könnte. Aber dann erwarte ich auch die Billigkeit, daß man, wenn dieß nicht geschiehet, nicht überhaupt über Strenge, oder Uebertriebenheit klagen werde.

Ich werde übrigens nichts ermangeln lassen, allem Mißverstande beßtmöglich vorzukommen, und Gott bitten, daß Er diese Arbeit weiter an Allen seegne, denen sie zu Gesicht kommen wird.

Zürich, den 17. Herbstmonat 1771.

O Gott, der Du in Jesu Christ
Gerechtigkeit und Liebe bist!
Gieb Deiner Wahrheit Kraft und Ehre!
Gieb Geist und Leben Deiner Lehre;
Daß Jeder sie mit Zittern höhre;
Und sich mit Ernst zu Dir bekehre,
Der Du im Mittler Jesu Christ
Ganz Seeligkeit und Liebe bist! Amen.

Text.
2. Buch der Könige XXII, 11.
Als aber der König die Worte im Gesetzbuche hörete, zerriß er seine Kleider.

So bestürzt, Meine andächtige Zuhörer, so bestürzt, wie der König Josias war, als Er den Innhalt des wiedergefundenen Gesetzbuches sich vorlesen hörte, so und nicht minder bestürzt sollten und würden wir Alle seyn, wenn wir die Worte des Evangeliums hören würden; Nemlich mit derjenigen Aufmerksamkeit, mit dem leeren und offenen Herzen, mit derjenigen Einfalt, derjenigen Scheu und Ehrfurcht vor Gott hören würden, wie der fromme Josias die Worte des Gesetzes; Zerreissen würden wir, wo nicht unsere Kleider, doch unsere Herzen. „Ist es möglich,“ würden wir mit unaussprechlicher Schaam und tiefem Erstaunen über unsre Verblendung ausrufen: „Ist es mög„lich, daß wir so tief haben verfallen, uns so schrecklich „weit von der evangelischen Wahrheit und Tugend haben „entfernen, und die allerheiligsten Worte des allerheiligsten „Gottes so ganz und gar haben vergessen können, als es „wirklich von uns geschehen ist? Sehet es nicht, würden wir mit Wehmuth und Beklemmung des Herzens ausru-

Behttagspredigt.

~~sen müssen,~~ „bey uns ~~beynahe eben so schlimm aus~~, als
„wenn das Evangelium Jahr und Tage unter uns unbe-
„kannt und verlohren gewesen wäre? Beynahe eben so,
„als wenn die Religion Jesu Christi sich niemahls bey uns
„niedergelassen, nie Ihre Vertheidiger und Prediger in un-
„serer Stadt gehabt hätte? Als wenn nie keine öffentlichen
„Feyertage zur Ehre derselben unter uns üblich gewesen
„wären?" —

Christen! Erstaunet und befremdet Euch nicht, daß wir
also reden! — ~~Es geschieht nicht aus blinder Tadel~~ oder
Jammersucht; Nicht aus einem trübsinnigen und menschen-
feindlichen Herzen; Und, es geschiehet auch nicht bloß um
deswillen, weil der heutige Tag ein ausserordentlicher Bußtag ist! Nein! Sondern weil es vor Gott wahr ist, wenn
wir es auch nicht sagen würden! Weil wir uns eine schwere
Verantwortung auf die Seele laden würden; Weil wir dem
Heiligen und Gerechten, in Dessen Namen wir unwürdiger Weise hier stehen, nicht unter die Augen treten dürften, und als furchtsame Heuchler vor Ihm erfunden würden, wenn wir eine gelindere, schohnendere Sprache führ-
ten; Wenn wir Euch mit unsern Erweckungen, zumahl an
solchen hochfeyerlichen Tagen, minder tief zu Herzen bringen würden; Weil uns das Wort und der Geist unsers
Gottes keine Bemäntelung, keine bloß scheinbare Entschul-
digungen unsers tiefen Verderbens gestatten. Darum, darum
müssen wir also reden; Darum haben wir in der Furcht
Gottes die gegenwärtige heilige Stunde dazu bestimmt, Euch

noch

noch tiefer, als es am letzten Vorbereitungstage geschehen ist, in die Bestürzung über Euch selbst hineinzusetzen; Euch noch näher an das Licht des Evangeliums hervorzuführen, oder hervorzureissen; Euch noch mächtiger aus Eurem bisherigen Schlummer zu erwecken, und Euch die Augen fest und mit unwiderstehlicher Gewalt auf den tiefen Abgrund hinzuhalten, an dem so viele von Euch so unempfindlich, so sorglos taumeln! —

Ich will Euch, Meine Theuresten, nicht um Eure Aufmerksamkeit bitten; Denn Gott wird Euch aufmerksam machen. — Nur um Geduld, wenn ich vielleicht einige Minuten länger, als gewöhnlich, zu Euch rede. Der, der Eure Herzen in Seiner Hand hat, wird Seinem Worte schon solche lebendige Kraft zu geben wissen, die Euch keine Ungeduld, keine lange Weile gestatten wird. — Die Bestürzung eines Josias, der seine Kleider zerriß, da Er die Worte im Gesetzbuche höhrete, — wird auf Euch kommen; Und — im Namen des Herrn sey es geredet! — Die heilsame Bestürzung wird auf manchen Seelen ruhen, manches Eurer Herzen verfolgen, bis Ihr beschämt und zerknitscht genug seyt, die Tröstungen des Evangeliums aufzufassen, und den neuen heiligen Geist, der in Jesu Christo ist, zu umfassen, und mit Ihm in Einen Geist zusammenzufliessen. (*) —

Du aber, vor Dessen Majestät Himmel und Erde zittern, Dessen heiligen Namen auszusprechen ich nicht würdig bin,

keiner

(*) 2. Cor. 6, 11.

keiner, auch der Heiligste nicht, würdig ist; Du über Alles Erhabene unendlich Erhabner! Unerforschlich Mächtiger, ewig Lebendiger, Allgegenwärtiger, Namenloser, — der Du Dich von Deiner unendlichen Höhe zu uns armen Erdenwürmern, in Jesu Christo, herabgelassen, und Dich uns unter dem süßen Vaternamen zu offenbahren geruhet hast; Du unaußsprechlich guter Vater! Du bist in dieser mir so schwehr auf dem Herzen liegenden Stunde meine Zuversicht und meine Stärke! Du, der Fels, auf den ich meine Hoffnung gründe; — Vater Jesu Christi und Vater unserer, Dir wiedererkauften, und durch Ihn von neuem unsterblichen Seelen! — Dein Wille, Deine Sache ist es, nicht meine, daß sie heilig und seelig werden! Ich kann reden, aber meinen Worten keine Kraft geben; Ich kann die Besserung meiner Zuhörer wünschen, kann sie zur Bekehrung ermuntern, aber ihnen die Buße nicht einpredigen, sie nicht auf den Grund des Herzens bekehren; Ich kann mich selbst ohne die mächtig einströhmende Kraft Deines Geistes nicht bekehren; Wie sollte ich denn aus mir selbst Andre bekehren können? Nein! Ich fühle meine Ohnmacht, meine Erstorbenheit! Ach, ich fühle sie bis zum Ersinken unter ihrer niederdrückenden Last! Ach, mir elenden Menschen! Wer will mich von diesem Todesleib erlösen? (*) — Deine Gnade, mein Vater, durch Jesum! Dein Geist, der Jesum von den Todten auferwecket, (**) und mit Ihm und durch Ihn ein neues,

uner=

(*) Rom. 7, 24. 25.
(**) Rom. 8, 11.

Bebttagspredigt. 11

unerschöpfliches Meer von Licht und Kraft, von Tugend und Leben in die Nacht und Ohnmacht, in den Tod und das Verderben unsrer Welt ausgegossen hat!

Mit diesem, diesem lebendigen, lichtvollen, allmächtigen Geiste Jesu Christi ziehe mich an, bester, heiligster, innigst naher, allgegenwärtig wirksamer, menschenliebender Vater! In der Kraft dieses Geistes sey es mir gegeben, die Herzen meiner Zuhörer, und mein eigenes Herz zu zerreissen, und uns recht tief in eine heilsame Bestürzung über uns selbst hineinzuführen, und uns den ungeheuren Abstand zwischen unserm Leben und dem heiligen Evangelio Jesu Christi recht fühlbar zu machen!

Ja, öffne uns die Augen, heiliger Geist meines Erlösers! Nimm die Decke von unserm Verstand und unserm Herzen hinweg! Zerreisse den Vorhang, der uns von Deiner Gemeinschaft, o Allerheiligster, trennet; Und laß Dein Wort in meinem Munde seyn, wie ein Feuer, und wie einen Hammer, der die Felsen zerschmettert! (*) — Ziehe mich an mit Eifer der Propheeten, mit der Liebe der Apostel, und mit der Einfalt und Kraft Jesu Christi. Amen! Amen!

Als der König Josias die Worte im Gesetzbuch höhrete, zerriß Er seine Kleider.

Und warum zerriß Er seine Kleider? — Darum, — weil Er sie lange nicht mehr gehört, — und nun den entsetzlichen

(*) Rom. 23, 29.

chen Verfall der Israelitischen Kirche, den ungeheuren Abstand ihrer Sitten von dem Gesetze Gottes einsähe, und die schrecklichen Dröhungen desselben vernommen hatte. — Und eben wegen dieses Verfalls unsrer Religion, — eben wegen dieses Abstandes unsers Lebens von dem Evangelio Jesu, und wegen des auf uns wartenden Elendes sollten auch wir unsre Kleider und Herzen zerreissen, wenn wir die Worte des Evangeliums hören: Die Worte von der Liebe Gottes; Die Worte von der Liebe des Nächsten; Die Worte von der Verläugnung unser selbst. —

I.

O, so höhret dann die Worte des Evangeliums, und höret nicht die Stimme der Leidenschaften und Vorurtheile! Höret die Stimme Gottes und nicht die Stimme des Menschen! Höret die Wahrheit Jesu Christi, und nicht die Lügen Satans! Habt Ihr noch nie gelesen, was in dem Evangelio Jesu Christi, des Sohnes Gottes, geschrieben steht?

Du sollst Gott, deinen Herrn, lieben von ganzem Herzen, von deiner ganzen Seele, und nach allem deinem Vermögen! (*) Du sollst den Herrn deinen Gott anbehten, und Ihm allein dienen. (**) Man soll Gott mehr gehorchen, denn den Menschen. (***) —

Dieß

(*) Matth. 4, 10.
(**) Act. 5, 29.
(***) Matth. 10, 37.

Dieß ist das vornehmste Gebot. (*) — Habt Ihr noch nie gelesen: Wer Vater oder Mutter über Mich liebet, der ist Meiner nicht werth; Und wer Sohn oder Tochter über Mich liebet, der ist Meiner nicht werth? Wer den Herrn Jesum Christum nicht lieb hat, der sey ein Fluch, Maranatha; — Das ist: Wenn Er kommen wird zu richten. (**) „ — Als Josias die Worte im Gesetzbuche höhrete, zerriß er seine Kleider. — Und wir zerreissen nicht unsere Kleider, und unsere Herzen, wenn wir diese Worte aus dem Evangelio höhren? Ist es möglich, daß wir sie in unserm Leben auch nur ein einziges mahl mit Aufmerksamkeit gehöhrt oder gelesen haben? Daß wir mit unsern Gedanken auch nur einige wenige Minuten dabey verweilet sind? Daß wir sie auch nur ein einziges mahl so betrachtet haben, als wenn sie auch uns etwas angiengen? Als wenn sie auch uns gesagt wären; Als wenn auch wir darnach gerichtet werden sollten? — Ach! Meine Theuresten! Es ist beynahe anderst nicht, als wenn wir dieselben ganz und gar übersehen, und ihnen niemahls, weder zu unsern Ohren, noch zu unsern Herzen den Zugang verstattet hätten! Ich will nicht fragen: „Wer ist unter uns, der den un„sichtbaren Gott von ganzem Herzen, und mehr als Alles „in der Welt lieb hat? Wer dienet Ihm allein? Wer ist „Ihm in Allem mehr gehohrsam, als den Menschen? Wer „darf sagen: Mehr als Vater und Mutter, mehr als Sohn

„und

(*) Marc. 12, 3.
(**) 1. Cor. 16, 23.

„und Tochter; mehr als Weib und Freund liebe ich Je-
„sum Christum? Ich freue mich nicht über Ihn, als über
„Alles, was mir sonst Freude macht?" — Diese Fragen
darf ich nicht einmahl aufwerfen; Sondern fragen will
ich nur: — „Wer ist unter uns, der es sich selbst und An-
„dern mit Empfindung und Ernste sagt, daß es doch also
„seyn sollte? Der nur so viel Zeit und Mühe nimmt, zu
„überlegen, was die Forderungen des Evangeliums in sich
„fassen? Der es auch nur recht einsehen und empfinden,
„wie wichtig, wie natürlich, wie schlechterdings unver-
„änderlich sie sind? Der sein Leben und seine Gesin-
„nungen etwa in einer stillen Stunde mit eindringendem
„Ernste darnach prüfen will? Der sich (denn das gehört
zu jener Prüfung im Ernste, von der wir reden) „der
„sich die Fragen, die hierüber zu machen sind, nicht etwa
„nur vorlegt, sondern sich auch, mit ausharrender Redlich-
„keit und Unpartheylichkeit, dieselben deutlich, einfäl-
„tig und auf eine durchaus entscheidende Weise beantwor-
„tet? Diese Antworten sich mehr, als einmahl vorhält,
„und sich selbst damit gleichsam verfolget?" — — Mögen
unter hundert gegenwärtigen Seelen auch nur zwey oder
drey seyn, die sich in Ansehung dieser wichtigsten unter allen wichtigen Fragen auch nur des Jahrs einige mahle
recht im Ernste bekümmern!

Ist es dann ohne Ursach, und umsonst, o Meine Theureste ... wenn wir über den tiefen Verfall unsers heutigen Christenthums seufzen und wehklagen? Wenn wir so

viele

viele mitten in ihrem Verderben unempfindliche Seelen nicht ohne Entsetzen, ohne ein zerrissenes und blutendes Herz ansehen können? — Heiliger Gott! Eine Kirche! — Eine Stadt voll Christen, die Dich nicht lieben? So viele hundert, so viele tausend Seelen, unter denen vielleicht keine einzige Christinn mehr als alle Güter, alle Freunde auf Erden, als Alles in der Welt liebet! So viele hundert und tausend Seelen, unter denen vielleicht nicht zwo oder vielleicht keine einzige nur recht im Ernste daran denkt, daß es doch einmahl schlechterdings so, und nicht anderst seyn sollte! Erbarmender Gott! — Eine Kirche, eine Stadt voll Seelen, die, (wenn Dein Wort nicht falsch, und Dein heiliges Evangelium — schrecklicher Gedanke! — kein Betrug ist; —) Die das Urtheil über sich sollen aussprechen hören, die Verdammniß an sich erfahren... Ihr seyt Meiner nicht werth! Seelen, die vielleicht keinen Bußtag mehr mit uns feyren, vielleicht diese Woche nicht auf Erden beschliessen; Vielleicht morgen, vielleicht heute noch vor Gott, zu welchem Gerichte?.. hingerückt, und durch das lebendige heisse Gefühl ihrer Abscheulichkeit und unwidertuflichen Verdammnung auf eine alle Begriffe weit übersteigende Weise gemartert werden sollen! —

O ihr theuren Seelen, urtheilet selbst, ob uns das nicht zu Herzen gehen, ob uns das nicht dergleichen wahre, feste, aus dem Evangelio Gottes unaustilgbare Gedanken uns nicht Tag und Nacht verfolgen, beängsti-
gen,

gen, und immer aufreizen und anspornen sollen, Euch auf dem Weg Eurer Verblendung gleichsam nachzujagen, Euch aus voller Seele zuzurufen: „Wollet Ihr einen Gott nicht „scheuen, der ein verzehrendes Feuer; (*) Wollet Ihr „einen Gott nicht lieben, der ewig die Liebe selbst (**) „ist? Kehret um, o Ihr Abtrünnige! Warum begehet „Ihr eine doppelte Thorheit? Warum verlasset Ihr „den Brunnen der lebendigen Wasser? Warum gra„bet Ihr Sodbrunnen, ja zerbrochene Sodbrunnen, „die kein Wasser haben?" (†)

Ja zerreisset nur, o Ihr Irrenden, zerreisset, nicht Eure Kleider, sondern Eure Herzen, — daß Ihr einen Gott nicht liebet, der Euch ewig geliebet hat, und ewig lieben will; — Daß Ihr einen Gott nicht liebet, von dessen Liebe Himmel und Erde erfüllet sind; — Daß Ihr einen Gott nicht liebet, der aus dem Lichte, zu welchem Niemand kommen kann, in die Nacht des menschlichen Elendes herabgestiegen, und die Sünde, und den Tod einer ganzen Welt auf Sich genommen, und den letzten Tropfen Seines entsündigenden Blutes zu unserer ewigen Erlösung willig, und unter unnennbaren Beängstigungen hergegeben hat; Daß Ihr einen Gott nicht liebet, der Sich mit Seiner ganzen Liebenswürdigkeit, mit dem unerforschlichen Reichthum Seiner ewigen Herrlichkeit Euch selbst mittheilen,

(*) Hebr. 12, 29.
(**) 1. Joh. 4, 8.
(†) Jer. 2, 13.

Behtt...

ten, Euch mit Seinem Leben beleben, mit Seinem Geiste beseelen, mit Seiner eignen Weisheit erleuchten, mit den Freuden Seiner Göttlichen Liebe durchströmen, — zu Mitgenossen Seiner Göttlichen Natur machen will;— Daß Ihr einen Gott nicht liebet, ohne Dessen Liebe keine vernünftige Creatur weder auf Erden, noch im Himmel selig seyn könnte; Ohne Dessen Liebe der Himmel selbst eine Hölle wäre!"

Ja, zerreisset nun Eure Herzen, — oder vielmehr zerreisse Du sie — Allmacht meines Gottes! Zerreisse Du sie, angebehtete Heiligkeit Dessen, vor Dem die Seraphinen ihre Angesichter verhüllen! Zerreisse Du sie, Geist meines gekreuzigten Erlösers, der die Felsen und Gräber zerspaltet, und jenen Vorhang des Tempels zerriß! Zerreisset Ihr sie mit eurem blitzenden Lichte, o ihr ewigstrahlende Wunden Dessen, der die Erde gegründet, und Dessen Werke die Himmel sind! (*) Zerreisse Du sie, Blut, das auf Golgatha troff, Heiligstes Blut, dessen Abend wir sonder in dem Kelch der Danksagung und Liebe getrunken haben, damit sie erwachen, diese schlafenden Seelen! Damit ihnen die Augen aufgehen, das zu sehen, was allein liebenswürdig ist, allein, und ewig sie selig und fröhlich machen kann!

II.

Höret ferner die Worte des Evangeliums, und höret nicht die Stimme der Leidenschaften und Vorurtheile! Höb-

(*) Hebr. 1, 10.

ret die Stimme Gottes, und nicht die Stimme der Menschen! Höhret die Wahrheit Jesu Christi, und nicht die Lügen des Satans! Habt Ihr noch nie gelesen, was in dem Evangelio des Sohnes Gottes geschrieben steht:

Alles, was Ihr wollt, das Euch die Leute thun, das thut auch Ihr ihnen; Denn dieß ist das Gesetz, und die Propheeten. (*) Das andere Gebot, so dem allergrössesten gleich ist, ist dieß: Du sollst deinen Nächsten lieben, wie dich selbst. (**) Die Liebe thut dem Nächsten nichts Böses. (***) Die Liebe ist langmüthig; Sie ist gutthätig; Die Liebe eifert nicht; Die Liebe treibet nicht Muthwillen; Sie blähet sich nicht auf; Sie ist nicht ungebehrdig; Sie suchet nicht das Ihrige; Sie läßt sich nicht zum Zorn reizen; Sie misset sich nichts zu Argem; Sie freuet sich nicht über die Ungerechtigkeit; Sie freut sich aber über die Wahrheit; Sie verträgt Alles; Sie glaubt Alles; Sie hofft Alles; Sie duldet Alles. — (†) Ich gebe Euch ein neues Gebot, daß Ihr einander liebet, wie Ich Euch geliebet habe. Grössere Liebe hat niemand, denn diese, daß jemand sein Leben für seine Freunde lasse. (††) Und hiebey haben wir die Liebe Gottes erkennet, daß Er Sein Leben für uns gelassen hat; So sollen auch wir das Leben für die Brüder lassen.

Als

(*) Matth. 7, 12.   (**) Marc. 12, 31.
(***) Röm. 13, 10.   (†) Joh. 13, 34. 35.
(††) 1. Joh. 3, 16.

... ... König Josias die Worte im Gesetzbuche
... ... Zeiten. — Und wir, ver-
... ... Kleider und unsere Herzen, wenn wir
... Worte aus dem Evangelio hören? Ist es möglich,
... ... in unserm Leben auch nur ein einziges wohl
... Aufmerksamkeit gehöret oder gelesen haben? Aber wohl
... ... fragen. Meine Zuhörer: Wer von uns
diese Vorschriften des Evangeliums befolge? Wer von dieser edeln, ganz uneigennützigen, ganz sich selbst vergessen-
den, ... für Andre geschäftigen brüderlichen Liebe beseelet
... Wer von uns sagen dürfe: "Ich sehe nicht auf das
Meinige, sondern auf das, so des Andern ist." (*)
"Ich opfre mein Leben ganz dem Dienste der Andern auf,
wie Jesus Christus das Seinige zum Heil der Welt aufopferte. Der Geist der Liebe, der Sanftmuth und der
Freundlichkeit Christi ist in mir!" Das will ich nicht
... fragen; — sondern nur fragen: "Wer erkennet,
... weiß und empfindet es, daß es wenigstens also seyn
sollte? Wer bekümmert und ängstigt sich darüber, daß er
sich von dieser Liebe weit entfernt fühlen muß? Wer be-
urtheilet seine Liebe nach dieser Regel, zittert sein Herz
... vor diesem Richterstuhl? Wer wendet diese allgemeine
... ... auch nur in seinen Gedanken aus besondere
... ... Wer tadelt, wer verlachet nur den nicht, der
... diesen himmlischen Grundsätzen etwa nur nähern will?
Wer darf es nur wagen, ein Wort zu seiner Vertheidi-
gung zu sagen, wenn Andere ihn lächerlich machen wol-
... ... ken?

(*) Phil. 2, 1

leh? — Ach! Gott erbarme sich unser! So weit ist es mit Christen gekommen? So tief sind wir von der Höhe und Majestät der evangelischen Tugend herabgesunken? So mittelmäßige Ebenbilder und Jünger Christi sind wir geworden? — Hätte es weiter mit uns kommen, hätten wir tiefer sinken können, wenn die evangelischen Schriften, wie das Gesetzbuch zu den Zeiten Josiä, unter uns verlohren gegangen wären?

Ja, — laßt uns sagen, was wir im Innersten unserer Seele denken, schon oft gedacht und vielleicht auch schon gesagt haben. . . . Es liegt ob dem neuen Testament, oder vielmehr auf unserm Herzen eine Decke, wie die Decke Mosis. — Wir haben Augen und sehen nicht; Ohren, und höhten nicht; Herzen, und merken und empfinden nicht; Nacht ist unser Verstand; Oft wie ein Stein unser Herz. — Wir bekennen uns Alle zur Religion der Liebe; — Wir gestehen Alle: Das Beyspiel und der Tod Jesu und das Gedächtnißmal dieses Todes seyen die stärksten Bewegungsgründe zur uneigennützigsten und erhabensten Liebe; — Wir bekennen und gestehen, wenigstens, wenn wir darüber befraget werden: Daß Christus es von uns fordert; — Daß wir Andere wie uns selbst lieben, so lieben sollen, wie Er uns geliebet hat; Daß wir Andern das thun sollen, was wir wünschen, daß Andre uns thun. — Und doch sind wir von nichts in der Welt entfernter, als von diesen Gesinnungen der Liebe! Die evangelische Liebe ist in unsre neue Testamenter ein- und aus

unsern

unsern Herzen, ausgeschlossen! — Zwahr tragen wir sie fleiſ-
ſig mit zur Kirche, dieſe unſre Teſtamenter; Wir nehmen
ſie wieder nach Hauſe; Wir haben einen Vorrath davon;
Wir ſind auſſer aller Gefahr, daß dieſelben jemahls überall,
wie die Urkunde des moſaiſchen Geſetzes verlohren gehen...
Aber bey Allem dem bleiben wir immer die alten unevan-
geliſchen, liebloſen, unbrüderlichen Menſchen; Menſchen voll
Eigenliebe, Mißgunſt, Neid, Bitterkeit, Strenge, Bosheit, Geitz, Eigennutz, Betrug; — Bey dem Allem iſt
unſre Liebe nicht langmüthig, nicht gutthätig genug; Unſre
Liebe iſt neidiſch, iſt eiferſüchtig, weltgefällig und muthwil-
lig; Iſt ſtolz, launiſch und eigennützig; Unſre Liebe iſt zorn-
müthig, argwöhniſch; Iſt eine Freundin der Ungerechtigkeit, eine Feindin der Wahrheit; Iſt unverträgſam, miß-
trauiſch, ängſtlich, ungeduldig; — Iſt gerade das Gegentheil der evangeliſchen Liebe. — Ich berufe mich auf Euer
Herz und Gewiſſen, ob dem nicht alſo ſey? — Es iſt wahr,
wir ſind noch ſo ziemlich wohlthätig, in Vergleichung mit
Andern, die ſich noch weiter vom Evangelio entfernt haben,
vielleicht großmüthig, — das iſt wahr, und gerade der heutige Tag beweiſet es auf's neue; — Und wir wünſchen aufrichtig allen wohlthätigen Seelen den beſten Seegen, den
Gott ihnen geben kann. — In Vergleichung, ſage ich, mit
Andern ſind wir großmüthig; — Aber in Vergleichung mit
dem Evangelio — Guter Gott und Heiland — in Vergleichung mit Dir! — Was ſind wir alsdann? Ach! Was
biſt du, Zürich! — Stadt, deren man ſo oft, und vielleicht
nicht ohne Grund zugerufen hat: Zürich! Deine Almo-

ſen

sen erhalten dich! — Was bist du weder den Augen der
Wahrheit? Welche Greuel von Unbarmherzigkeit liegen auf
dir! Wie viele tausend Thränen der Verlassenen, der Bedrängten, der Vervortheilten sind in dir, du so hochge-
rühmte, wohlthätige Stadt, nur in diesem Jahr, in diesem Wunder-Jahre der Güte und des Ernstes, der Langmuth und der Gerichte Gottes vergossen worden! Wer will
alle die harten Verfahren mit Arbeitern, mit Taglöhnern,
Gewerbsleuten und Dienstboten, wer die Unmenschlichkei-
ten mit Schuldnern, wer die täglichen tyrannischen und
quälenden Auftritte mit Hausgenossen und Kindern, wer
die betrügerischen Kunstgriffe, die Dieberehen der Armen,
die Undankbarkeit derer, die tägliche Wohlthaten geniessen,
wer will alle Arten von diesen himmelschreyenden Lieblosigkeiten aufzählen, die so viele hundert Häuser und Werkstätte, Schreibstuben und Kabinette, so viele Kammern
und Küchen, so viele Buden und Gassen unsrer Stadt erfüllen, und beynahe in den Abgrund zu drücken scheinen?
Der zahllosen, boshaften und unerbittlichen Verläumdungen nicht zu gedenken, unter denen allein unsre Stadt erzittern und versinken möchte! — Das ist deine christliche
Liebe, o du meine beweynenswürdige Vaterstadt! Tage, —
nein ganze Tage würden vielleicht nicht hinreichen, alle die
Lieblosigkeiten zu erzählen, die bisweilen nur in einer einzigen
Stunde inner deinen Mauern vorgehen! Aber der Tag
des Gerichtes wird hinreichen, sie alle aufzudecken; Aber
die Ewigkeit wird lange genug seyn, sie jedem, der sich
nicht bessern will, auf seinen Kopf zu vergelten! — O Gerichtstag!

richtstag! Wer will dich ertragen? — Wer dich! aushalten, o Ewigkeit? Wer nicht lieber hier sein Herz zerreissen, und besser werden? Hier, die Freuden der Liebe empfinden, als dort die Quaal, ewig zu hassen und gehasset zu werden? —

III.

Höhret ferner die Worte des heiligen Evangeliums, und höhret nicht die Stimme der Leidenschaften und Vorurtheile! Höhret die Stimme Gottes, und nicht die Stimme der Menschen! Höhret die Wahrheit Jesu Christi, und nicht die Lügen des Satans! Habt Ihr noch nie gelesen, was in dem Evangelio des Sohnes Gottes geschrieben steht? — Wer Mir nachkommen will, der verläugne sich selbst; Der nehme sein Kreuz auf sich, und folge Mir nach. (*) Tödet Eure Glieder, die auf Erden sind. (**) Die, welche Christi sind, die haben das Fleisch samt den Anfechtungen und Gelüsten gekreuziget. (†) Wer sein Leben behalten will, der wird es verlieren; Wer aber dasselbe um Meinetwillen verlieret, der wird es finden. (††) — Habt nicht lieb die Welt, noch was in der Welt ist; So Jemand die Welt lieb hat, in dem ist nicht die Liebe des Vaters; Denn Alles, was in der Welt ist, nämlich der Lust des Fleisches, und der Lust der Augen, und der Hochmuth des Lebens, das ist nicht von

dem

(*) Luc. 9, 13. (**) Col. 3, 4.
(†) Gal. 5, 24. (††) Joh. 12, 25.

dem Vater, sondern von der Welt! Und die Welt und ihr Gelust vergehet.—(*) Wer nicht Allem dem, was er hat, absagt, der mag nicht Mein Jünger seyn. (**)

Als der König die Worte im Gesetzbuche höhrete, zerriß Er seine Kleider.... Und wir zerreissen nicht unsere Kleider, und unsere Herzen, wenn wir diese Worte aus dem Evangelio höhren? Ist es möglich, daß wir sie in unserm Leben auch nur ein einziges mahl mit Aufmerksamkeit gehöhrt, oder gelesen haben? — Mein Gott! Wie dürfte ich fragen: "Wer aus uns es in der Verläugnung "seiner selbst, in der Herrschaft über seine Gelüste und Lei"denschaften, in der Brechung und Tödtung seines eigenen "Willens, in der Aufopferung seiner selbst an den Willen "Gottes so weit gebracht habe; — Ob jemand hier zuge"gen sey, der seiner Temperaments- und Lieblingssünde "so weit, Meister ist, daß alle Pfeile der Versuchung gleich"sam nichts als Strohhalmen für ihn sind, und seine vor"mahlige Leidenschaft weder wecken noch reizen können? "Jemand, der es dem Apostel, nach der ganzen Kraft sei"nes Ausdrucks mit Wahrheit und vor Gott nachsagen "dürfe: Ich bin mit Christo gekreuziget! Ich lebe, Aber nicht mehr ich, sondern Christus lebet in mir; Was ich im Fleische lebe, das lebe ich im Glauben des Sohnes Gottes, der mich geliebet, und sich selbst

für

(*) 1. Joh. 2; 15—17.
(**) Luc. 14.

für mich dahingegeben hat. (*) Ich bezähme meinen
Leib und zwinge ihn unter die Knechtschaft. (**) Das
Gesetz und die Kraft des lebendigen Geistes in Jesu
Christo hat mich von dem Gesetz der Sünde und des
Todes frey gemacht. (†) Ich bin eine neue Creatur;
Das Alte ist vergangen; Alles an mir ist neu wor-
den. — (††)

Fragen will ich nur, Meine Theuresten! "Wer von uns
„Allen, mittelmäßigen und bessern Christen es wisse, es
„mit der ganzen Ueberzeugung seines Herzens glaube: Daß
„er und jeder Christ diese Sprache sollte führen können?
„Wer diese Gebote des Evangeliums, diese unveränderli-
„chen Anweisungen Jesu Christi zur Seeligkeit mit Ernste
„betrachte, mit Nachdenken und Unpartheylichkeit unter-
„suche und studiere; Sie wenigstens so in Sinn und Herz
„fasse, daß er beständige Unruhe und Kränkungen des Ge-
„wissens fühlet, wenn er sie verfehlet, oder vernachläßigen
„will? Wer es nur auch sich selbst, und andern Christen,
„nicht nur überhaupt, sondern auch in besondern Fällen
„ausdrücklich sagen, und vorhalten dürfe: So siehet es
„in dem Evangelio!

„Dieß ist das Auge, dieß der Fuß,
„Die sich der Christ entreissen muß!"

„Hier solltest du Ernst beweisen! Hier dir abbrechen! Hier
„dich verläugnen! Hier dir wehe thun! Es wäre dir
„besser,

(*) Gal. 2, 20. (**) 1. Cor. 9, 27.
(†) Röm. 8, 2.   (††) 2. Cor. 5, 17.

„besser, einäugig, besser, lahm, und ein Krüppel,
„und verstümmelt zu seyn, als diesem Geluste zu fü-
„gen, dieser Leidenschaft Gehör zu geben? Es wäre dir
„besser, einäugig, und lahm, und verstümmelt in
„das Leben einzugehen, dann mit deinem ganzen
„Leibe, mit deinen beyden verblendeten Augen, deinen
„beyden Händen und Füssen in das höllische Feuer ge-
„worfen zu werden, in Quaal, wo ihr Wurm nicht
„stirbt, und das Feuer nicht erlöschet!" (*) — Wer zerreißt doch nicht sein Herz über diesen schrecklichen Worten,
die um so viel schrecklicher sind, weil sie aus dem Munde
des Lammes Gottes fliessen, das liebreich genug war, die
Sünde der Welt zu tragen! — Nagender, unsterblicher
Wurm des unsterblichen Gewissens, wer will deine Mar-
ter beschreiben? Wer die äusserste Finsterniß, wo ewiges
Heulen und Zähnknirrschen ist? (**) Wer die Glut jenes
Teiches, der von Feuer und Schwefel brennet? Wer
jene Pein, deren Rauch von Ewigkeit zu Ewigkeit
aufsteigt? — (†)

O! Wenn es mir gegeben wäre, auch nur für einen einzigen Augenblick jenen Vorhang wegzuziehen, oder vielmehr
jenen Abgrund aufzudecken, der so viele tausendmahl tausend Sünder, die vor Euch und mit Euch auf Erden gelebt, in sich schließt! — Oder wenn ich einen einzigen, den,
der es noch am leidentlichsten unter Allen hätte, hier vor
Euch

(*) Marc. 9, 48. u. f.   (**) Matth. 22, 13.
(†) Apoc. 14, 11.

Euch bitttuhren und ihn statt meiner Munde reden lassen! — Welche Todesbläße würde Euch überströmen! Welche Ohnmachten für über Euch ausgehen! Welche unerträgliche Beängstigungen würden auf Eure Herzen zustürzen! — Schrecklicher Anblick! — Seelzerschneidender Gedanke! — Eure Verdammten aus der Hölle hier zu erblicken, und ihr seine Mark und Bein durchdringenden Wehe herausheulen zu hören! — Aber noch schrecklicherer Gedanke: „Wenn Ihr Mosen und die Propheten nicht höhret; Wenn Ihr Christo und Seinen Aposteln nicht glaubet; — So würdet Ihr auch nicht glauben, würdet Ihr auch nicht Buße thun, würdet Ihr Euch kein sündliches Vergnügen versagen, keine Gott mißfällige Leidenschaft unterdrücken; wenn auch gleich jemand von den Todten auferstünde; (*) Wenn Euch gleich die Verdammten in der Hölle mit der Stimme der Verzweiflung predigen würden!„ —

O mein Gott! Mein Gott! — Was dann soll ich zu Euch sagen? Und wie soll ich dann Eure Herzen zerreissen, wie Euch demüthigen, und zermalmen? Wie Euch dem Herrn unserm Gott, als ein gefälliges Opfer darstellen? Wie Euer Aller Geist gleichsam zu einem einzigen geängstigten Geist, Euer Aller Herzen zu einem einzigen geängstigten und zerschlagenen Herzen machen? — Wie Vieles hab' ich schon gesagt, und wie wenig von dem, was sich noch mehr sagen ließe? Wie vieles habt Ihr nur heute schon Erweckliches

und

(*) Luc. 7, 31.

und Rührendes gehört? — Aber wie wenig aus dem unerschöpflichen Schatze der evangelischen Wahrheiten? — Wenig, und doch genug für Alle, die auch nur der geringsten Empfindung und Ueberlegung fähig sind! — Genug für Alle, die nicht förmlich und geradezu das Christenthum verläugnen, und das Neue Testament verwerfen; Das Neue Testament, dessen Wahrheit und Göttlichkeit sich an jedem Herzen, das den Versuch macht, ihm zu folgen, unmittelbar und unwidersprechlich beweisen wird; — O könnte ich diese Alle auszeichnen, und an meiner Hand für diesmahl von dieser heiligen Versammlung herausführen, und mit ihnen den Satan, ihren Gott, der ihre Sinnen verblendet, auf daß ihnen nicht scheine die Erleuchtung des *Evangeliums* von der *Herrlichkeit Christi*, welcher *das Ebenbild Gottes ist*. (†)

Könnte ich mit Euch allein reden, Ihr, so gottlos oder fromm Ihr sonst seyn mögtet — Ihr, die Ihr wenigstens noch Euer Neues Testament für Gottes Wort haltet, und noch nicht zu einem förmlichen Unglauben herabgesunken seyt, und das Evangelium ausdrüklich zu verläugnen, noch nicht unglücklich und verblendet genug seyt! — Könnte ich es doch dazu bringen, daß Ihr meine Fragen, die ich Euch vorlegen würde, eine nach der andern mit lauter Stimme beantwortetet; — Damit doch auch einmahl die Sache ganz in's Licht gesetzt, einmahl auch ordentlich, rechtmäßig und vollständig von der gesunden Vernunft und

dem

(†) 2. Cor. 4, 4.

dem Gewissen entschieden würde. — Wer von uns — wir Prediger — oder Ihr Zuhörer, Recht habe? Wo es hin- aus kömme, wenn Ihr Euren bisherigen Gelüsten und Trieben folget? Ob Ihr Euch auch mit dem mindesten Scheingrunde auf die Gnade Gottes verlassen, und auf die Seligkeit, die Euch in der Offenbahrung Jesu Christi angetragen wird — Rechnung machen dürfet?

Haben wir, Meine Theureste, jemahls die Unbequem- lichkeit unserer öffentlichen Lehrart, und den Zwang mit Widerwillen gefühlt, den uns das Gesetz der Gewohnheit auflegt, daß allein wir von der Kanzel reden — aber uns nicht mit Euch unterreden dürfen? Daß wir — Be- dauernswürdiger Unterschied zwischen den ersten apostoli- schen Lehrart und den Freyheiten der ersten christlichen Ge- meinen und dem ietzigen! — Daß wir Euch wohl fra- gen — aber unsre Zuhörer uns nicht antworten können; — Haben wir jemahls diesen Zwang mit Widerwillen ge- fühlet, so geschiehet es itzo; — Itzo, da ich meiner Sache so gewiß bin, so ohne allen Zweifel weiß, daß Ihr, bey der ruhigsten Ueberlegung, mit vor Gott Recht geben, und Euch selbst vor Gott verdammen müsset.

Und was für Fragen meynet Ihr wohl, daß ich Euch vorzulegen Lust hätte? — — Folgende Fragen wären es, Meine Theuresten, die Ihr nun nicht laut, sondern leise Eurem Gewissen, nicht mir, sondern Gott beantworten könnet und sollet: —

Sent

"Sent Ihr nicht möget Euch fragen, überzeugt, daß
"Ihr nach dem Evangelio Christi mäßig, gerecht
"und gottselig leben sollet in der gegenwärtigen
"Welt?" (*)

"Könnt Ihr zweifeln, oder läugnen, daß es in dem Evan=
"gelio Jesu Christi ausdrücklich stehe; — Daß Ihr Gott
"und Jesum über Alles — und den Nächsten wie
"euch selbst, nicht aber die Welt, und das,
"was in der Welt sey, lieben sollet?"

"Haben wir Euch nun, würde ich weiter fragen, nicht
"gezeigt, daß Ihr es empfinden müsset, daß Ihr von
"der Liebe Gottes und des Nächsten sehr weit entfernt
"seyt, nemlich von derjenigen Gottes= und Menschenliebe,
"welche das Evangelium fordert; — Hingegen — sehr tief
"in der Liebe der Welt, welche das Evangelium verbeut,
"verwickelt seyd?" —

"Steht es, würden wir weiter fragen, nicht ausdrücklich
"in dem Evangelio: Daß wer den Herrn Jesum Chri=
"stum nicht über Alles liebe, Seiner nicht werth,
"nicht Sein Jünger, sondern ein Fluch vor Ihm
"sey?"

"Steht es nicht ausdrücklich, daß wer den Bruder, —
"(und unter diesem Bruder ist auch der ärgste Feind be=
— griffen)

(*) Tit. 2, 13.

„⬛⬛⬛) — nicht liebe, nicht segne, nicht für ihn bitte,
„ihm seine Beleidigungen nicht vergebe, — der noch im
„Tode, im Verderben sey? Noch in der Finsterniß wand-
„le, und sich auf die Vergebung seiner Sünden durch
„die Barmherzigkeit Gottes in Christo nicht die geringste
„Hoffnung machen könne; — Sondern zuverläßig die
„ewige Verdammniß zu erwarten habe?" ⬛⬛⬛⬛⬛⬛

„Gehet es, würde ich weiter fragen, nicht ausdrücklich:
„Daß wer nicht ⬛⬛⬛ ⬛⬛⬛⬛ Herzen die Welt absage,
„Christi Jünger nicht ⬛⬛⬛ und nicht seyn könne; — Wer
„die Welt — das ist Alles, was dem Fleische wohlthut,
„doch ⬛⬛⬛⬛⬛ ⬛⬛⬛⬛⬛, die Sinnen reihet," denn „Hoch-
„muth und der Eigenliebe schmeichelt; — Wer das Leib-
„schafftlich liebet, der daran innige Herzensfreude hat
„wer das zu gewinnen und zu behalten ⬛⬛⬛ — Gott
„nicht liebe, nicht lieben könne, ⬛⬛⬛⬛⬛⬛ zur Gemeinschaft
„des allerheiligsten Gottes, der nur den unsichtbaren Gü-
„tern des Himmels einen wahren Werth beylegt, schlech-
„terdings unfähig sey? Daß der, der nicht entschlossen
„und beherzt genug ist, sich auch die allerliebsten Dinge
„zu versagen, die mit der vollkommenen Liebe Gottes und
„des Nächsten nicht bestehen können, ⬛⬛⬛ nichts anders
„zu erwarten habe, als einen nagenden Wurm, der
„nicht stirbet, und ein Feuer, das nicht erlöschet? Ist
⬛⬛⬛⬛⬛⬛⬛⬛⬛⬛⬛⬛⬛⬛⬛⬛⬛⬛⬛⬛⬛⬛⬛⬛⬛⬛
„Steht doch nicht Alles ⬛⬛⬛⬛⬛⬛⬛ klar, ⬛⬛⬛ unwidersprechlich
„im Evangelio? — ⬛⬛⬛⬛⬛ wohl; Ich sage nicht: Im
„Gesetz Mosis; Sondern im Evangelio Jesu Christi?"

„Nun — (frage ich weiter) — werdet Ihr nicht — hier
„für seine eigene besondere Person, nach diesem — und
„keinem andern Evangelio — nach der Wahrheit, und oh-
„ne Ansehen der Person gerichtet werden?" —

„Ferner: Wenn Ihr nicht Gott, nicht den Nächsten, son-
„dern das Böse, Verderbliche, liebet: Wird dann nicht
„das an Euch vollzogen werden müssen, was in diesem
„Evangelio denen, die Gott nicht lieben, die den Geist
„der Menschenliebe und Mäßigkeit Christi nicht haben, mit
„klaren — einfältigen Worten gedrohet ist?"

„Könnet Ihr glauben, daß der allerheiligste wahrhaftigste
„Gott diese entsetzlichen Strafen bloß androhen — und
„nie vollziehen — bloß eine drohende Miene machen —
„und nie wirklich Euch seinen Zorn, seinen Abscheu vor
„der Sünde zu empfinden geben werde?"

„Oder könnet ihr glauben, daß man mit Euch Einwoh-
„nern dieser Stadt eine Ausnahme machen: Daß ihr an je-
„nem Tage ein besonderes Vorrecht vor andern Menschen
„haben werdet? —

„Könnet Ihr glauben, daß der Richter der Welt zu allen
„Andern, die Euch gleich sind, sagen werde: — Weichet
„von mir Ihr, die Ihr die Ungerechtigkeit wirket!
„— Zu Euch aber: — Kommet her Ihr Gesegnete
„meines Vaters, — den Ihr nicht liebet? Ererbet das
„Reich, das Ihr nicht gesuchet habt?" —

"Könnet Ihr das glauben, — und füglich das Evangelium Jesu Christi für wahr, für Göttlich halten?"

"Was steht Euch also bevor? — Was habt Ihr also, wenn Ihr mit diesen Gesinnungen aus der Welt gehen würdet, zu erwarten? — Wenn Ihr gestehen müßt: Ihr seyd keine Freunde Gottes, keine Jünger Jesu; Der Geist Seiner Liebe und Weltverläugnung sey nicht in Euch; — Und wenn das Evangelium sagt: Wer den Geist Christi nicht hat, der ist nicht Sein? — Um Gottes willen! Wessen seyd Ihr dann? — Antwortet um Gottes willen — antwortet doch auch einmahl Eurem Gewissen; — Wessen seyd Ihr dann, wenn Ihr nicht Christi seyd? Was habt Ihr dann zu erwarten, wenn Ihr Sein Reich nicht erwarten könnet?" —

Und wie nun, Meine Theuresten, wollet Ihr itzo das alles anhören — und in einer Stunde, oder doch morgen wieder vergessen? Wieder aufstehen und niedergehen, wieder tagen und nachten lassen; — Wieder sagen: Man habe schön, oder, man habe strenge gepredigt, — und doch ruhig bleiben? Und Euer Herz nicht zerreissen? — Und nicht Alles liegen lassen? — Und nicht nach dem neuen Leben aus Gott, nicht nach dem Geiste Jesu Christi ringen — bis er erbebtet und errungen ist? —

O wenn Ihr das nicht wollet — Wer würde mir Worte, wer Kraft geben, mit Euch zu reden? ... Wer mich un-

Behttagspredigt.

terstützen, den Jammer auszusprechen, den ich über Euch schweben sehe? — — O sey doch meinem Geiste hell und gegenwärtig — Stunde — bange, schreckliche Stunde des Todes! — Sey mir in deiner ganzen Furchtbarkeit, wie ich sie schon oft unbeschreiblich gefühlet habe, gegenwärtig; Damit ich nicht zu blöde sey, nicht zu muthlos, das Alles zu sagen, was die Wahrheit Gottes, und mein Gewissen mich sagen heissen! Sey du meinem schwachen furchtsamen Gemüthe gegenwärtig, Wetterleuchtender, majestätischer Gerichtstag! Sey du in meiner sonst zaghaften Seele lebendig, Sonnenhelles Angesicht meines gekreuzigten Erlösers! — Seyt aufgeschlagen vor meinen Augen, ihr mit dem Lichte des Blitzes geschriebene Tagebücher, und Thatenregister des versammelten heulenden und triumphierenden Menschengeschlechtes! Sey zum voraus von ferne von mir empfunden — unaussprechliche Freude der Auserwählten Gottes und der standhaften Bekenner des Namens Jesu Christi! — Danksagungen derer, die durch das herzzerreissende Wort Gottes in meinem Munde zu Gott, zur Tugend und Seeligkeit zurückgebracht worden! — Himmlische Umarmungen derer, die ich jetzt mit dem Hammer der Wahrheit und mit der Kraft des Geistes Gottes zermalmen und ängstigen muß! — Ewige, namenlose Seeligkeit im Anschauen und Genusse Gottes und im Umgange mit Jesu Christo! — O ihr herrlichen Hoffnungen alle, die uns das Evangelium der ewigen Liebe Christi vorhält! — Ihr Entzückungen der Unsterblichkeit! — Kommt mir alle zu Hülfe! Unterstützet mich, daß ich rede, wie

ich

Behttagspredigt.

ich reden soll, um diese Stelle heut würdig zu bekleiden, und in unsrer Aller Herzen einen unauslöschlichen, einen ewiggesegneten Eindruck der Göttlichen Wahrheit zurückzulassen. —.—

„Ja! Ihr Seelen! Ihr theuren, unsterblichen, Ihr vor
„dem Angesichte Gottes offenen, unheiligen, dem Tod
„und der Ewigkeit schnell und unaufhaltsam entgegenei-
„lenden Seelen! — Wenn Ihr sie vergessen könnt, die
„Erweckungen alle, die Gottes väterliche Liebe Euch heut
„aufs Herz fallen ließ; Die Empfindungen vergessen, die
„heiligen Gelübde vorsetzlich aus dem Sinne schlagen kön-
„net, welche Gott in Euch gewirkt und wahrgenommen,
„und für den Tag des Gerichtes aufgeschrieben; — Wenn
„dieser zwölfte Tag des Herbstmonats — (Ach! Schon
„ist wieder mehr als die Hälfte davon zurückgelegt! — Ach!
„Schon sind wir wieder einige unwiederbringliche Stun-
„den dem Tod und der Ewigkeit näher! —) Wenn die-
„ser zwölfte Tag des Herbstmonats in dem so merkwürdi-
„gen Ein und siebziger Jahre Euch nicht wichtig und hei-
„lig bleibt; Wenn du, Stolzer, dich nicht dehmüthigen,
„du, Wollüstiger, nicht Enthaltung lernen, du, Geiziger,
„dein Herz nicht dem Gold entziehen, du, Zorniger, nicht
„sanftmüthig, du, Harter, nicht gelind, du, Unbarmherziger,
„nicht barmherzig, du, Liebloser, nicht liebreich, du, Lüg-
„ner, nicht wahrhaft, du, Müßiggänger, nicht fleißig, du,
„Ungerechter, nicht gerecht werden willst; — Wenn es mor-
„gen wieder seyn soll, wie gestern — und dieser Bußtag

„so vergeblich ist, wie wenn er nicht gewesen wäre; —
„Ach! So kommt doch nur überall nicht mehr zur Kir-
„che; — So verschwört Euch doch lieber, das Abent-
„mahl des Herrn nicht mehr zu geniessen; So werft doch
„lieber das Neue Testament weit von Euch; So tretet
„es lieber öffentlich mit Füssen! So kündigt doch lieber
„Eurem Schöpfer und Erlöser allen Gehorsam und alle
„Liebe förmlich auf, so förmlich Ihr Ihm sonst so oft
„gehuldiget habet; So saget lieber doch auch einmahl
„ausdrücklich: Daß die Welt Euer Himmel, und der Leib
„und der Bauch Euer Gott seyn soll; Daß Ihr überall
„keine Empfindung mehr für die Religion habet; Daß Al-
„les an Euch verlohren sey, damit wir die Kanzel nicht
„weiter vergeblich besteigen, und den Namen und das Wort
„Gottes, worüber so manche bußfertige und Heilsbegieri-
„ge Seele so froh ist, nicht umsonst an Euch verschwen-
„den!"

O du liebes Zürich! Was wird auf dich kommen! Wel-
che Gerichte Gottes werden dich überfallen! Welche Tage
des Jammers, wie ein Sturmwind dahereilen, wenn du
fortfahren solltest, die Warnungen Gottes und Seiner
Knechte zu verachten? O wer weiß, ob dir noch ein
Behttag vergönnet seyn, oder ob nicht bald ein solches
Elend über dich kommen wird, daß du gern alle Wochen
ausserordentliche Behttage feyren würdest! — O Zürich,
Zürich! — Möchten dir die Augen geöffnet seyn, um die
Betrübniß und die Anschläge Dessen über dich zu sehen,

der

Behttagspredigt.

der einst Thränen vergoß, da Er das unbußfertige, das unbekehrte Jerusalem betreten wollte!

Doch, warum rede ich allso? Ich, der ich selber ein Sünder in dieser Stadt bin, wie Andre? Ich, der ich selbst so oft meines Gottes vergeße? Meine heiligsten Entschlüsse, und Gelübde wieder breche? Warum darf ich, Schwacher, Unbeständiger, der ich mich noch so weit davon entfernt fühle, dem Aposiel nachzusagen: Seyt meine Nachfolger, gleichwie ich Christi! — mit andern Sündern allso reden? — Ach! Verzeih' es mir, Allerbeßter Gott! Du kennst mein aufrichtiges Verlangen nach der Seeligkeit dieser Seelen so gut, als meine eigenen häufigen und großen Schwachheiten! — Es geschiehet, Du weißest es, nicht aus einem stolzen oder harten, sondern aus einem mitleidigen Herzen, das oft genug wünschen muß, daß man auch so freymüthig und so beschämend mit ihm reden mögte. — Nein, Seelen, deren Seeligkeit mir nicht viel weniger, als meine eigene am Herzen liegt; — Denkt doch nicht, daß ich mich im geringsten über Euch wegsetze. — Nein! Mein Herz straft mich tausendmahl, wenn ich Euch bestrafe; Und mein Gewissen redet strenger mit mir, als ich mit Euch reden darf. Und ach! Nicht selten entsetze ich mich vor der Verwegenheit, daß ich Andern predige, der ich mich selbst so verwerflich finde. — Dieß nöthigt mich mein Herz zu sagen; Mein Herz, das gegen Euch in Eifer entzündet war, und mich ernstlich mit Euch reden heißt. — Eben dieß Herz nöthigt mich, mich

C 3   mit

mit Euch, mit dem Schlimmsten aus Euch dennoch vor Gott in Eine Linie zu stellen. — Ja, in Einer Linie stehen wir! — Ach! Darum — o Meine Theuresten, mit denen ich bisher auch noch von Gott entfernet war, aber mit denen ich nun so gern Gott gefallen — und ohne die ich so ungern selig seyn möchte; — Lasset uns doch in aufrichtiger Bestürzung über uns selbst an diesem heiligen, von Gott uns vergönnten Bußtage, unsere Herzen vor Ihm zerreissen! Ach einmahl unsere Augen öffnen, um unsere schreckliche Entfernung von dem Evangelio Jesu Christi einzusehen; — Uns vor Gott und uns selber schämen; — Die Liebe und Langmuth — ach, die immer warnende und schohnende Langmuth Gottes bewundern, anbehten, mit aufrichtiger, inniger Dankbarkeit umfassen, und um Gnade und Vergebung rufen; — Und, so abscheulich, so unzählbar immer unsere Sünden, so verdorben immer die Gesinnungen und Wünsche unsers Herzens seyn mögen — dennoch nicht an der Barmherzigkeit und Macht Gottes in Christo zur Vergebung unsrer Sünden, und zur Heiligung und Umschaffung unsrer Herzen verzagen; — Sondern uns mitten in unsrer Betrübniß, in der Bestürzung über uns selbst mit dem Gedanken aufrichten: Gott will nicht den Tod des Sünders, sondern daß er sich bekehre und lebe. — Er will also auch nicht meinen Tod; Will, daß auch ich mich bekehre und lebe; Menschen ist dieß unmöglich; Aber Gott sind alle Dinge möglich. — Menschen wäre es unmöglich, so vieles zu vergeben; Aber Dem ist es

nicht

nicht unmöglich, der Seines eigenen Sohnes nicht geschohnet, sondern Denselben für uns Alle dahingegeben hat. — Menschen ist es unmöglich, seit Jahren der eingewurzelte Angewohnheiten und Leidenschaften völlig abzulegen: Aber was den Menschen unmöglich ist, das ist Gott möglich. Der das Herz erschaffen hat, der kann es auch umschaffen. Den Allerseeligste kann ganz seelig, der Allerheiligste ganz heilig machen.

Mit diesen Gesinnungen der Busse und des Glaubens, der Dehmuth und der Hoffnung laßt uns diesen Tempel verlassen, und uns bey Hause vor unserm treuen und treuerkannten Gott niederwerfen! — Laßt uns mit Dank und Lobpreisung, daß Er uns so weit die Augen geöffnet, anfangen, — mit Muth und Standhaftigkeit in dehmüthigen Gebehte fortfahren, Alles bekennen, unser Herz ausleeren, nichts Böses verschweigen, nichts entschuldigen; — Einfältig und redlich Alles zu Seinen Füssen niederlegen; Mit dem einen Auge immer auf die Grösse unsers Verderbens, auf unsre besondern Sünden und persönlichen Schwachheiten und Fehler, auf die Unmöglichkeit, dabey seelig zu werden; — Und mit dem andern auf Jesum Christum, der uns ganz freysprechen, vergeben, heiligen, und Sich an Tugend und Herrlichkeit ähnlich machen kann, hinschauen, und auf diese Weise aus Seiner Gottesfülle Gnade um Gnade in unser zerrissenes und schmachtendes Herz auffassen, — und nicht ruhen, von unsern Thränen nicht aufstehen, ausharren, und nicht aufstehen, bis wir der Vergebung unsrer Sünden, und des Göttlichen Lebens im heiligen Geist in unsern Seelen auf's gewisseste versichert sind; Versichert sind, daß Christus unser Freund, unser Erlöser von der Sünde, und der neue lebendige Grund unsrer Tugend und Seeligkeit ist: Ob Gott vielleicht Sich über uns und unser Vaterland erbarmen, ob Ihn vielleicht des Uebels gereuen mögte, welches über uns angeschlagen seyn dürfte!

Ach! Mit diesen Dir gefälligen Gesinnungen erfülle, bester Vater, mein, und aller meiner Zuhörer Herz an diesem heiligen Tage, durch Jesum Christum! — Verwirf nicht unser Gebeht und unsre Thränen! Laß mein schwaches Bemühen an meinem eignen Herzen so wenig, als an dem Herzen meiner Zuhörer umsonst seyn! — Ach! Wie dürft' ich sonst diese Stelle wieder betreten? Lieber wollt' ich sie jetzt nicht verlassen; Lieber Dich bitten: Herr Jesu! Nimm gerade jetzt meine Seele von mir, damit ich Dich nicht weiter betrübe, oder Andre betrüben sehe! — Aber nein, ohne wahren und dauerhaften Seegen kannst Du meine oder vielmehr Deine Worte nicht verschallen lassen. Nein! Nein!

> Umsonst fleht Dich mein Herz nicht an;
> Ich weiß, an wen ich glaube!
> Ich weiß, daß Christus helfen kann;
> Drum steh' ich hier im Staube;
> Ich glaub', und steh', und ruhe nicht,
> Bis Jesus Christus zu mir spricht:
> Dein Wort sey Ja und Amen!

Einige

Einige Zusätze
aus der
Predigt,
gehalten am Sonntage nach dem Bußtag,
über
Act. III, 16.

Zwey Dinge, Meine Theuresten, werden im Evangelio sehr oft auf's genaueste mit einander verbunden, und als unzertrennliche Bedingnisse zur Seeligkeit vorgestellt; Und diese sind die Busse und der Glaube. Actor. XIX, 4. Marc. I, 15. Luc. XXIV, 47.

Lasset uns also keinen eigenen Weg gehen, sondern eben diese Fußstapfen der heiligen Gesandten Gottes betreten. Lasset uns das auf keine Weise trennen, was Gott zusammengefüget hat!

Sind uns dann, Meine Theuresten, die Augen über uns selbst aufgegangen; Erkennen und wissen wir einmahl, was wir seyn sollten, und was wir wirklich sind; — Schämen wir uns einmahl recht sehr vor Gott und uns selber; Empfinden wir uns in unsrer Entfernung von Ihm; In unserer schrecklichen Verdammnißwürdigkeit; Ist uns unsre

Sünde,

Sünde, nach dem apostolischen Ausdruck, überaus sündig geworden; Verkehrt sich unser Lachen in Trauren, und unsre Freude in Kummer; — Finden wir weder in uns, noch in der ganzen Schöpfung keine Kraft, das zu werden, was wir nach dem Evangelio Jesu Christi werden sollten; — Ist uns nichts so sehr verhaßt, als die Sünde, weil sie uns von unserm guten Gott trennt, und uns in Seinen Augen mißfällig und unerträglich macht; Dann, in dieser Zerknirrschung, in dieser schmerzlich-bußfertigen Verfassung, dann erst sind wir, wenn ich so sagen darf, zum Glauben reif; Dann ist das Evangelium für uns in Bereitschaft! — Dann, redliche Seele, darfst du glauben, Muth fassen, dich aufrichten, Zutrauen haben; — Gottes Verheissungen umfassen, dir zueignen, dich damit trösten, beruhigen; Darfst glauben, der Gott, der Menschen siebenzigmahl siebenmahl in Einem Tage vergeben heißt, werde nicht weniger thun, als Er selber Andre thun heißt; Werde zehntausend Talente wie hundert Pfenninge nachlassen; Dann darfst du glauben, die Gnade, die Kraft, die jenen acht und dreißig Jahre lang Kranken gesund machte; Die Gnade, die Kraft, die den vierzig Jahre lang Lahmen in Einem Augenblick herstellen konnte, die könne auch den, der in Sünden grau geworden, heiligen, wieder herstellen, erneuern, umschaffen, seelig machen; Dieser Gnade und Kraft sey Alles möglich, wo sie nur Glauben antreffe; Wer viel glaube, der werde viel empfangen; Wer ganz glaube, ganz und vollkommen genesen!

O darum,

O darum, du wirklich dehmüthige, wirklich geängstigte und beklemmte Seele! Laß den Muth nicht sinken! — Freylich siehe nicht mit Leichtsinn auf deine Sünden zurück; — Deine Sünden, die dich so lange von Gott geschieden haben; — Deine Sünden, die so viel Unheil in der Welt, und in deiner Natur angerichtet haben; — Deine Sünden, die Jesum Christum mit an's Kreuz gebracht, und ihm so fürchterliche Beängstigungen verursacht haben; — Deine Sünden, die dich ewig elend machen würden, wenn du sie nicht bereuen, nicht hassen, nich ablegen würdest. Siehe, sag' ich, ja nicht mit Leichtsinn und Gleichgültigkeit auf deine Sünden zurück; — Aber auch nicht mit Verzweiflung, nicht mit trostloser Beklemmung. Mit Verzweiflung müßtest du auf dieselben zurücksehen, wenn der ewige Gott nicht die Liebe wäre, und wenn die Liebe keine Anstalt zur Vergebung, Vertilgung und Aufhebung der Sünde gemacht hätte. . . . Verzweifeln müßtest du, und in trostloser Beklemmung versinken, wenn nicht ein Erbarmer vom Himmel dir zuriefe: Ich, Ich bin's, der Ich deine Uebertretungen durch Mich selber vertilge, und deiner Sünden nimmermehr gedenke! Wenn nicht jener liebreiche Arzt aller leiblich und geistlich Elenden vor dir stühnde, und mit unaussprechlich erbarmendem Blick dich fragen würde: Was willst du, daß Ich dir thue? Sey wohl zu Muth, mein Sohn! Wohl zu Muth, meine Tochter! Dir sind deine Sünden vergeben! Dein Glaube hat dir geholfen! Wenn nicht ein Evangelium vorhanden wäre, das mit herzzerschmelzender Sanftmuth

muth und Güte zu dehmüthigen und zerschlagenen Herzen sagte: Seelig sind die Armen im Geist, denn ihrer ist das Reich der Himmel! Seelig sind die hungern und dürsten nach der Gerechtigkeit, denn sie werden ersättigt werden! Wenn nicht ein Erbarmer wäre, der sagte: Kommet her zu Mir, Alle die Ihr müd und beladen seyt! Ich will Euch Ruhe geben! Wendet Euch zu Mir, alle Ende der Erde, so wird Euch geholfen werden!

Aber du mußt glauben? — Dich dehmüthigen, ist recht und schön, und gut. — Nach der Gnade Gottes in Christo hungern und schmachten, ist abermal schön und gut und unentbehrlich, aber nicht hinreichend ohne Glauben: Der Glauben hat unserm Lahmen zu seiner leiblichen Gliederfreyheit und Gesundheit geholfen! Der Glauben muß auch dir zu deiner geistlichen Freyheit helfen!

Ohne diesen Glauben ist es unmöglich Gott zu gefallen; Denn, welcher zu Gott kommen will, der muß glauben, daß Er sey, und daß Er denen, die Ihn suchen, ein Belohner sey!

O viele Seelen haben vielleicht schon tausend mahl ihre Sünde bitterlich beweynt; Vielleicht tausend mahl nach der Gnade Gottes und dem Geist der Liebe Christi geschmachtet und gerungen, — und sie sind doch in der Liebe Gottes und des Nächsten, und in der Herrschaft über

sich

am Sonntag nach dem Bußtag.

sich selbst noch nicht viel weiter gekommen! Wie? Hat
dann Gott vergessen gnädig zu seyn? Nein Seelen!
Aber Ihr habet vergessen, und Gott weiß, welcher Satan
es euch vergessen gemacht hat — Ihr habet vergessen,
daß zur Buße und zum Gebeht noch Glauben, unbeding-
tes Zutrauen erfodert wird! Ihr g'aubtet nicht kühn genug! Ihr öffnetet der Macht und Güte Gottes Euer Herz
nicht genug! Um Euers Unglaubens, um Euers Zweifels
willen wurdet Ihr nicht erhöhrt, und konntet nicht erhöhrt werden! Fasset das Wort zu Herzen! Es wird ein
gesegnetes Wort für Euch seyn. Ich habe geglaubt,
darum habe ich geredet, und rede jetzt also: Glaubet nur! Zweifelt nicht! Denn wer zweifelt, ist gleich
einer Meereswälle, die vom Winde hin und her getrieben wird: Wer zweifelt, der denke nur nicht,
daß er etwas von dem Herrn empfangen werde. —

> Nein! Wer zweifelt, kann nicht hoffen,
> Daß der Herr sein Flehn erhöhrt;
> Nein! Sein Ohr ist dem nur offen,
> Der durch die Zuversicht Ihn ehrt!
> Muth, o Seele, Muth gefasset!
> Zweifel, Lastern gleich, gehasset!
> Zweifle nicht, daß Jesus Christ
> Liebe nur und Wahrheit ist!
>
> An das Kreuz dahingegeben
> War dein Heyland blaß und todt!

Lieber

Lieber als Sein eignes Leben
Warst du, Seele, deinem Gott!
Wie? Und Ihm willst du nicht glauben?
Schau Ihn doch am Kreuz nur an!
Wer wird dir die Liebe rauben,
Die für dich verbluten kann! Amen!

Behttagspredigt
über
Jesaia XL, 6—11.

Gehalten

Donnerstags Abends
den sechsten September 1781.
bey St. Peter.

Predige —
Was soll ich predigen?

Kann eine Frage natürlicher seyn, als diese, für einen Prediger, der schon hundert mahle gepredigt — Tausend Predigten mit angehört — Und die Fruchtlosigkeit und Vergeblichkeit so vieler tausend Predigten an sich, und Andern erfahren hat? — —

Was soll ich predigen? —

Da nichts Neues gepredigt werden kann, und das Alte beynah' Alles vergeblich zu seyn scheint — Da Jeder beynahe bleibt, wer er war — und weiter thut, was er thun will — und weiter unterläßt, was er unterlassen hat, und unterlassen will? —

Was soll ich predigen? — Da ich an mir selber, und aus eigener Erfahrung weiß, wie bald unser leichtsinniges Herz die allerheiligsten Wahrheiten wiederum vergessen — und sich von dem entfernen kann, dem es so nahe war, und dessen Nähe jeder Menschenseele das Süsseste und Seeligste ist, das ihr wiederfahren kann?

Was soll ich predigen?

Soll ich das Gegentheil von dem predigen, was ich schon vor Jahr und Tagen geprediget? Was schon Jahrhunderte und Jahrtausende vor mir geprediget worden ist? Um einmahl Eingang zu finden in Euren Herzen? Um einmahl nicht umsonst geredet zu haben? Soll ich Euch von Gott, dem Vater der unsterblichen Seelen, und von Jesus Christus, der einzigen Hoffnung unsterblicher Seelen abführen? Soll ich Euch das verachtenswürdig vorstellen, was bisher als der würdigste Gegenstand Eurer Ehrfurcht Euch an's Herz geleget worden? Soll ich Euch gegen Euer sittliches Gefühl mißtrauisch, gegen Euer Gewissen gleichgültig — gegen die schohnende Langmuth und seegnende Güte der Göttlichen Fürsehung undankbar — gegen das Evangelium Jesum Christi unempfindlich, ungerührt lassen, oder unempfindlich machen? Soll ich das Abendmahl, das uns Alle mit Christus als unserm Haupte, mit unsern Nebenmenschen, als Brüdern und Schwestern, als Mitgliedern Eines Leibes vereinigen soll — Euch als eine unbedeutende Sache ansehen lehren? Oeffentliche und häusliche Andacht, als Aberglauben verachten? — Gebeht und Gesang, Bekenntniß seiner Sünden und Flehen um Vergebung als Schwachheit und Blödsinn zu verlaiden suchen? Soll ich zu einer Versammlung von Christen sagen: Lebt wie die Heyden? Zu vernünftigen Menschen: Seyt wie das Vieh! Vergeßt des Himmels und des Herrn des Himmels — Die Erde sey Euer Ziel! Die Zeit sey Eure Ewigkeit!

Was soll ich predigen?

keit! — Seyd Sklaven Eures sterblichen Körpers! Eure Leidenschaften seyen Eure Gesetze! Zerreisset alle Bande! — Werfet jedes Joch von Euch weg! — Soll ich Alles umkehren, und was mir bisher Wahrheit war, zur Lüge machen; Was mir Lüge war, zur Wahrheit? Soll ich predigen: Der ist weise, der in seinem Herzen spricht: Es ist kein Gott — und der ein Tohr, der glaubt, daß Der sehe, der das Auge gestaltet hat? Der höhre, der das Ohr gepflanzet hat?

Was soll ich predigen — die Weisheit der Tohren? Die Religion der Unsinnigen: „Lasset uns essen und trinken, „denn morgen sterben wir. — Wenn ein Mensch dahin „ist, so ist es gar aus mit ihm — und der Geist zerstat= „tert, wie eine dünne Luft?".

Soll ich zum Stolzen sagen: Sey noch stolzer! Und zum Dehmüthigen: Du bist ein Tohr! — Zum Hoffärtigen! Fahre noch höher, und zertritt mit deinen Blicken den Dürftigen und Niedrigen! —

Zum eitlen, kindischen Kleidertohren: — Aendere alle Monate deine Kleider, und laß den Nackten, den Schlechtbekleideten seufzen. In meinem Evangelio steht: Wer zween Röcke hat, der gebe dem, der keinen hat, und wer Speise hat, der thue gleich allso. Soll ich predigen: Wer zehen Kleider hat, der gebe keines dem, der keines hat, und wer alle Tage herrlich und in Freuden leben kann, der lasse den Hungrigen hungern, und den Armen verschmachten. — In meinem Evangelio steht: Seelig sind die Barmherzigen, denn sie werden Barmherzigkeit erlangen — Soll ich predigen: Euer Herz sey hart, wie ein Demant, und Eure Eingeweyde seyen wie Felsen! — Treibet Eure Schulden ein, und spottet der Thränen und des Geschreys des beschädigten Landmanns! Haltet die Wittwe hart, und lasset der Wayse keinen Heller nach! Was liegt daran, daß ein Hochgewitter ihre Weinberge verheeret — Es traf kein Hagel Eure Zinsbücher. Spottet Eurer Nachtmahlgelübde — Heute höhrt die Predigten der Liebe an, und morgen traget Pfänder aus, Eurem Bruder, der Euch den Hauszins nicht erstatten kann — Behtet: Vergieb uns unsere Schulden, als auch wir vergeben unsern Schuldigern — und seyt unerbittlich und unversöhnlich!

In meinem Evangelio steht: Seyt heilig, denn Gott ist heilig. Seelig sind die, so reines Herzens sind, denn sie werden Gott schauen. Enthaltet Euch der fleischlichen Gelüste, welche wider die Seele streiten. Soll ich predigen: — Erlaubet Euch Alles! Erniedrigt Euch — Beflecket Euch — verführt, und laßt Euch verführen! Verachtet Ehre und Schande, Ehepflicht und Ehebett, Gesundheit und Krankheit! — Es ist Alles gleich; Dem Reinen geht's, wie dem Unreinen; Dem Keuschen, wie dem Unkeuschen; Dem Enthaltsamen, wie dem Geilen?

Was

Was soll ich predigen?

Was soll ich predigen? In meinem Evangelio steht: Seelig sind die Friedfertigen, denn sie werden Gottes Kinder heissen! — Soll ich predigen: — Zanksüchtiger, zanke! Mach' Anlaß, und such' Anlaß! Erneuere das Alte, und brüte Neues aus, was Streit gebähren kann! Wärme das Vergessene wieder auf, und erdichte Lügen — daß es dir nicht fehle an Stoff zu neuen Erbitterungen! Hinterbring', was entzweyen, und erfinde, was Herzen von Herzen entfernen kann! Sey ein falscher Bösewicht und ein laurender Verräther! Sey ein Schalk und ein Zänker! Fliehe den Frieden, und jage dem Zanke nach; Denn es wird dir wohl, und Andern wehe thun! Andere kränken, ist Stärke des Geistes, und Zwentracht stiften ist Großmuth.

In meinem Evangelio steht geschrieben: **Lüget nicht wider einander, sondern redet die Wahrheit, jeglicher mit seinem Nächsten, sintemahl wir unter einander Glieder sind.**

Soll ich predigen: Ihr seyt keine Glieder an Einem Leibe! Ihr stehet in keiner Verbindung! Was soll Euch der gute Name des Nächsten? Erfindet wider ihn, was Ihr wollt! Lüget, was Euch gut dünkt! Verläumdet nach Herzens-Lust, und werdet unsinnig und unerbittlich, wenn über Euch etwas Böses gesagt wird! — Die Lüge in Eurem Munde sey Euch Vergnügen — und die Wahrheit in eines Andern Mund abscheuliche Lästerung! Tragt fleissig zusammen, was Ihr Nachtheiliges wider Eure Nebenmenschen gehört, und nicht gehört habet! — Macht Eures bösen Herzens Vermuthungen zu Geschichten, und Eure einmahl gethanen Ausspruche seyen Euch unwiderrufliche Orakel! Lästert Eure Obrigkeit und Eure Lehrer! Häuft Lügen auf Lügen — freche Verläumdung auf freche Verläumdung! — Spottet über Wahrheit und Unschuld! Behohnlacht Aufrichtigkeit und den Vertheidiger der Aufrichtigkeit! Der Tag sey Euch verlohren, da Ihr nicht gelogen, der Abend langweilig, da Ihr nicht verläumdet, und der Augenblick sey Euch unausstehlich, an dem Ihr keinen Mitverläumder gefunden habt!

Soll ich also predigen?

Werd' ich dann vielleicht gehört werden? Wird dann vielleicht mein Rufen nicht umsonst seyn? Dann vielleicht Seelenruh und Zufriedenheit allgemeiner werden? Dann vielleicht Glückseeligkeit und Wohlfahrt sich ausbreiten? — Werden wir dann vielleicht würdigere, freyere Menschen werden? Werden mir Eure frohen, danksagenden Blicke begegnen? — Wird Eure Zunge mich preisen? Eure Vernunft meine Predigt gutheissen? Euer sittliches Gefühl mir Beyfall geben? Euer Gewissen beruhigt? — Werden wir unserer Bestimmung näher gebracht werden? — Wird die menschliche Gesellschaft so veredelt und vervollkommnet — unser Leben eine Lustparthey — unsere Erde ein Paradies, und Jeder seines Daseyns herzlich froh werden?

Eine

Was soll ich predigen?

Eine Stimme ruft: Schrey und predige! —

Was soll ich predigen?

O Stimme vom Himmel, die mich predigen heißt — Antworte du meiner Frage!

Lehre Du mich predigen nach Deinem Willen — O mein Gott — Wenn Du es bist, der mich berufen hat, so lehre Du mich sagen, was ich sagen soll — So lege Deine Worte in meinen Mund, und Deine Kraft in Deine Worte! — Steh' ich in Deinem Namen hier, so gieb mir Worte des ewigen Lebens! Worte der Wahrheit und der Weisheit! Des Geistes und der Kraft! Der Belehrung und Erweckung! Der Warnung und der Strafe! Der Ermunterung und des Trostes! — Worte, die aus der Seele quillen, und in die Seele dringen! — Worte, die sich regen in der Stunde des Leichtsinns und der Versuchung! Der Fröhlichkeit und der Angst! Des Schmerzens und des Todes! — Lehre mich predigen nach Deinem Willen, denn Du bist mein Gott! — Dein guter Geist führe mich auf ebener, sicherer Bahn — Amen.

Eine Stimme sprach: Schrey und predige! — —

Und der, den die Stimme aufforderte, antwortete:

Was soll ich predigen?

Nachdacht' ich bey mir selbst über die manichfaltigen Arten von Predigten — Nachdacht ich bey mir selbst über die ungleichen und gleichen Wirkungen ungleicher Predigten.

Unsere Predigten sind entweder Unterrichtspredigten —

Oder Strafpredigten —

Oder Trostpredigten.

Die meisten Predigten unterrichten, strafen, trösten zugleich.

Wie soll ich heute predigen? Soll der Geist der belehrenden Weisheit — oder des treffenden Ernstes — oder des ermunternden Trostes aus mir sprechen? Wie soll Eure Seele dem Vater Eurer Seele, wie ihrem Freund und Retter näher gebracht werden? Wie soll Friede, Stärke, Freyheit in Euch kommen? Wie jeglicher von Euch Gottes und Christus — der Religion und des Christenthums — oder welches Eins ist — seines eigenen Daseyns sicherer und froher werden?

O schwere Aufgabe! — Laßt uns Alles versuchen — Alles Versuchte und Unversuchte!.

Höhret zuerst ein

> Sanftes Wort des Unterrichts;
>
> Dann: Ein Wort der warnenden Strafe;
>
> Dann: Eins des ermunternden Trostes.

I.

Alles Fleisch ist Gras, und alle seine Güte ist wie die Blume des Feldes. Das Gras verdorret. Die Blume

Wort des Unterrichtes.

Blume fällt ab, weil sie der Geist des Herrn angeblasen hat. — Wahrhaftig dieses Volk ist Gras; Das Gras verdorret; Die Blume fällt ab. Aber das Wort unsers Gottes bleibet in die Ewigkeiten.

Höhret dieß Wort der Wahrheit und des Unterrichtes!

Sterblich und vergänglich ist alles Sichtbare. Unvergänglich und ewig ist Alles Göttliche, Gottes Wort, Gottes Verheissungen, Gottes Huld und Macht. Nichts ist ewig, was nicht Göttlich ist. Das Herrlichste aller sichtbaren Gottesgeschöpfe, der Mensch — Der schönste, gesundeste, blühendste, kraftvolleste Mensch ist Gras, Blume des Grases — ein verwelkendes Blat, ein athmender Tod, eine lebende Verwesung. — Ein Hauch des Allmächtigen weht ihn um — Seine Tage sind wie das Gras; Er blühet, wie eine Blume auf dem Felde; Wenn der Wind drüber geht, so ist sie nicht mehr, und ihren Ort kennet man nicht mehr. Was ist unser Leben? Ein Dampf ist es, der eine kurze Zeit währet, bald aber verschwindet. — Die Tage unserer Jahre sind siebenzig Jahre. Wenn es hoch kommt, so sind es achtzig. Es wird schnell abgemähet, und wir fliehen dahin.

Braucht's Beweise? Bedarf's Erweckung zum Glauben an eine Wahrheit, die wir täglich mit Augen sehen? Wir haben Beweise unter unsern Füssen — Wir können nie

zur

zur Kirche kommen, nie zur Kirche hinaus gehen, ohne
über unsere Todten zu gehen, die lebten, wie wir leben,
— die den Odem in der Nase hatten, wie wir — Wenn
wir des Morgens erwachen, hören wir Stimmen, die
Todte ausrufen — und ehe wir des Abends in unsere Gesellschaften gehen, haben wir Leichname verwelkter Menschen zu ihrer Ruhestätte begleitet. Von unserer Seite
weg verwelkten die Blumen voll Schönheit — die Farbe der Gesundheit floh' — Die Blume sank — Der
Freund starb — Die Freundin verwelkte! — Kein Arzt
fand Rath; Keine Bitte hielt — keine Thräne brachte zurück. . . .

O daß wir sähen mit sehenden Augen — Was sind wir?
Sind wir fester als die vor uns gewesen? Wird der Hauch
des Allmächtigen uns vorübergehen? Uns nicht berühren?
Werden Tausende neben uns sinken, und wir nicht? Alles neben uns fallen, wir allein aufrecht bleiben? Alles in
sich tragen das Gift des Todes — wir allein nicht? —
Allmächtige, ewige Liebe! Nimm die Decke hinweg von
unsern Augen!

Was sind wir? Was werden wir seyn? Gestern ist vorbey; Der heutige Tag ist gekommen — Wird der morgen-
de auch noch kommen? —

Wir Alle, die wir hier zugegen sind; Wir Alle, die wir
heute das Abendmahl genossen; Die wir uns nicht mehr

zu

Wort des Unterrichtes.

zu den Minderjährigen rechnen — Was haben wir schon hinter uns? Was haben wir noch vor uns? — Jahre gelegt hinter uns — Tage vielleicht, Stunden vielleicht noch vor uns. —

Wo stehen wir? Nicht mehr an der Schwelle unsrer Tage? — Der Morgen ist den meisten vorbey; Vorbey vielen der Mittag — Der Abend, wie vielen ist er schon gekommen? Und wie vielen von uns wird kein Mittag, kein Abend kommen?

Wo stehen wir? Wisset Ihr's? Weiß ich's? Wann wird die Krankheit uns überfallen? Wann wird der Blitz uns treffen? Die Wasserfluth uns ergreifen? Die Erde uns verschlingen? Wie? — Wann wird die Blume verwelken — und alle unsere Herrlichkeit Staub seyn? —

Wenn die gewisseste aller Wahrheiten, die von unserer Sterblichkeit und Hinfälligkeit uns nicht rührt — Welche wird uns rühren? Was werden wir glauben, wenn wir unsere Sterblichkeit nicht glauben? Wenn das, wovon wir gewiß wissen, daß es unausweichlich ist, nichts auf uns vermag, — wird das Etwas vermögen, woran wir doch noch zweifeln können? — Christen — Sterbliche! Todes-Erben — höret — höret! — Heute, so Ihr die Stimme der Wahrheit höret, so verstocket Eure Herzen nicht! Sterbliche höret das ewig geltende Wort Gottes: Sucht den Herrn, weil Er zu finden ist —
Klopfet

Klopfet an, weil Er nahe ist. Der Gottlose verlasse seine Wege, und der Ungerechte seine Anschläge, und kehre wieder zum Herrn, so wird Er sich seiner erbarmen; Und zu unserm Gott, und Er wird vielfältig verzeihen. Zählet sie noch Alle in unserer Stadt, unserer Gemeine, die den vorjährigen Bußtag noch mit uns gefeyert haben, und den gegenwärtigen nicht mit uns feyren — Wohl ihnen, wenn sie den Herrn suchten, weil Er zu finden; Wenn sie anklopften, weil Er nahe war!

Und wohl uns, die wir nicht wissen, ob künftige Behttagsfeyrer und Behttagsprediger uns unter denen noch zählen werden, die den vorjährigen Behttag noch mit ihnen feyrten, und nicht mehr mit ihnen feyren! — Wohl uns, wenn wir von nun an unsere Sterblichkeit, die Flüchtigkeit unserer Tage, die Hinfälligkeit unsers Lebens mit weiserem Ernste bedenken — Das Oede, Leere, Kraftlose, was in allem Sichtbaren irdischen ist — und die Unzulänglichkeit aller vergänglichen Dinge zu unsers Geistes wahrer Beruhigung mit einer Festigkeit überlegen, die daurende und kräftigen Entschliessungen der Weisheit in uns hervorbringt — Was hat uns die Erde gegeben? Was wird sie uns, was kann sie uns geben? — Ueberrechnet Alles! Setzt auf's Höchste an — gab sie Euch Seelenruhe? — Die Erde bringt Erde hervor. Was aus Fleisch gebohren ist, ist Fleisch — und alles Fleisch ist Gras! Nur was Göttlich ist, bleibt; Nur was nicht gesehen wird, ist ewig.

Göttli-

Wort des Unterrichtes.

Göttlicher, unsterblicher Geist im sterblichen Leibe — suche das Göttliche, das Unsterbliche! — Sich' auf das Ziel, dem du mit jeglichem Augenblicke näher bist! — Sammle dir unvergängliche Güter — Schätze, die keine Zeit verderben, kein Dieb rauben, kein Zufall dir wieder rauben kann! — Gottes ewiges Wort gelte dir mehr, als aller sterblicher Menschen Wort — Seine ewigbleibende Huld sey dir unendlich mehr werth, als die Huld und Freundschaft Aller, die Erde von Erde sind, und den Odem haben in ihrer Nase. Da dich nichts auf Erden, da Alles zusammen, was die Erde hat, dich nicht erfüllen, nicht sättigen, nicht befriedigen kann — So such' etwas ausser und über der Erde, das deinem ewigen Geiste ewige Nahrung verschaffen kann. Sterbliches braucht irdische Nahrung — Unsterbliches — geistliche, Göttliche Nahrung. Du bist mehr als Erde von Erde — Es giebt ein Wesen, eine Natur, eine Herrlichkeit in dir, die nicht mit der schönen Gestalt deines Angesichtes verwelken kann. Sey immer alles Sichtbare und Aeusserliche an dir wie das Gras — und hinfallend, wie die Blume des Grases — Es ist doch etwas Höheres in dir — das kein Hauch des Allmächtigen nie verwehen wird und kann.

Es ist ewiges Wort des Herrn, das Niemand wenden und verändern wird — Was gesehen wird, ist zeitlich, was nicht gesehen wird, ist ewig — Dein Leib ist Erde; Deine Seele ist unvergänglicher Hauch des Allmächtigen — Tochter und Ebenbild Dessen, der allein die
Unsterb-

Unsterblichkeit hat — Jedes Wort Gottes ist ewig, wie deine Seele! Es ist wahr — von Jahrhundert zu Jahrhundert. Die Zeiten ändern nichts dran, und Jahrtausende nehmen ihm nichts von seiner Kraft. Es ist wahr, und war wahr, und wird wahr bleiben — Gott ist ein Vater der Menschen, Der will, daß Alle seelig werden, und zur Erkenntniß der Wahrheit kommen.

Es ist wahr, und war wahr, und wird wahr bleiben, so lange Gott, Gott, und der Mensch, Mensch ist —

Es ist ein ewiges Leben, den einigen wahren Gott, und Den Er gesendet hat, Jesum Christum, erkennen.

Es ist wahr, und war wahr, und wird ewig wahr bleiben —

Gott hat kein Wohlgefallen am Tode des Gottlosen, sondern, daß er sich bekehre und lebe.

Es ist wahr, und war wahr, und wird wahr bleiben — Nur Ewiges kann die ewige Seele sättigen. Jedes Leben hat sein ihm eigenes Element. Der Leib sein eignes — Ihr eignes Element die Seele.

Sie suche ihr Element! Sie nähre sich mit ewiger Wahrheit und Gottes unveränderlichem Worte! Sie halte sich an dem, was fest bleibt, wenn Himmel und Erde vergangen

gangen seyn werden — Sie fühle jeden Tag aufs neue die Hinfälligkeit aller sichtbaren Dinge, die nur auf äusserliche Sinne ihre Beziehung haben — und die ewige Dauer des allgenugsamen Gottes, und aller Göttlichen Kräfte und Worte.

II.

Predigt — Was soll ich predigen?

Ein Wort der ernsten Warnung und der treffenden Strafe —

Nehmet wahr: der Herr Herr wird wider den Starken kommen, und ihn mit Seinem Arme beherrschen. Er bringt Seinen Lohn mit sich und Sein Werk fährt vor Ihm her.

Satan und alle Werke und Werkzeuge Satans werden zerstöhrt — und jedem wird nach Verdienen vergolten werden. — Es steht in ewig wahren Urkunden der Göttlichen Offenbahrung und tief im Herzen und Gewissen der Menschen geschrieben — werde die Schrift gelesen oder nicht gelesen, geachtet oder nicht geachtet, geglaubt oder nicht geglaubt, verehrt oder verspottet — Gott wird einem Jeden nach seinen Werken vergelten. Gott hat einen Tag gesezt, an welchem Er richten wird den ganzen bewohnten Erdboden mit Gerechtigkeit. Wer Böses säet, der schneidet Jammer. Gott ist nicht ein Gott,
Dem

Dem gottloses Wesen gefällt. Wer böse ist, der bleibet nicht vor Ihm. Die Frevler mögen vor Seinen Augen nicht bestehen. Er haßt Alle, die Schalckheit treiben. Er bringt die Lügner um.

Es steht in der Schrift und im Gewissen geschrieben — Gott läßt Seiner nicht spotten; Was der Mensch säet, das wird er auch ärndten — Wer seinem Fleische säet, und nur ihm Nahrung giebt, der wird von dem Fleische das Verderben ärndten —

Gott wird alle Werke vor Gericht bringen, auch alle Heimlichkeit, sie sey gut oder böse.

Der Herr wird kommen mit Seinen vielen tausend Heiligen, Gericht zu halten über Alle, und zu strafen alle Gottlosen um aller ihrer gottlosen Worte und Werke willen. Der Herr Herr wird wider den Starken kommen, und ihn mit Seinem Arm beherrschen.

Himmel und Erde werden vergehen; aber diese Worte werden nicht vergehen —

Die ewige Wahrheit und Gerechtigkeit kann den Bösen nicht für gut, so wenig als den Guten für böse erklären — Der Feind Gottes kann Gott nicht geniessen, wie der Freund Gottes — Der Hasser seiner Brüder kann nicht dasselbe Schicksal erwarten, wie der edle, wohlthätige,

unei-

Wort der Warnung.

uneigennützige Menschenfreund — Der Ungerechte kann nicht beurtheilt und behandelt werden, wie der Gerechte — Der Unkeusche nicht, wie der Keusche, der Viehische nicht wie der Reine. So wie ein innerer, wesentlicher Unterschied ist zwischen dem, der Gott ehrt, und dem, der Ihn nicht ehret — so muß auch ein ewiger, wesentlicher Unterschied seyn zwischen dem Schicksale, den Freuden, Besitzungen, Geniessungen, Freunden, Feinden, Kräften, Umständen des Gottesverehrers und Gottesverächters. Jegliches Laster muß eine Quelle von Unordnung, Zerrüttung und Angst seyn. Ungnade und Zorn, Trübsal und Angst muß auf jede Seele warten, die Böses thut, und am Bösesthun Freude hat —

Eine Scheidung muß vorgehen, und die bisherige drückende Vermischung und Verwirrung der Guten und Bösen endigen — Gott, den langmüthigen Dulder und Schohner rechtfertigen, und das seufzende Elend aus der Gewalt dessen, der es seufzen macht, erretten. Unschuld und Tugend kann nicht umsonst emporgesehen, und nach Recht und Rettung geschmachtet haben. Ein jedes sittliches Wesen muß von der allwissenden und untrüglichen Wahrheit bezeichnet, beurtheilt und gewürdiget werden. Der Aufrichtige muß gekrönt, und der Heuchler ohne Larve dargestellt werden — Der Herr wird wider den Starken kommen, und ihn mit Seinem Arme beherrschen! Er wird kommen, und mit Ihm gerechte Vergeltung — und alle Heerschaaren und Werkzuge Einer gerechten und feyerlichen Vergeltung.

E

geltung. — Wenn Er itzt in gemeiner Menschengestalt käme und richtete — welcher Schrecken, welches Entsetzen, welche Verzweiflung würden den Gottesvergessenen, den Heuchler befallen — Aber — Wie? Wenn Er in Seiner, in Seines Vaters, und aller heiligen Engel Herrlichkeit kommen wird — wie wird dann der Starke, wider den der Herr kommt, erbeben, wie der Schwache, — und der Held zittern, wie der Kraftlose! Unser Gott kommt, und schweigt nicht. Vor Ihm her geht ein verzehrendes Feuer, und rings um Ihn ein grosses Wetter. Seine Blitze werden den Erdboden erleuchten — Das Erdreich sieht's und erschrickt. Die Berge zerschmelzen wie Wachs vor dem Angesichte des Herrn. — Siehe! Er kommt auf den Wolken des Himmels — Sein Werk, Seine Engel zu tausendmahl tausenden, vor Ihm her. — Das Gericht wird besetzt! Die Bücher werden aufgethan — Die Sterne fallen vom Himmel! Der Himmel entweicht! Alle Berge und Inseln werden aus ihren Orten entwegt! — Die Könige der Erde, und die Gewaltige, und die Reiche, und die Obersten, und die Mächtigen, und alle Knechte und Freye verbergen sich in die Klüfte, und in die Felsen und Berge, und sagen zu den Bergen und Felsen: Fallet auf uns, und verberget uns vor dem Angesichte Dessen, der auf dem Thron sitzt, und vor dem Zorn des Lamms — Denn der grosse Tag Seines Zorns ist gekommen, und wer mag bestehen? —

Aber

Aber die Felsen hören nicht, und die Berge kennen kein
Erbarmen. — Der Herr ist da! Mit Ihm Seine Vergeltung! Das Licht da, das Alles offenbahr machet! Der Blitz
da, der Alles erleuchtet und niederschlägt! Die Posaunen
erschallen! Die Engel gehen aus, die Bösen von den Gerechten zu scheiden. — Alles kömmt an seine rechte Stelle.
Das Göttliche naht sich dem Göttlichen, das Verwerfliche
dem Verwerflichen — Und das Urtheil der Wahrheit ist
so gerecht, als unwiderruflich.

Höhre das Wort des Herrn! Es wiederhall' in deinem
Gewissen! In der Stunde der Angst und des Todes wird
es furchtbar in deiner Seele tönen, wenn du es itzt nicht
höhrest — nicht höhrest in der Stunde der Versuchung —

Höhre es, geheimer Verbrecher, dessen Thaten nicht bekannt, dessen Laster Töchter der Nacht sind.

Es ist nichts bedeckt, das nicht werde entdeckt werden, und nichts verborgen, das man nicht wissen
werde. Was in der Finsterniß geschehen, wird am
Lichte ausgesprochen werden — Was in das Ohr
geflüstert worden, wird so bekannt werden, als ob
es von den Dächern ausgerufen würde. Menschen
kannst du täuschen, aber nicht den Herrn! Schwache Augen blenden, aber Den nicht, der Augen hat wie Feuerflammen. Die Finsterniß ist nicht finster bey Ihm,
und die Nacht leuchtet wie der Tag. Die Finsterniß
ist

ist wie das Licht. Deine Nieren sind in Seiner Gewalt. Was du am tiefsten verbirgst, wird am hellesten geoffenbahret — Wessen du dich am meisten schämest, der öffentlichsten Beurtheilung ausgesetzt werden. Keine Ausflucht wird dir übrig bleiben; Keine Entschuldigung statt haben; Keine Bitte Gehöhr finden. Ohnmächtig wird die mächtigste Ungerechtigkeit, kraftlos die trotzendste Gewalt zu Boden sinken, wenn der Herr Herr wider den Starken kömmt — Sein Lohn mit Ihm — die Vollführer Seiner Gerechtigkeit vor Ihm her — Wenn Er alles Ungerechte mit Seinem Arme beherrschen wird.

O welche Beredsamkeit kann dir diesen Tag wahr genug, gegenwärtig und gewiß genug machen, wenn du zur ungerechten That deine Hand ausstreckest, wenn der geheime Entwurf der Bosheit den Fuß zur Vollendung aufhebt?

Höhre es, stolze, verachtende Seele — die bey sich selber denkt: Es ist meines gleichen nicht — Rühre mich nicht an, denn ich bin reiner, als du — Die zu sich selber sagt: Ich werde nimmermehr entwegt werden — Es wird mir nimmermehr übel gehen. — — Höhre das Wort des Herrn: Wer sich selbst erhöhet, der wird erniedriget werden. Wisset Ihr nicht, höhret Ihr's nicht? Ist's Euch niemahls verkündiget worden? Gott sitzet über dem Kreise der Erde, und die darauf wohnen, sind wie Heuschrecken vor Ihm. Er macht die Fürsten zu Nichts, und die Stolzen vergehen vor Ihm,

als

als hätten sie weder Stammen noch Wurzel in der Erde. Sie werden dahin fahren, wie ein Wirbelwind die Stoppeln wegführet. Ich will den Erdboden heimsuchen, spricht der Herr Herr, um seiner Bosheit willen, und die Gottlosen um ihrer Laster willen. Ich will dem Hochmuth der Stolzen ein Ende machen, und die Hoffart der Gewaltigen dehmüthigen. Der Herr Herr wird wider alles Starke kommen, und alles Stolze mit Seinem Arme beherrschen. —

Vergeltung kommt mit dem Herrn — Gerechte Vergeltung, die niemand wenden, und ein Urtheil, das niemand widerrufen kann.

Höhre es, bittere, hartrichtende Zunge! Mannszunge! Frauenzunge! Wann wird es dir genug seyn, den guten Namen deines Nebenmenschen zu beflecken, und seine Ehre in den Staub zu treten? — Auch wider dich wird der Herr kommen, oder Er kommt wider niemand! Auch du mußt Rechenschaft geben, oder es muß überall niemand Rechenschaft geben! — Nicht nur nach deinen Thaten, auch nach deinen Worten wirst du beurtheilt werden — aus deinen Worten verdammt werden. Je vermessener deine Zunge war, desto schrecklicher wird dein Urtheil seyn. Je lügenhafter, desto tiefer wird die dastehende lichthelle Wahrheit dich beschämen. — Je schärfer und unbarmherziger deine Verurtheilung des Nächsten — desto unerbittlicher, desto weniger schohnend wird der Urtheilspruch Dessen wider dich seyn, der jeglichem mit dem Maaße messen wird, mit welchem er selbst maß. „Wie? — Wie wird „der Herr das ansehen, das beurtheilen, das schätzen und „vergelten, was ich itzo thue, rede, denke, begehre, ver„anstalte — wenn Er kommen wird, Böses für Böses zu „vergelten — Kommen wird wider alles Hohe und Star„ke — Kommen wird, Alles was sich wider Ihn auf„lehnt, mit Seinem Arme zu beherrschen. — Was wird es „dann gelten? Hat's Belohnung und Beyfall — hat's Ahn„dung und Strafe zu erwarten?" — O diese Frage der Weisheit und der Tugend, mögten wir sie oft unserm Herzen mit ernster Gewissenhaftigkeit vorlegen! Wie anders würden wir tausendmahl handeln, als wir zu handeln pflegen? Wie ungleich vorsichtiger und bescheidener reden, urtheilen? Wie viele tausend unnütze Worte würden unsere Zunge nicht berühren, und unsere Lippen nicht beflecken? Wie viele tausend unwürdige Gedanken und Lichtscheue Begierden würden nie in unserm Gemüthe emporkommen können? Welche Handlungen, welche reine Handlungen würden wir begehen, wenn wir glauben würden, was wir zu glauben bekennen? Wenn wir das unserm Gemüthe gegenwärtig machten, was wir für wahr zu halten vorgeben, und was doch unserm Gemüthe so selten gegenwärtig ist! O Gerichtstag — wann wirst du uns gegenwärtig, allgerecht, unausbleibliche Vergeltung — wann wirst du uns unvergeßlich seyn? -- Wann wirst du unsere Thaten, unsere Worte, unsere Gedanken und Gemüthsbewe-

gungen

gungen bestimmen helfen? Wann wirst du Schrecken dem Leichtsinn, wann Warnung dem Schwachen, wann heilsames Entsetzen dem unverbesserlich Scheinenden, wann scharfschneidendes Schwerdt vor der Stirne des Frechen und Gesetzlosen seyn? Wann werden wir Alle die grosse Wahrheit fest genug halten: Der Herr wird wider den Starken kommen, und Ihn mit Seinem Arme beherrschen. Er kömmt, und Sein Lohn mit Ihm.

III.

Predige — Was soll ich predigen?

Predige ein Wort der Ermunterung und des Trostes!

Steig auf einen hohen Berg mit guter Botschaft! Erhebe deine Stimme mit Kraft! Erhebe sie ohne Furcht, und sage den Städten Juda: Nehmet wahr! Da ist Euer Gott! Er bringt Seinen Lohn mit Sich, und Sein Werk fähret vor Ihm her. Er wird Seine Heerde weyden, wie ein Hirt — Er wird die Lämmer mit Seinem Arme zusammen sammlen, und sie in Seinem Schoosse tragen, und die Tragenden gemächlich führen.

Geduldig und Belohnungsreich ist der Herr, dem wir dienen — der Vater, dem wir gehorchen — der Hirte, der uns leitet — der Richter, dem wir Rechenschaft zu geben haben.

Will Er uns dann hart halten, der Allbarmherzige? Will Er uns strenge seyn, der ewig Gütige? Will Er uns keine Freuden gönnen, der Erfinder, Schöpfer und Sender aller Freuden? Soll es denn umsonst seyn, daß wir Gott ehren, und vor dem Herrn der Heerschaaren in Dehmuth einher wandeln? Oder — Fordert Der, der weiß, was für ein Gemäch wir sind, und daran gedenkt, daß wir Staub sind, etwas Unmögliches? Will Er schneiden, wo Er nicht gesäet, und sammeln, wo Er nicht hingelegt hat? Will Er nur strafen, wer sich wider Ihn empört? Nicht auch belohnen, wer Ihn sucht? Soll nur der Böse ein Gegenstand Seines Mißfallens seyn — und Er soll kein Wohlgefallen äussern an den Guten? —

O Du ewige Huld und Liebe! Wie wenig kennet man Dich! O Du schohnendes Erbarmen! O Du unterstützende Kraft, und tragende Langmuth — wie wenig will man von Dir wissen! —

Wohlthun ist Deine Freude! Helfen Deine Lust! Seegnen Deine Ehre! Belohnen Deine Seeligkeit!

Erhebe Deine Stimme mit Kraft, ruft die himmlische Stimme! *Erhebe sie ohne Furcht: Nehmet wahr! Da ist Euer Gott!*

Wenn ich nicht ermuntern und trösten könnte, wie dürft' ich warnen und strafen? — Gott hilft dem Hülfsbedürftigen — Gott ist da für den Schwachen mit Seiner Stärke — Gott ist nahe dem, der Ihn anruft, — ja dem, der Ihn mit aufrichti-

richtigem, vertrauensvollen Herzen anruft. — Der Herr
hilft dem Schwachen — Welch ein Wort der Ermunterung
und des Trostes! Er unterstützt den Kraftlosen, der sich kindlich und Glaubensvoll nach Ihm umsieht. — Seine Augen
schauen durch alle Lande, daß Er die Stärke, die
von ganzem Herzen an Ihm hangen. — Er ist's,
Der dem Müden Stärke giebt, und dem Ohnmächtigen die Kraft vermehrt, daß sie auffahren mit Flügeln, wie die Adler; Daß sie wandeln, und nicht
müde werden; Daß sie laufen, und nicht erliegen.

Nehmet wahr! Da ist Euer Gott! —

Welch eine fröhliche Botschaft für Schwache! Zur Rechten steht Euch Einer, der dem Sinkenden Seine Hand
anbeut — Er eilt, Euch mit Seiner Wahrheit zu erleuchten, Euch an Sein ewig wahres Wort zu erinnern, Euch
zu vergegenwärtigen, was Eurem Gemüthe sonst fern geblieben wäre — Was allen Entschliessungen, Vorsätzen,
Gelübden unmöglich ist, will Er Euch möglich machen —
Gerade dann, wenn zwischen Wahrheit und Irrthum, zwischen Tugend und Laster, zwischen täuschendem und wahrem Glücke gewählt und entschieden werden soll, dieje-
nige Seite der Wahrheit, der Tugend, der Glückseligkeit
Eurem Gemüthe vorhalten, die am liebenswürdigsten ist —
die am meisten rühren, am kräftigsten hinreissen kann.

Nun sey Eure Verzagtheit, Euer Unglaube an Euch selbst
noch so groß — Ihr habt nicht Ursach, an Gott ungläu-
big,

big, an Ihm verzagt zu seyn. Seine Kraft ist für die Schwachen da! In Seiner Hand sind Eure Herzen. Die leiseste Bewegung Seines Willens, Seiner Alles leitenden Willkühr kann tausend täuschende, verführende Gedanken von Euch weglenken — tausend ermunternde Euch zuführen. Die Furcht sey ferne. Mißtrauen und Zweifel beunruhigen Euer Herz nicht, wenn niemand da ist, der Euch hilft und unterstützt; Gott ist da, Euer Gott — Der, der sich als Euer Schutzgott zu erweisen, unaussprechlich bereitwillig ist. Da ist Er, und nicht kraftlos und müßig! Ein müßiger, unthätiger, Hülfloser Gott ist kein Gott — Eine Kraftlose Nähe, keine Nähe. Nehmet wahr! Da ist Euer Gott! Das ist kein leeres Wort, kein täuschender Trost! Es ist Wahrheit! Gott hilft dem Schwachen — oder der Schwache hat keinen Gott. — Gott kann helfen; Sonst wär' Er Gott nicht. Der Herr ist nahe Allen denen, die Ihn anrufen; Ja Allen denen, die Ihn mit rechtem Vertrauen anrufen. — Er thut, was die wollen, die Ihn ehren und suchen — und Er erlöset sie, und steht ihnen zur Rechten, daß sie nicht entwegt werden.

b.

Der Herr hat unbeschreibliche Geduld mit den Schwachen.

Welch ein Wort des Trostes und der Ermunterung — und unter welch einem lieblich rührenden Bild an's Herz gelegt: Er wird die Lämmer in Seinen Arm zusammen und des Trostes.

men sammeln — Er wird sie in Seinem Schoosse tragen, und die Tragenden gemächlich führen. — Der treue Hirt verliert keines Seiner Schaafe aus dem Gesichte. Er kennt sie Alle mit Namen. Das Eine von Hunderten, das sich verirrt und verliert, hat mehr Anspruch auf Seine Aufmerksamkeit, Seine einholende Güte, als neun und neunzig unverirrete. Denkt an die Hirtentreu und Hirtengeduld unsers Herrn gegen Seine Apostel — Denkt an den Blick, da der erste und kühnste Apostel Ihn zu dreyenmahlen verläugnet hatte — Denkt an die dreymahlige Frage: Simon Jona, liebest du Mich? — Und an das dreymahlige: Weyde Meine Lämmer! Heißt das nicht: Er wird Seine Lämmer in Seinen Arm zusammen sammeln — Er wird sie in Seinem Schoosse tragen, und die Tragenden gemächlich führen. — Auch in diesem Sinne, Meine Theuresten, ist Jesus Christus gestern und heute und ewig eben Derselbe. Er war nie langmüthig, oder Er ist's auch itzt noch! Ja! Er ist's noch, und war's und wird es seyn. Immer ein treuer, sanfter, geduldiger, nachgehender, einhohlender Hirt — immer reich an inniglicher Anmuth, und ein Erbarmer.

c.

Der Herr belohnt den Guten und Redlichen. Er kommt mit Seinem Lohn — Sein Werk — Seine Freuden, Seine Gnaden gehen vor Ihm her — Welch ein Wort der Ermunterung und des Trostes! Nichts Gutes wird umsonst

sonst gethan. Immerwährende Belohnung wartet auf jede redliche vor Gott, in Gott, und um Gottes willen gethane That. Du darfst es bestimmt denken — du darfst es dir sagen und aussprechen: So belohnt Gott. Mir ist — ich sehe die Belohnung schon vor meinen Augen. So wenig zweifle ich an Gottes Verheissungen — Ich will barmherzig seyn, denn das unveränderliche Wort meines Gottes sagt: **Seelig sind die Barmherzigen, denn sie werden Barmherzigkeit erlangen.** — Denn es gehet auch mich an: **Was Meinen geringsten Brüdern gethan wird, das ist Mir gethan.**

Ich will aufrichtig und redlich nach Tugend, Gerechtigkeit und Religion streben — Denn es ist verheissen: **Wer nach Gerechtigkeit hungert und dürstet, der wird ersättigt werden.**

Nicht Eine gute, noch so geringe, noch so unbekannte That ist von dem Auge des allwissenden Belohners unbemerkt geblieben — Nicht Eine ist Seinem Gedächtniß entfallen. Er hat für jede eine besondere, ihr höchst angemeßne, ausgesuchte Belohnung in Bereitschaft. Belohnen ist Seine Freude. Der beßte, frohmüthig tugendhafte Mensch kann nicht so gern Gutes thun, als gern der Allbelohner alles Guten ihn belohnen will.

Ich weiß nicht, wie Gott uns zum Guten ermuntern; wie Er uns mit frohen Botschaften nahe an's Herz kommen kann, wenn nicht durch die dreyfache Versicherung — Er ist da mit Seiner Hülfe, wenn wir in Gefahr sind,

zu fallen. Er nimmt uns mit zärtlicher Hirtentreu auf
Seinen Arm, wenn wir — Seiner gegenwärtigen Hülfe
nicht achtend — gefallen sind. Er vergiebt so gern unsre
Schwachheiten, und belohnt so gerne unser Gutes. Er
deckt das Fehlerhafte zu, und legt dem Tauglichen und
Guten den höchsten Werth bey.

O Du heiliger Gott — Wer sollte Dich nicht ehren? —
O Du Gütiger und Huldreicher — wer Dich nicht suchen
und lieben?

Aber — wer sucht Dich, o Du Suchenswürdiger? Aller-
liebenswürdigster, wer liebt Dich? Du suchst uns immer,
und wir fliehen Dich immer — Du liebst unaussprechlich,
und die Zärtlichsten von uns lieben Dich kalt. Du willst
unser Bestes — wir dürfen's nicht läugnen, und können's
doch nicht erkennen — Wir glauben, ach, so wenig von
dem, was wir zu glauben meynen. —

Herr! Erbarme Dich unser, und bekehre uns, so werden
wir bekehrt.

Beschluß.

Christen! Brüder! Schwestern! Noch Ein Wort zum Be-
schlusse —

Ist das Wort des Unterrichtes vergeblich gewesen; So sey
es nicht das Wort der Warnung und der treffenden Strafe
— Und war dieses umsonst; So sey es nicht das Wort
des ermunternden Trostes — Laß die Weisheit, laß den
Ernst, laß die Güte Gottes dich zur Besserung leiten —
Erwache und sey weise — und höre, statt alles Andern,
nur noch dieß einzige Wort an —

Mache nur einige acht Tage einen Versuch — Ueberdenke
jeglichen Tag die Sterblichkeit und Unsterblichkeit deiner
Natur: Die Gewißheit des Todes; Die Ungewißheit der
Stunde des Todes — Setze nur einige Minuten darzu aus,
zum Vater deines Lebens zu flehen: Herr! Lehre mich

bedenken, daß ich sterben muß, auf daß ich klug werde. Lehre mich meine Tage zählen, und weislich zu Herzen fassen! — Setze nur den Gedanken oft mit Kraft in deinem Gemüthe fest: Der Herr wird kommen, um nach meinem Thun zu vergelten. Er wird absprechen über den Werth dieser meiner Handlung. Dieß Wort, diesen Gedanken wird Er würdigen und schätzen. Es wird mich freuen oder gereuen — Es wird mir wohl oder wehe thun — Schande bringen, oder Ehre — Dehmüthigung oder Erhöhung. Gewöhne und übe dich nur acht Tage an die immer gegenwärtige nahe, hülfreiche Hand deines guten Gottes zu gedenken; An die Hirtentreue des unermüdeten Hirten; An die unausbleibliche, unausdenkliche, und gränzenlose Belohnung einer jeden guten Gemüthsbewegung, einer jeden redlichen und gewissenhaften That —

Nur acht Tage, Meine Lieben, die Probe gemacht — und wenn Euch nicht Herzwohl dabey ist; Und wenn Ihr nicht mehr Wohlgefallen an Euch selbst, und Freude habt an Eurem Daseyn — Wenn Ihr nicht gestehen müßt, das heiße das Leben auf eine edle, würdige Weise geniessen — Wenn Ihr Ursache findet, es zu bereuen, diesen Versuch mit Redlichkeit und Ernst gemacht zu haben; Wenn Ihr sagen müßt: Es war uns wöhler beym Laster, wöhler ohne Gott, als bey Gott — Wir fühlten uns edler, ehrwürdiger, seeliger, da wir von Gott flohen, als da wir Gott suchten — Wenn Ihr sagen müßt: Du hast uns betrogen und irre geführt — — O so will ich kein Wort mehr von Gott und Christus sagen — keinen Menschen mehr zu religiösen Gesinnungen ermuntern — zu keiner Tugend mehr auffordern — und bekennen, daß ich Unrecht gehabt habe. —

Aber, so gewiß ich weiß, daß alles Fleisch Gras ist, und alle seine Güte wie die Blume des Feldes, so gewiß weiß ich, daß das Wort des Herrn in die Ewigkeit bleibet; Daß Gott denen, die Ihn suchen, ein ewiger Belohner ist. Amen.

Personal-Predigten.

I. Trauungsrede für Herrn Heß.
II. Rede bey der Taufe zweyer Israeliten.
III. Rede bey dem Tode Herrn Statthalter Eschers.

Trauungsrede

an

Herrn Johann Felix Heß,
Diener Göttlichen Worts,

und

Jungfrau Maria Barbara Schultheß.

Gehalten
den dreyzehnten October 1767.

Aus dem XXXIV. Psalm, v. 12. 13. 14. 15. Kommet herzu, ihr Kinder! Höhret mir zu! Ich will Euch die Furcht des Herren lehren. Wer ist der Lust zum Leben hat, und gern gute Tage sehe? — Der bewahre seine Zunge vor dem Bösen, und seine Lefzen, daß sie nichts Falsches reden. Laß vom Bösen, und thu das Gute! Suche den Frieden, und jag ihm nach. Die Augen des Herren sehen auf die Gerechten, und seine Ohren merken auf ihr Schreyen.

Meine geliebtesten Freunde!

So ist denn nun, o Du geliebtes Paar! die erwünschte Stunde gekommen, da Du dich vor dem Angesichte Gottes und seiner Gemeine zu einer unzertrennlichen und ewigen Liebe feyerlich vereinigst; — Die glückliche Stunde, da ich, Euer aufrichtiger Freund, Euere treuen Hände zusammen fassen, und unsern Vater im Himmel öffentlich über Euch anrufen soll. — Ihr wisset, Geliebte! Wie sehnlich mich nach diesem Tage verlangt, wie sehr mir mein Herz geschlagen hat, Euch in dem Tempel des Herrn in dieser erfreulichen Stellung zu erblicken, und Euch, im

84 *Trauungsrede.*

Namen unsers Herrn Jesu Christi, zu segnen. Nun ist diese Stunde da; Ich sehe Euch vor mir; Mein Herz thut sich weit gegen Euch auf; Mein ganze Zärtlichkeit wird rege. — Es ist eine gar zu angenehme Beschäfftigung für mich, Euch, Geliebte! Bey dieser Gelegenheit alle Vergnügungen und Freuden, welche das eheliche Leben über christliche Gemüther ausgießt, lebhaft vor Augen zu stellen, und Euch auf einmahl empfinden zu lassen, was Ihr ohne Zweifel schon oft abgebrochener Weise müsset empfunden haben, nämlich, wie wohl Euch bey einander seyn könne, wenn Ihr diejenigen gottseeligen, menschenliebenden und ehrbaren Gesinnungen beybehaltet, und durch Euere Vereinigung stärket und erhöhet, die schon lange die Zierde, den Ruhm und die Liebenswürdigkeit Euers Charakters ausmachen.

O so kommet dann herzu, ihr Kinder! höhret mir zu!

Ich will Euch die Furcht des Herrn lehren. Ich will Euch die Glückseeligkeit der Eheleute vorzeichnen, die den Herrn ehren, und Ihm gern und in Allem gehorchen. Ich will Euch die guten Tage zeigen, die denjenigen Eheverlobten aufbehalten sind, die frey von allen niedrigen Leidenschaften, ihr ganzes Betragen rein und unsträflich, und ihre Zunge vor dem Bösen bewahren, deren Herz ein Wohnplatz der Aufrichtigkeit, und eine Quelle der Freundschaft und des Friedens ist; Deren Lefzen nichts

Falsches

Trauungsrede.

Falsches reden, die von allem Bösen ablassen, und es sich zur Hauptangelegenheit und Hauptbeschäfftigung machen, Gutes zu thun, den Frieden zu suchen, und ihm nachzujagen, mit Einem Wort, Freude, Friede, und Glückseeligkeit allenthalben um sich her auszubreiten.

Die Glückseeligkeit so gesinneter Eheleute, man mag sie betrachten, von welcher Seite man will, ist groß und wünschenswürdig.

Glückseelig seyd Ihr, meine Theureste, vor Allem aus durch Euere wechselseitige Treue, Liebe und Freundschaft; — Glückseelig durch Euere gemeinschaftliche Gottesverehrung; Durch Euern gemeinschaftlichen Eifer, das Böse zu fliehen, und das Gute zu thun; — Glückseelig durch Euere künftigen Kinder, die Euch der Herr schenken wird; — Glückseelig sogar in Widerwärtigkeiten und schmerzlichen Begegnissen dieses Lebens; — Glückseelig im Tod — und in der zukünftigen ewigen Welt.

Ihr seyd vor Allem aus glückseelig durch Euere wechselseitige Liebe und Freundschaft. Es ist traurig und öde, allein zu seyn, und sich unmitgetheilt als ein eingeschränktes Eigenthum zu besitzen. — Aber süß, unaussprechlich süß ist es, an dem treuen Arm eines Herzensfreundes, oder einer Herzensfreundin die unschuldigen Freuden dieses Lebens genießen — einen beständigen Theilnehmer an allen seinen Angelegenheiten, einen treuen Gehülfen, oder eine

eine zärtliche Gehülfin an der Seite zu haben — Es ist eine mächtige Erquickung für zwey gesellschaftliche, wohlgebaute Herzen, die alle Gedanken und Empfindungen mit einander theilen; Die einen gleichgestimmten Geschmack an Allem, was schön, was edel, was erhaben, was nach dem unveränderlichen Urtheil der Vernunft, und eines unschuldigen Gewissens durchaus liebenswürdig ist, zusammen bringen; Die die schöne Natur mit einem Auge der stillen Bewunderung und des schweigenden Nachdenkens betrachten; Die einander, auch, wo sie es nicht vermutheten, mit denselbigen Empfindungen begegnen, und einander verstehen, ehe sie reden; Deren zusammentreffende Blikke oft bedeutender sind, als lange Gespräche; Die beyde gleich zum voraus empfinden, was dem andern Vergnügen und Freude bringt, und beyde gleich geschäftig und gleich erfindsam sind, einander mit edeln, geistigen, und unbereulichen Vergnügungen zu überraschen; Die alle schlummernden Anlagen des Geistes durch aufrichtige, sanfte, geistvolle, socratische Fragen aufwecken, alle unentwickelten moralischen Empfindnisse*) durch naive Erzählungen von edeln Thaten und Gesinnungen gleichsam befruchten, und unter dem Schatten der ehelichen Zärtlichkeit zur Zeitigung bringen; Die sich über Alles weislich und vertraulich berathen; Die Alles, was Eines von ihnen mittelbar oder unmittelbar angeht, sich ohne Zwang aus freyem Triebe und mit herumschauender Sorgfalt interessiren. — O Liebe, o Freundschaft! Welch ein Seegen bist du

---

*) Sentimens.

Trauungsrede.

du für empfindende Seelen! Wie weise, wie gütig und väterlich hast Du, unser Schöpfer und Vater, für uns gesorgt! Zu welchen schönen und lustvollen Empfindungen hast Du das Herz deines Geliebten, des Menschen, gebildet! Aus eignem freywilligem Triebe kann es ein Herz suchen und finden, das sich ihm ganz schenkt, und mit dem es gleichsam in Eins zusammenfließt. So habet Ihr Euch gesucht und gefunden, ihr zwey theuren Herzen! So habet Ihr Euch vereinigt! So besitzet Ihr in Euch selbst eine unerschöpfliche Quelle von den seltenen und so edeln Vergnügungen der wahren Freundschaft. Täglich werdet Ihr aus diesem Quelle schöpfen! Täglich wird dieselbige, wenn gleich nicht immer gleich sprudelnd, doch heller, tiefer, und unerschöpflicher werden. Je mehr Ihr Euch kennet, je mehr sich die Uebereinstimmung Euerer Herzen bey täglich vorkommenden Anläßen äussert, desto mehr werdet Ihr Euch lieben, desto glückseeliger werdet Ihr bey Eurer Liebe seyn; — Desto mehr wird Euch der Gedanke entzücken: Wir sind Eins! Wir leben beysammen! Wir sind durch unzertrennliche Bande mit einander verbunden — Einmahl, ich kenne unter den süßen Empfindungen der Zärtlichkeit keine, die sich so sehr ausnimmt, als die, die aus der Betrachtung desjenigen lebendigen, vernünftigen, moralischen Wesens entsteht, das sich mit mir, aus eignem freyem Triebe auf's unzertrennlichste vereinigt; Das gleichsam seine Person, und sein ganzes Daseyn in mich hinübergetragen, und sich mit allen Schätzen seiner unsterblichen Natur mir freywillig geschenkt hat; —

Des Wesens, vermittelst dessen ich mich selbst vervielfältigen, und ein Vater lebendiger Wesen werden kann. So oft ich meine Gattin, (Eure geliebte Freundin) so oft ich diese mir von Gott geschaffene theure Seele mit diesen Gedanken ansehe, schwillt mein Herz in mir auf; Ich kann mich nicht mehr halten, ich fliege in ihre ausgebreitete Arme, wie Adam, da ihm sein Schöpfer die neugeschaffene Eva entgegen brachte, meine ganze Seele dehnt sich aus, ich rufe wie unser erste Vater: Fleisch von meinem Fleisch und Gebein von meinem Gebein — Da bin ich — mein MitIch! Und Freudenthränen fliessen aus unsern Augen zusammen, und wir verstummen mitten im Strome der neuen Seegnungen, die wir vor Gottes Angesicht über uns selbst ausgiessn. —

Wenn nun aber schon die eheliche Zärtlichkeit an sich ein so grosses und würdiges Vergnügen ist, wie unendlich wird sich dieß Vergnügen erst noch durch eine gemeinschaftliche Gottesverehrung, durch einen gemeinschaftlichen Eifer, sich von allem Bösen zu entfernen, und alles Gute auszuüben, erhöhen? Wenn sich schon jeder einzelne Mensch für sich gute, glückseelige Tage versprechen darf, der seine Zunge vor dem Bösen bewahret, und seine Lefzen, daß sie nichts Falsches reden, der vom Bösen abläßt, und es hasset, das Gute thut und demselbigen anhängt — Wie viel mehr wird dazu erwarten seyn, wenn zwey Herzen so edle Gesinnungen zusammenbringen? — Nein, das Vergnügen kann sich kein Mensch

auch

Trauungsrede.

auch nur in Gedanken groß genug vorstellen, der immer nur seine sinnlichen Begierden zu reizen, zu unauslöschlichen Leidenschaften anzufachen — und diese mit einer unersättlichen Unruhe zu ersättigen sucht, das für die vernünftige Seele so würdige, so Göttliche Vergnügen — mit einem geliebten, vernünftigen, mit Gott bekannten Mitgeschöpfe vor dem unsichtbaren, ewigen, allgegenwärtigen Schöpfer und Vater in einem verschloßnen Kämmerlein niederzufallen, und aus Einem Mund, und Einem von Seiner Furcht und Liebe vollen Herzen anzubehten: „O Va„ter! Unsichtbarer, der Du im Verborgenen bist und „im Verborgenen siehest, Vater — Du hast uns — uns „Beyde gemacht. Wir waren nicht! Du wolltest, daß „wir wurden; Sonst wären wir nicht. — Aber, nun — „Wir sind! — Wir leben — Wir fühlen, daß wir sind, „daß Du bist, und daß wir durch Dich sind — Wir sind „vernünftig — Wir sind — o unausdenklicher Gedanke! — „wir sind unsterblich — Du liebest uns — Du willst, daß „wir unsterblich seyen. Du liebest uns unaussprechlich, „darum werden wir unaussprechlich glückseelig seyn. Das „wissen wir. Dein Sohn hat es uns gesagt. Du hast „Ihn, ach! Du hast Ihn vom Himmel herab auf die „Erde gesendet, wo wir Dich gleichsam nur noch von fer„ne anbehten. Nun dürfen wir hoffen, was wir sonst „nicht hoffen durften! Er wird uns wieder lebendig ma„chen, wenn wir todt sind. Mit Unsterblichkeit will Er „uns anziehen. Er will uns zu Sich nehmen. Wir sol„ten bey Ihm seyn, ewig bey Ihm seyn, Dich, Unsicht-

barer,

„barer, in Ihm sehen — Er will Seinen Himmel, Seine
„Glückseeligkeit, Sein Herz mit uns Erdesöhnen theilen —
„wie wir zwey Herzensfreunde unsre Vergnügen, unsre
„Hoffnungen, und Herz mit einander theilen. — Hallelu-
„jah! Schöpfer! Vater! Liebe! Hallelujah, o Jesus Chri-
„stus — Ewige Liebe! Was sind wir? — Was werden wir
„seyn! Was kein Aug gesehen, kein Ohr gehöret
„hat, was in keines Menschen Herz aufgestiegen ist,
„das hast Du denen, die Dich lieben, bereitet; Wir
„lieben Dich! Ewig wollen wir Dich lieben — Liebens-
„würdigstes Wesen aller Wesen — Hallelujah —"

Was das für eine der unsterblichen Seele würdige, unaussprechliche Wollust ist, sich so mit einem vernünftigen,
über Alles geliebten, und zu gleicher Glückseeligkeit bestimmten Mitgeschöpfe, zu vereinigen, die ewige Liebe
anzubehten, und alle Empfindungen des Vertrauens, der
Liebe, der Dankbarkeit und der Freude vor ihr auszugies-
sen, — das wird keine menschliche Sprache auszudrü-
ken vermögend seyn. — Und diese Wonne, diesen Vorschmack himmlischer Entzückungen wirst Du, o geliebtes
Paar, an manchem frühen Morgen vor dem Angesicht der
aufgehenden Sonne, an manchem einsamen Abend, im
sanften Glanze des lieblichen Mondes, in mancher schlaf-
losen Mitternachtsstunde — nicht ohne stille Thränen geniessen. Es ist heute vielleicht nicht das erste mahl, da
Ihr Euch zu dieser erhabenen Wollust vereinigen werdet.
Wenigstens werdet Ihr mit dem heutigen Tage anfangen,

und

und diese Lust so edel, so rein, so seelerquickend finden, daß Ihr jedem neuen Tage, jedem Morgen und Abend auch nur um deswillen mit einem heitern Vergnügen entgegen sehen werdet. —

Eine ähnliche Empfindung erhabener Freude werden gottseelige Gespräche in Euch erwecken. — Ich sehe Euch, Meine Theuresten, im Geiste — (und oft werde ich ein Augenzeuge davon seyn) Ich sehe Euch, Hand in Hand beysammen sitzen, die Augen voll unsterblicher Freundschaft auf einander gerichtet — „Das sind wir — o meine Ge„liebte! Das hat Gott für uns gethan; Das will Er noch „thun. Das stehet uns bevor. Den Weg müssen wir „gehen. Dieß müssen wir thun; Jenes unterlassen; Hierin „müssen wir uns üben — die Neigung beherrschen — da„von uns enthalten; — Hierinn mehr Ernst, mehr Fleiß, „mehr Muth und Standhaftigkeit beweisen. — Den Feh„ler habe ich — die Schwachheit hast du noch zu bekämpfen; „— Laßt es uns versuchen — Das muß auch noch ab„gelegt seyn! Erinnere mich doch an diesen Entschluß, wenn „ich dem Fehler auch nur von ferne entgegen gehen will; War„ne mich — und, wenn ich mich übereilt habe, so führe „mich liebreich zurück. — Ja, Freund, ja, Herzensfreun„din — das hätten wir auch noch thun können; Da hät„ten wir uns auch noch etwas abbrechen sollen! — Wie? „— Wenn wir's nun so machten, vielleicht könnten wir „das Versäumte noch nachholen. Wohlan! Hand in Hand! „— Es sey so, mein Freund! Es wird uns nicht gereuen.

„Wir

„Wir wollen nicht nur dann und wann, wir wollen alle-
„zeit recht — wir wollen nur Gutes, sondern so viel Gu-
„tes thun, als wir können. Unser Beyspiel soll niemand
„auch nur von ferne zum Leichtsinn, zur Ueppigkeit, zur
„Verschwendung, zum Müßiggang, zur Weichlichkeit, zu
„häuslichen Mißhelligkeiten, zum Kaltsinn, zur Unversöhn-
„lichkeit, zum Stolz, oder zu irgend einem Modelaster,
„das sich immer nur gar zu gerne nach der Schwachheit
„des Tugendhaften umsieht, zu ermuntern, oder dasselbige
„zu begünstigen scheinen; Soll keiner Schwachheit und
„Blödsinnigkeit des menschlichen Herzens, keiner fehlerhaf-
„ten Neigung, keinem Vorurtheil, keiner schlimmen Ma-
xime die Hand bieten — und auch keine günstige Miene,
„kein zweydeutiges Kompliment machen. Wir wollen
„unsere Zunge vor allem Bösen bewahren, und un-
„sere Lefzen, daß sie nichts Falsches reden; Wir
„wollen vom Bösen ablassen, und alles Gute thun;
„Wir wollen Alles das suchen, Allem nachjagen,
„was Frieden, Vergnügen und Glückseeligkeit bringet."
Wenn ein so gemeinschaftliches redliches Bestreben nach
dem höchsten Grade der Tugend nicht Wollust, nicht
Glückseeligkeit ist, was wird denn wohl Glückseeligkeit
seyn? — Wenn man nicht nur sagt: „Das wollen wir
„thun! — Sondern, das habe ich, das hast du gethan!
„Das ist im Reinen! — Es gieng gar gut von statten!
„ — Es ist überwunden! — Wieder ein Unglück weniger;
„Wieder ein erquicktes, ein dankbares, ein Gott vertrauen-
„des Herz mehr in der Welt! Nun, an etwas anders."

Nicht

Trauungsrede.

Nicht wa'r, Geliebteſte, Euer Herz fängt an, gewaltiger in Euch zu ſchlagen, Ihr empfindet, wie glückſeelig Ihr durch Eure Verbindung ſeyt? —

Doch! Noch mehr, mein Freund! Noch ein Wort von deinen Berufsgeſchäften! — — Wie heiter und munter wirſt Du, Mein Allerliebſter, in die Kirche oder auf die Schulkanzel eilen, um von da Wahrheit und Tugend zur reichen Aerndte auszuſtreuen, wenn Dich allemahl noch deine zärtliche Gattin an ihr Herz drückt, Dir ihre Ermunterungen und ihren Seegen noch mit auf den Weg giebt. Wie freudig wirſt Du von der wichtigen Arbeit wieder nach Hauſe kehren, wo von ihren häuslichen Verrichtungen weg deine Geliebte Dir entgegenfliegt — oder deiner an der Kirchthüre wartet, und mit einem herzlichen: Gott ſeegne deine Arbeit! — Dich empfängt.

Wie angenehm iſt es, o Mein Geliebter, die Feder niederzulegen, die für Wahrheit und Tugend gekämpft, und dem vollen angeſchwellten Herzen Luft gemacht hat — und dann am Arme einer Herzensfreundin unter einer ſchattigen Laube, oder auf einem anmuthigen offnen Hügel ſich vertraulich niederzulaſſen, und eine ſtärkende Erquickung aus ihrer holden Hand anzunehmen; Oder an einem Winterabend an ihrer Seite auszuruhen, das Gedankenvolle Blat in der einen, die Hand der Geliebten in der andern Hand — ihr vorleſen, erläutern — ihre Fragen und ihr beſcheidenes Urtheil anhören! — Einer ſolchen vertrauli-

chen

chen Mittheilung, die ich mit meiner Geliebten beynahe alle
Tage pflege, haben meine etwanigen Aufsätze, und inson=
derheit meine Predigten manche einfältige Stelle, manche
rührende Wendung, manches anmuthige Gleichniß, manchen schicklichen Schriftbeweis zu danken; Und jeder auch
nur kleine Beytrag von dieser Art ist gewiß ein unaus=
sprechlich angenehmes Geschenk für uns, und ein nicht
geringer Theil unsrer ehelichen Glückseeligkeit. — Und sind
das denn blos etwa Träume einer dichterischen Einbildungskraft? Nein! Geliebte! Ihr fühlet, daß es keine Träume
sind. Es ist mir, ich sehe und höhre das Alles schon mit
eignen Augen und Ohren. Ich sehe Euch schon, wenn
ich zu Euch komme, die Hand mir entgegenstrecken: „Du
„hast uns, lieber Freund, an unserm Hochzeittage viel
„von unsrer Glückseeligkeit vorhergesagt — aber gewiß eher
„zu wenig, als zu viel. Wir empfinden das Alles. So
„wohl ist uns! — Und es soll uns noch alle Tage wöh-
„ler werden."

Noch mehr. Ich habe Euch noch nichts von den Kindern
gesagt, mit welchen der Herr diejenigen seegnet, die Ihn
fürchten, und die zu Seinen Geboten grossen Lust
haben. Wie? Mein Freund! Wenn Dir nun deine Ge=
liebte eine Frucht Eurer Liebe auf ihren Armen, oder unter ihrem Herzen entgegenbringt — Wenn sie einer frucht-
baren Weinrebe gleich ist; Wenn deine Kinder wie
Oelzweige um deinen Tisch her stehen; Wenn Du
deinen Geist, dein Herz, und die Tugenden ihrer Mutter

in

Trauungsrede.

in ihren Augen und auf ihre Lippen ausgegossen siehest; Wenn sich Dir erst dann die schönste Seele deiner Geliebten, durch die Bildung und Erziehung Eurer Kinder enthüllt; Wenn ihre Freude, Mutter zu seyn, Mutter von Kindern ihres Hessen, aus allen Gesichtszügen hervorquillt; Mit welcher sanften Wollust wirst Du das Alles sehen! Wie wirst Du Alles Andre gleichsam vergessen, um Dich der süssen Vaterfreude ganz zu überlassen! Wie wird sich das seltene Genie des Weltweisen, des Predigers, Schriftstellers, ganz in dem Vater zurücksammeln, in dem Vater leben und wirksam seyn! Mit welcher Sanftmuth, Weisheit und ruhiger Gebuld wirst Du sie lehren, mit dir dem Herrn zu dienen, und alle Wege des Herrn zu halten, die Du ihnen befohlen hast, und selber vorgehest, und zu thun, was billig und recht ist, und alle den Seegen und die Freuden zeigen, die der Tugendhafte erwarten darf; — Und, wann sie dann um Dich und ihre Mutter mit stiller Neugierde herum sitzen, sobald Du ihnen zuruffst: Kommet herzu, ihr Kinder! Höhret mir zu! Ich will Euch die Furcht des Herren lehren — Wenn Ihr Lust zum Leben habt, und gern gute Tage sehet, so behütet Eure Zunge vor dem Bösen, und Eure Lefzen, daß sie nichts Falsches reden; Laßt vom Bösen, und thut das Gute; Suchet den Frieden, und jaget ihm nach; Denn die Augen des Herrn sehen auf die Gerechten, und Seine Ohren höhren auf ihr Schreyen; Aber des Herrn Angesicht stehet wider die, welche Böses thun

Wenn

Trauungsrede.

— Wenn sie das Alle mit lernensbegierigem folgsamen Herzen anhören, wenn sie gern von dem lieben Gott fragen und reden hören; Wenn sie Dich mit einem ehrerbietigen Staunen ansehen, wenn Du in ihrem Namen vor Gott stehest, und als der Hohepriester deines Hauses Euere gemeinschaftlichen Angelegenheiten Ihm mit der gelaßnen Ruhe eines weisen Geschöpfs übergiebest; — Wenn sie selbst, bey reifern Jahren, ihr Gebeht mit Dir vereinigen, und beym Elend eines Nachbars, oder bey der Krankheit einer Gespielin, oder beym Tode eines Deiner Freunde, der zärtlich mit ihnen gespielt hat, die Erstlinge ihrer menschenliebenden Trähnen darbringen; Wenn sie sich selbst deinen Vorschriften, voll Vertrauen, unterwerfen, sich selbst abbrechen, und von dem mäßigen, ihnen bestimmten Abendbrod noch auf die Seite legen, — um ein armes hungriges Nachbarskind, das andre sogenannte Herren-Kinder vielleicht von sich stoßen, damit zu erquicken; Wenn sie täglich unter dem Thau deiner Weisheit, in der Erkenntniß brauchbarer Wahrheiten zunehmen, und deiner eignen Grösse nacheifern, — Welch ein Labsal, welch eine Göttlich süsse Empfindung wird das für Dich, und für Deine Geliebte seyn! Welch eine neue niegefühlte Lust wird sich bey dieser immer abwechsenden, immer neuen und belohnenderen Auftritten, Euers zärtlichen Herzens bemächtigen —

— O ihr künftigen schon zum voraus geliebten unsterblichen Kinder! Ihr noch ungebohrnen Zöglinge dieser Geliebten

ten! — Vielleicht erlebe ich es auch noch, daß ich
Euch auf meine Arme nehmen, und Euch seegnen
kann, wie ich itzo Eure würdigen Eltern seegne; Daß
ich Euch unter den Kindern Eures würdigen, mir so unaussprechlich geliebten Bruders, und unsers theuren Füeß-
lins, und unter meinen eigenen Kindern fröhlich und unschuldig herumhüpfen, und nach und nach die freundschaft-
lichen, zärtlichen und tugendhaften Gesinnungen Eurer Eltern in Euch aufblühen und reifen sehe. Heil Euch, daß
Ihr werdet! — Denn Ihr seyt bestimmt, gut und glückseelig zu werden. Kommt mit Freuden an das Licht hervor, denn Ihr seyt Geliebte Gottes, Erlöste Jesu Christi! Ihr seyt unsterblich! Eure Eltern sind Christen! Auch
Ihr sollt es seyn! Auch Ihr sollt mit ihnen zugleich hier
auf Erden dem Sohne Gottes an Tugend ähnlich zu werden trachten — dort an ewiger Herrlichkeit! —

Doch, ich muß Euch, Meine Theuresten, auch noch eine
andere Seite Eures Lebens zeigen. — Eure Tage werden
vielleicht nicht immer gleich heiter und freudenvoll seyn;
Es wird bisweilen auch eine dunkle Stunde sich einmi-
schen, wo sich die Empfindung der Glückseeligkeit wo nicht
verliert, doch zurückzieht. Aber, auch selbst diese trüben
und schmerzhaften Augenblicke werden noch zu einer Art
von Glückseeligkeit für christliche Eheleute. — Wenn etwa
in dem einförmigen Laufe vergnügter Tage die heissere
Zärtlichkeit zu einer gelaßnen Freundschaft erkaltet, so dienet selbst die Gemeinschaft des Schmerzens zu einer neuen

G Auswe-

Aufweckung und Belebung der ehelichen Zärtlichkeit. Und es ist oft ein eben so entzückendes Vergnügen, mit jemand seine Trähnen, als mit jemand seine Freude theilen zu können. Es ist ein Seegen, den Gott nur Seinen Geliebten gönnet: Einen Freund, eine Freundin so nahe zu haben, die auch in den traurigsten Stunden des Lebens Ein Herz und Eine Seele mit uns sind; Die sich mit uns zum Glauben und zur Geduld ermuntern, die sich auch mit uns unter das Joch der Widerwärtigkeiten biegen, und, wenn sie die Last desselben mit uns tragen, zugleich mit uns denjenigen anbeten, Der nie aufhören kann, die Liebe zu seyn, wenn Er uns gleich hienieden einige wenige Trähnen zu weynen giebt. Es ist unaussprechlich erquickend, aus dem Mund eines Herzensfreundes die Trostvolle Ermunterung zu hören: Welchen der Herr lieb hat, den züchtigt Er. — Seelig ist der, der die Versuchung erduldet; Denn, nachdem er bewähret ist, wird er die Krone des Lebens empfangen, welche der Herr denen, die Ihn lieben, verheissen hat. — Laßt uns mannlich sagen: Der Herr ist mein Helfer! Die Augen des Herrn sehen auf die Gerechten, und Seine Ohren merken auf ihr Schreyen. Welch ein Trost, welch eine Erquickung wird das für Euch seyn! Und dann werden sich die Dunkelheiten sonst bald wieder zerstreuen, und Ihr werdet Euch noch einmahl so glücklich empfinden.

Doch gesetzt auch, alle Widerwärtigkeiten des Lebens, die sonst keinen Menschen unberührt lassen, würden Euch immer

Trauungsrede.

mer mit gleicher Sorgfalt aussprechen; Gesetzt, Freundschaft und Tugend könnten jedem Schmerz den Zugang zu Euch verwehren; Alle nur wünschbare Glückseeligkeiten würden nach der ausgesuchtesten Abwechslung sich täglich um Euch her versammeln — Einmahl würden sie doch ausbleiben, und das würde dann für Euch um so viel schrecklicher seyn, je grösser und erquickender dieselben gewesen wären — wenn an diese Welt nicht eine andere, bessere und vollkommnere, wenn nicht an dieß kurze Leben, ein unsterbliches und ewiges gränzen würde. Ohne diese schöne und sichere Aussicht würde Alles, wodurch sonst das menschliche Leben leicht und angenehm gemacht werden kann, doch im Grunde nichts als ein täuschender Traum, und dem Glücke derjenigen ähnlich seyn, deren eheliche Liebe nicht länger wahrt, als der Geräuschvolle Hochzeittag. Aber nein! Die Glückseeligkeit der Gerechten ist so unzerstöhrlich, wie ihr Urheber, Der allein die Unsterblichkeit, und in Sich selbst das Leben hat. Der Gerechte hat auch noch Hoffnung im Tode. Die Welt und ihre Lust vergehet; Wer aber den Willen Gottes thut, der bleibet in die Ewigkeit. — Wenn also gleich der Tod für christliche Eheleute eine traurige Seite hat, er hat doch noch daneben eine so schöne und glänzende, daß ich mich auch sogar an dem freudigsten Tage Eures Lebens nicht scheuen darf, davon zu sagen.

Auf ein wohlgeführtes Leben vom Sterbebette zurücksehen, Kinder anblicken, die, in der Liebe, der Gelassenheit und

Selbstverläugnung geübt, mit muthigen Schritten der Krone des Lebens entgegen eilen; — Ein ewigdaurendes Leben voll unaussprechlicher Freude in Gott und Allem, was gut ist, als die unmittelbare Folge Seines in der Liebe thätigen Glaubens an Gott und Jesum vor sich erblicken — Das ist das Theil des Gerechten; Und wenn auch etwa die Schmerzen des sterbenden Leibes diese schönen Aussichten mit einigen Dunkelheiten umziehen, so bleibt das dennoch sein Theil; Und es dürfen nur einige wenige schnelle Augenblicke vorübergeeilet seyn, so wird sich auch das Gewölk zerstreut haben. — „Nun dann, wenn Du es, mein „Gott und Vater, so willst — (sagt an dem Sterbebette der geliebten Hälfte die noch zurückbleibende Ehegattin) „Nun dann, wenn Du es, mein Gott, so willst. — Zwahr „es ist schmerzlich! — Aber Du willst es! Ich will es „auch! — Nun, so verlasse er dann seine irdische Hütte; „Er entschlafe sanft in meinen treuen Armen. Er wird „wieder erwachen — in Deinem Schoosse erwachen, ewi„ger Erbarmer der Menschen! Es war ihm wohl bey mir „— Bey Dir wird es ihm noch unendlich besser werden. „Er wird ausruhen von seiner Arbeit. Seine Werke „folgen ihm nach. — Er wird sehen, was er geglaubt; „Er wird ärndten, was er gesäet hat. Das Lamm, „das am Throne Gottes ist, wird ihn weyden, und „ihn leiten zu den ewigen Quellen der Glückseelig„keit, und Gott wird alle Trähnen von seinen Au„gen abwischen. Sein Seegen wird auf mir, und sein „Tugend auf seinen Kindern ruhen — Und bald, bald

„nach

Trauungsrede.

„nach ihm werde ich auch meine weynenden Augen schlief-
„sen, und zu ihm kommen, und mit ihm die Freuden
„des Himmels theilen, wie ich mit ihm die Freuden und
„die Mühseeligkeiten der Erde getheilt habe." — —

— „Und ich verlasse die Erde mit Freuden, o ihr Gelieb-
„te! (antwortet der sterbende Ehemann und Vater): Ich
„gehe hin zu meinem Gott, und zu Euerm Gott,
„zu meinem Vater, und zu Euerm Vater. Ich wer-
„de Ihn sehen, den Gott, Der uns gemacht hat, Den
„Ihr noch im Glauben anbetet. Ich gebe Euch vor. Ich
„sehe den Ort, den Euch unser Erlöser in dem Hause
„Seines Vaters bereitet. Bald werden wir uns wie-
„der sehen, und uns ewig in ungestöhrter Freude lieben.
„Gott ist die Liebe — Er ist ein Vater der Wais-
„lein; Ein Helfer der Wittwen. Wie sich ein Va-
„ter über seine Kinder erbarmet, so erbarmet sich
„der Herr über die, so Ihn fürchten. — Die Augen
„des Herrn stehen auf die Gerechten, und Seine Oh-
„ren merken auf ihr Schreyen." — So können christliche Eheleute auch im Tode selbst glückseelig seyn; Denn
der Tod ist nichts anders für sie, als der Uebergang in
das ewige Vaterland, wo sie mit allen den Kindern, die
ihnen der Herr gegeben hat, von Ewigkeit zu Ewigkeit
der höchsten Glückseeligkeit geniessen sollen. So ist das
Glück christlicher Eheleute im Leben, im Tod und in der
Ewigkeit beschaffen! Nun — Ich sage nichts weiter,
meine Geliebte! als: Seyt fest, und unbeweglich, und
immerz"

immerzu überflüßig in dem Werke des Herrn; Seyt Vorbilder in der Liebe, im Geist, im Glauben, in der Keuschheit. Erbauet Euch selber auf Euern allerheiligsten Glauben, und betet durch den heiligen Geist. Bewahret Euch selber in der Liebe Gottes, und wartet auf die Barmherzigkeit unsers Herrn Jesu Christi zum ewigen Leben.

    So kommt, Geliebte! nun, und tretet
Mit Freuden vor mich hin, und betet
Den Gott an, Der Euch glücklich macht.
Er schuff Euch! Er hat Euch verbunden!
Sein seyt Ihr! Tausend süsse Stunden
Hat Seine Huld Euch zugedacht.
Fühlt, fühlt an diesem Tag der Freude,
Wie gut, wie liebenswerth Er ist;
Sagt's heut, sagt's alle Tage, Beyde:
Wir fühlen, Gott! Wie gut Du bist.

    Seyt Eins, Ihr gleichgestimmten Herzen!
Theilt alle Freuden, alle Schmerzen!
Fern, fern sey jedes Hinderniß.
Wie sanft, wie Lustvoll sind die Trieb;
Uneingeschränkter Treu und Liebe!
Wie himmlisch, unaussprechlich süß;
Wenn Seelen sich entgegen wallen,
Wenn Herz in Herz hinüberfließt,
Und jedes, mehr noch zu gefallen,
Mit neuer Liebe sich ergießt.

    O hohe Lust, zu guten Thaten
Sich täglich brüderlich berathen,
Und täglich das Berathne thun,

Sich keine Tugenden verheelen,
Den guten Ausgang sich erzählen,
Und sanft in treuen Armen ruhn;
Und auch die Fehler sich bekennen,
Mit Wehmuth jeglichen bereun;
Von redlichem Verlangen brennen,
Von jedem ganz sich zu befreyn.

O goldne Aussicht, frohe Scene!
Wenn schöne Töchter, starke Söhne
Sich mit Euch, daß sie da sind, freun!
Wenn sie sich häufig um Euch sammeln,
Den sanften Mutternamen stammeln,
Und, Vater! lieber Vater! schreyn.
Der Arme kömmt daher; Sie eilen
(Sie sahn's von Euch) dem guten Freund
Von ihrem Brodte mitzutheilen,
Ihr sehr's, umarmt Euch, schweigt und weynt!

Und schleicht in Eure heitre Tage
Sich vielleicht etwa Schmerz und Plage; —
Weynt Freunde! — Doch, verzaget nicht!
Gott kann den, der Ihn liebt, nicht hassen!
Nicht den, der Ihm vertraut, verlassen;
Vertraut Ihm, und thut Eure Pflicht!
Ihr steigt auf dieser steilen Leiter
Zum wahren Glücke schneller nur;
Bald wird der dunkle Himmel heiter,
Und schöner glänzt dann die Natur.

Nichts, nichts soll Euer Glück vermindern!
Nichts an der reinsten Tugend hindern!
Euch täusche nie der Sünde Traum!
Verschmäht, unsterbliche Gemüther,
Die falsche Wohllust, goldne Güter,
Der Kleider Glanz, der Ehre Schaum!

Laßt

Laßt Alle sehen, All' empfinden,
Wie schön, wie leicht die Tugend ist,
Daß noch mehr Seelen sich verbinden
Zur Tugendlust, die Ihr genießt.

Zwahr kurz ist Euer Glück auf Erden;
Doch, Ihr sollt ewig glücklich werden;
Und Alle, die Ihr zeugt, mit Euch!
Einst werdet Ihr Euch wieder finden,
Vom Unglück frey, und frey von Sünden,
An Hoheit Gottes Engeln gleich,
Dieß Glück! Ihr Freunde meiner Jugend,
Dieß wünscht mein volles Herz Euch an;
Ein Glück, das Euch allein die Tugend,
Kein Wunsch, kein Freund sonst geben kann.

Predigt
bey der
Taufe zweyer Israeliten.

Vorbericht.

Zween Israelitische Jünglinge, Fränkel von Fürth und Sachs von Breßlau, wurden durch die viele Ungereimtheiten des jüdischen Talmuds (oder der alten Ueberlieferungen ihrer Rabbinen, welche bey den meisten heutigen Juden wenigstens eben das Göttliche Ansehen haben, wie die Schriften Moses und der Propheeten) durch Umgang mit einigen Christen und Proselyten, durch Lesung einiger christlichen Schriften, durch einige Blicke, die sie in's Neue Testament thun konnten, und auf einige andere Veranlassungen hin, unter dem erleuchtenden Einflusse der Göttlichen Gnade auf den Wunsch geleitet, die christliche Religion an einem Orte, wo sie völlige Freyheit und von keinen Nachstellungen nichts zu besorgen hätten, mit Muße zu untersuchen. Sie entschlossen sich also, Berlin, wo sie beyde, der eine die Medizin, der andere den Talmud studieren sollten, zu verlassen, und auf Zürich zu reisen. Sie kamen den 19ten November 1770. an, legten die Gründe dar,
war-

warum sie einige Abneigung gegen das jetzige Judenthum und einige Neigung für das Christenthum hätten, und bezeugten ein sehnliches Verlangen, daß man ihnen zu ihrer wichtigen Untersuchung die Hand bieten mögte — Man gab Ihnen die verlangte Anleitung, oder vielmehr, man gab Ihnen das Neue Testament in die Hand, und ließ sie untersuchen, vergleichen, urtheilen und — wählen.

Wie neu war die Empfindung, mit welcher sie das Göttlichste aller Bücher lasen! Das Licht der Gnade und Wahrheit, das Ihnen von einer Seite zur andern zustrahlte; Die Kraft des Geistes Christi; Die unaussprechliche Einfalt, die unvergleichbare Erhabenheit der Sittenlehre und des Charakters Jesus von Nazareth; Die unzählige Menge schöpfrischer Wohlthaten, wodurch Er sich als den Bevollmächtigten Jehovahs, den Geber des Lebens und der Unsterblichkeit und den Herrn aller Kräfte der Körper- und Geisterwelt bewies; Die treffendste Uebereinstimmung der merkwürdigsten aller Begebenheiten mit den uralten Göttlichen Weissa-
gun-

gungen, welche ihre Nation in ihren heiligen Urkunden aufbewahrte; Die ununterbrochene Kette von Zeugen, daß dieser Jesus sey Christus, der Sohn des lebendigen Gottes — Das Alles machte in ihren wahrheitliebenden Seelen die Ueberzeugung lebendig — Es sey in keinem Andern das Heyl, es sey auch kein anderer Namen unter dem Himmel den Menschen gegeben, wodurch sie seelig werden müssen, als der Namen Jesus Meßias!

Wahr ists, die vielen Sekten unter den Christen waren ihnen nicht ein geringer Stein des Anstosses; Da man sie aber, ohne Rücksicht auf die verschiedenen Partheyen, einzig und allein auf das Evangelium gewiesen, und mit sorgfältiger Ausweichung aller blos menschlicher in den Lehrschulen üblichen Ausdrücke und Bestimmungen, wodurch sich die Partheyen der Christen von einander unterscheiden, sich immer nur an die eigenste und ohne allen Zweifel weiseste und schicklichste Ausdrücke des in Jesu und den Aposteln redenden Geistes Gottes gehalten und unaufhörlich nur in die Schrift hineingewiesen hatte; So überwanden sie auch dieß grosse Hinderniß

niß ihres Glaubens gänzlich, und wünschten nun nichts sehnlichers, als Rechenschaft ihres Glaubens abzulegen, und durch die heilige Taufe in die christliche Gemeinschaft feyerlich aufgenommen zu werden. Sie wurden also Donnerstags den siebenten Merz vor der Hochlöblichen Proselyten-kammer durch den gelehrten Herrn Decan Schmutz über ihre Gedanken von der christlichen Religion geprüft, und sodann durch den Hochehrwürdigen Herrn Pfarrer Pfenninger förmlich und im Namen der Hochlöblichen Kammer in Ansehung aller besondern Punkte unsers Allerheiligsten Glaubens (nach der von ihm merklich verbesserten gedruckten Form) befragt, zur Treu und Beständigkeit im Glauben und in der Liebe Jesu Christi feyerlichst ermuntert, und in den Schoos der christlichen Kirche aufgenommen.

Dienstags den 12ten Merz 1771. wurden sie beyde in der Kirche zum Fraumünster, nach gehaltener nachstehender Predigt, und abgelegten Glaubensbekenntniß durch den Herrn Diakon Tobler getauft:

Fränkel erhielt den Namen Johann Caspar,
Sachs den Namen Johann Heinrich.

Die Worte, die wir bey dieser besonders erfreulichen Gelegenheit, zum Grunde legen wollen, stehen im Geschichtbuche der heiligen Apostel, dem zweyten Kapitel, vom 22. Vers an bis zum 39.

Ihr Israelitische Männer, höhret diese Wörte: Jesum den Nazarener, einen Mann, der von Gott bey Euch erwiesen ist mit Kräften, und Wundern, und Zeichen, die Gott durch Ihn mitten unter Euch gethan hat, wie Ihr auch selbst wisset. Denselbigen (als Er aus beschlossenem Rath und Fürsehung Gottes dahingegeben war) habet Ihr durch der Ungerechten Hände genommen, angeheftet und getödet. Den hat Gott auferwecket, nachdem Er die Schmerzen des Todes aufgelöst, sintemahl es unmöglich war, daß Er von ihm behalten wurde.

Denn David spricht von Ihm: Ich sehe den Herrn, allezeit vor mir; Denn Er ist mir zur Rechten, auf daß ich nicht beweget werde. Darum ist mein Herz erfreuet worden, und meine Zunge hat gefrohlocket: Dazu wird auch mein Fleisch in der Hoffnung ruhen.
Denn

Denn Du wirst meine Seele nicht in der Hölle lassen, auch nicht zugeben, daß Dein Heiliger die Verwesung sehe. Du hast mir die Wege des Lebens kund gethan; Du wirst mich mit Freuden erfüllen vor Deinem Angesicht.

Ihr Männer, Gebrüder, ich darf frey offenbahr mit Euch reden von dem Erzvater David: Er ist gestorben und begraben worden, und Sein Grab ist bey uns bis auf diesen Tag. Sintemahl Er nun ein Prophet war, und wußte, daß Ihm Gott einen Eyd geschworen, daß Er aus der Frucht seiner Lenden nach dem Fleisch Christum auferwecken, und auf seinen Stuhl setzen wolle; Hat er zuvor gewußt, und von der Auferstehung Christi geredet, daß Dessen Seele nicht in der Hölle gelassen sey, noch Sein Fleisch die Verwesung gesehen habe.

Diesen Jesum hat Gott auferwecket; Dessen sind wir Alle Zeugen. Nachdem Er nun durch die Rechte Gottes erhöhet worden ist, und vom Vater die Verheissung des heiligen Geistes empfangen, hat Er dieses ausgegossen, was Ihr jetzt sehet und höret. Denn David ist nicht gen Himmel gefahren. Er spricht aber: Der Herr hat zu meinem Herrn gesagt: Sitze zu Meiner Rechten, bis daß Ich Deine Feinde zum Schemel Deiner Füsse lege.

So

am Tage ihrer Taufe.

So wisse nun alles Haus Israels sicherlich, daß Gott diesen Jesum, Welchen Ihr gekreutziget habet, zum Herrn und Christo gemachet hat.

Als sie es aber gehöhrt, gieng ihnen ein Stich durch das Herz, und sie sprachen zu Petro, und den übrigen Aposteln: Ihr Männer, Gebrüder, was sollen wir thun?

Petrus aber sprach zu ihnen: Thut Busse, und werde Euer ein Jeder getauft in dem Namen Jesu Christi, zur Verzeihung der Sünden; So werdet Ihr die Gabe des heiligen Geistes empfahen. Denn Euch und Euern Kindern ist die Verheissung geschehen, und Allen denen, die fehrn sind, welche der Herr unser Gott herzu berufen wird.

———

O Herr Gott! Heiliger und Herrlicher! Vater unsers Herrn Jesu Christi! Es erscheinen hier vor Dir unter der Schaar derer, die auf den Namen Deines Sohnes Jesu Christi getauft sind, zween Jünglinge aus den Nachkommen Deines Knechtes und Freundes Abraham; Zwey aus den so vielen tausend verlohrnen Schaar

Schaafen des Hauses Israels, um in dieser Stunde durch die heilige Taufe Deiner Gemeine einverleibet, und der Kraft des lebendigen Geistes, der in Jesu Christo ist, theilhaftig zu werden, nachdem sie Dir mit Mund und Herzen öffentlich und feyerlich werden gehuldigt haben, Dich nun nicht mehr anders, als in dem Namen Deines Sohnes Jesu Christi, im heiligen Geist und in der Wahrheit anzubehten. — Vor Allem aus gebührt Dir Lob und Dank und öffentliche Anbehtung, Vater unsers Herrn Jesu Christi! Unser und Ihr Vater! Daß Du sie in Gnaden angesehen, und nach Deiner unendlichen Barmherzigkeit schon in den frühen Jahren ihres Lebens zum Genusse des Seegens Abrahams, zur Erkenntniß Deiner Herrlichkeit im Angesicht und in der Person Jesu Christi, und zur allein seeligen Gemeinschaft dieses Deines eingebohrnen Sohnes berufen hast! Das ist Dein Werk, Vater der Barmherzigkeit! Dann es kann Niemand zu Jesu Christo kommen, es sey dann, daß Du ihn ziehest! Es ist Dein Werk, wenn wir an Den, den Du gesandt hast, glauben. Darum

sey

sey von uns gebenedeyt, Vater unsers Herrn Jesu Christi, daß Du diese zween Menschen wiedergebohren hast zu einer lebendigen Hoffnung durch die Auferstehung Jesu Christi von den Todten zu einem unvergänglichen, unbefleckten und unverwelklichen Erbe, welches auch auf sie im Himmel behalten wird! Daß Du sie geschickt gemacht hast zum Erbtheil der Heiligen im Licht, und erlöset aus der Gewalt der Finsterniß, und versezt in das Reich Deines geliebten Sohns. Herzlich bitten wir Dich, heiliger Vater, mit Einem Mund und Herzen für sie im Namen Ihres und unsers Heilandes Jesu Christi! Laß diesen Tag und diese Stunde ihnen über Alles wichtig, und noch in der Ewigkeit unaussprechlich erfreulich seyn! — Erwecke solche heilige Göttliche Empfindungen und Gesinnungen in ihren Herzen, daß alle Frommen auf Erden, die sie sehen und von ihnen hören werden, daß alle Engel im Himmel sich vor Jesu Christo über sie freuen! Heiliger Vater, bewahre sie in Deinem Namen, die Du Jesu Christo gegeben hast! Ich bitte nicht, daß Du sie aus der Welt hinnehmest,

son-

sondern daß Du sie vor dem Bösen bewahrest! Heilige sie in Deiner Wahrheit! Dein Wort ist die Wahrheit; Daß Dein Name durch sie aufs Neue gepriesen, Deine Barmherzigkeit von tausend Zungen und Herzen angebehtet, und die Wahrheit, Tugend und Seeligkeit Jesu Christi weiter ausgebreitet werde!

Seegne, Allmächtiger Vater, insonderheit auch Deine Worte in dem Munde Deines schwachen und ohnmächtigen Knechtes! Laß ihnen Beyden die heilsamen Erweckungen der Wahrheit unvergeßlich bleiben!

Erhöhre die Gebehter und Seufzer, welche sie und Andere für sie Dir darbringen!

Seegne die heilige Handlung der Taufe mit Wasser durch die Taufe mit dem heiligen Geist und mit himmlischem Feuer!

Bewahre ihre Sinnen und ihr Gemüth vor Zerstreuung! Verbreite den Geist der Aufmerksamkeit und der Andacht, und des wahren Ernstes, und der frommen brüderlichen Theilnehmung unter uns Allen, und laß Jeden aus

uns

uns für seine eigene Seele ewigen Nutzen und
Vortheil aus alle dem ziehen, was heute vor
Deinem Angesicht, an dieser heiligen Stelle
geredet, gehöhrt und verrichtet werden soll, zur
Freude unsers gemeinschaftlichen Heilandes und
Mittlers Jesu Christi, welchem sey Ehre und
die Kraft von Ewigkeit zu Ewigkeit. Amen.

Meine andächtige und in Jesu Christo unserm
 einigen Herren und Erlöser herzgeliebte
 christliche Zuhöhrer!

Es ist keiner aus Euch, der nicht wisse, welch eine wichtige und feyerliche Handlung in dieser Stunde vorgenommen werden soll. Ihr sehet sie hier vor Euch, die beyden rechtschaffenen Israeliten, in denen (ich sage es nach meiner redlichsten Ueberzeugung vor Gott) in denen kein Betrug ist; Sie, die zu uns gekommen, und ein sehnliches Verlangen haben, Mitbürger der Heiligen und Hausgenossen Gottes und Christi, und erbaut zu werden auf den Grund der Aposteln und Propheeten, da Jesus Christus selbst der Eckstein ist.

Erlaubet mir also, theureste Zuhöhrer, daß ich mich fürs Erste und vornehmlich an Sie, und sodann Zweytens ihrer halber auch noch mit Wenigem an Euch wende;

Und mit Ihnen und Euch nicht anders rede, als mit solchen, die einen gleich theuren Glauben überkommen haben, durch die Huld und Gerechtigkeit unsers Gottes und Heilandes Jesu Christi, als mit Kindern von gleicher Wiedervergeltung, und Miterben der ewigen Herrlichkeit, die da ist in Christo Jesu.

Aufmerksamkeit und Stille werde ich wohl nicht von Euch bitten müssen, Ihr Geliebten! Ihr werdet sie mir, ohne mein Bitten sonst gönnen, und ohne meine Erinnerung erkennen, daß wenn je die Heiligkeit dieses Orts, je die Wichtigkeit der Handlungen, die hier verrichtet zu werden pflegen, je die Erbauung der Zuhörer Andacht und Aufmerksamkeit erfordert hat, das itzo erfordert wird; Und daß, wenn es je nöthig gewesen, die Andächtigen nicht zu zerstreuen, und die Schwachen nicht zu ärgern, es itzt in dieser Stunde vor Gott, und diesen unsern neuen Brüdern, nöthig ist.

Erster Theil.

Ihr seyt es also, theureste Brüder, neue Mitbrüder und Mitanbehter Jesu Christi, denen ich nicht allein das Evangelium Gottes, sondern auch meine eigene Seele mittheilen mögte; Ihr seyt es, an die ich mich, itzo zuerst, mit gerührtem und freudenvollem Herzen wende. Ich werde Euch freylich hier öffentlich nur so wenig von

dem

am Tage ihrer Taufe.

dem sagen können, was Euch mein Herz aus und nach dem Evangelio Jesu Christi so gern sagen mögte.

Euch vornehmlich habe ich vor wenigen Augenblicken den größten Theil der Predigt vorgelesen; die heilige Apostel Petrus, nach der Ausgiessung des heiligen Geistes, an das zahlreich versammelte Jüdische Volk in dem Vorhofe des nun zum Preise der Wahrheit Christi zerstörten Tempels zu Jerusalem, am ersten christlichen Pfingsttage gehalten hatte; Eine Rede, die ohne Zweifel zu allen Zeiten das beste und einfältigste Muster aller Anreden an Juden seyn, und ihre Lichtvolle Kraft, die Kraft der Göttlichen Wahrheit an allen aufmerksamen und Wahrheitliebenden Israeliten unfehlbar beweisen wird.

Eure eigne Einsicht und Empfindung wird es Euch sagen, theureste Jünglinge, daß diese Rede das Gepräge der Wahrheit und die Kraft des Geistes Gottes mit sich führet. Ihr werdet mit mir die Einfalt und Weisheit der apostolischen Lehrart, die sich auf handgreifliche Thatsachen und unläugbare Weissagungen beruft; Mit mir das Licht der Beweise und die erhabene Freymüthigkeit, und den prophetischen Ernst, und die sanftmüthige und Trostvolle Sprache des Geistes Jesu Christi darinn sehen und empfinden und bewundern.

Lasset mich also nach Anleitung derselben mit Euch reden! Laßt mich Euch die wichtigsten Wahrheiten, die darin ent-

halten sind, so kurz und lebhaft als möglich er's Herz
legen.

R. 2a. Ihr Israelitische Männer, höhret also diese
Worte! Vor siebenzehnhundert Jahren lebte in Palästine,
welches Gott Euren Vorältern, nach der dem Abraham
gegebenen Verheissung zum Eigenthum gab, Jesus von
Nazareth. Er lebte so gewiß, so gewiß von dieser Zeit an,
bis auf diesen Augenblick, in einer ununterbrochenen Folge
Christen, oder Schüler von Ihm gelebt haben; So gewiß wir hier das Neue Testament, — dieß Archiv von uralten Schriften, die hauptsächlich nur Ihn betreffen, in
den Händen haben.

Dieser Jesus von Nazareth war ein Mann, der
von Gott bey Euren Vorältern erwiesen und als Sein
grosser Gesandter, als der Gewalthaber über alle Kräfte
der Natur, als der Sohn Gottes, der Herr und Heiland,
jedermann von Gott selbst auf die glaubwürdigste Weise
dargethan ward, durch die Kräfte und Wunder und
Zeichen, die Gott durch Ihn mitten unter Euren
Vätern gethan hat, wie Ihr auch selbst wisset;
Zumahl auch selbst Seine ärgsten Feinde der damahligen und
der spätern Zeit (*) es niemahls läugnen konnten, daß Er
Wunder

(*) Sogar die Verfasser des Talmuds sagen: "Daß ein ge-
"wisser Anverwandter Josua des Sohns Levi, als er Gift
genossen hatte, durch Aussprechung des Namens Jesus gesund

am Tage ihrer Taufe.

Wunder gethan, und daß in Seinem Namen Wunder und solche Thaten geschahen, die sich von keiner, auch der höchsten menschlichen Macht, nicht erwarten ließen. Drey Jahre lebte und handelte Er öffentlich vor ihren Augen! Nicht nur Männer voll heiligen Geistes, wie Zacharias und Simeon; Nicht nur Johannes der Täufer, ein Mann, dessen unsträflichem Charakter selbst ein Jüdischer Geschichtschreiber Gerechtigkeit wiederfahren ließ! (**) Nicht nur Engel vom Himmel; Nicht nur die Stimme Gottes selbst, erklärten Ihn für den Meßias, den einig geliebten Sohn des ewigen Gottes; Lauter als Alles das bezeugten es die Werke, die Er in dem Namen des allmächtigen Vaters verrichtete; — Werke, die eben so unläugbar eine schöpferische Kraft erforderten, als immer das Daseyn der Sonne, oder eines lebendigen Menschen eine solche erfor-

worden sey." Und der Verfasser der ungeheuren Lästerschrift Toledoth Ji chu (welche zwar von den vernünftigen Juden selbst verworfen wird) muß dennoch gestehen, daß Jesus Blinden das Gesicht geschenket, und Todte auferwecket habe.

(*) Flavius Josephus sagt im XVIII. Buch der jüdischen Geschichte: „Es waren viele Juden, welche dafür hielten, „Herodes Armee wäre deßwegen zu Grunde gegangen, „weil ihn Gott wegen des Todes Johannes, welcher „der Täufer zugenannt wird, habe strafen wollen. Denn „Herodes hatte denselbigen Mann tödten lassen, obschon „er ein frommer Mann war, welcher die Juden beständig „zum Guten ermahnte, daß sie gegen einander Gerechtigkeit „üben, Gott mit einem frommen Wandel verehren, und sich „dann auch taufen lassen sollten — u. s. f.

dert. Drey Jahre zog Er von Gott mit dem heiligen Geist und mit Kraft gesalbet, im Jüdischen Land umher, und that im Namen und mit der Kraft des in Ihm wohnenden einigen Jehovah, Gutes, und machte Alle die gesund, die vom Teufel überwältigt waren, denn Gott war mit Ihm! Blinde sahen; Lahme wandelten; Gehöhrlose höhrten; Aussätzige wurden rein; Todte stuhnden auf; Und den Armen ward das Evangelium gepredigt!

V. 23. Allein diesen menschenfreundlichen, unermüdeten und allmächtigen Wohlthäter, diesen grossen Seegen Eurer Nation, konnten sie, Eure unglücklichen Vorältern, nicht vertragen; Sie nahmen, nach der Zulassung und Leitung Gottes, Dessen Rathschluß lange vorher schon in den propheetischen Schriften verfaßt war; Sie nahmen Ihn, übergaben Ihn den Händen der Ungerechten und Heyden, und drangen darauf, daß Er als ein Uebelthäter, als ein falscher Meßias, als ein Gotteslästerer, (denn sie stiessen sich an Seiner äussern, schlechten, Prachtlosen Gestalt; Ein Meßias von Nazareth war ihnen zu gering,) an ein Kreuz angeheftet und getödtet wurde, weil Er bekannte: Er sey der Meßias, der Sohn des lebendigen Gottes.

V. 24.

V. 24. Diesen öffentlich hingerichteten Nazarener; Jesus nun, der nach Seinem Tode vom Kreuze herabgenommen, in ein neues Grab gelegt, und mit einer zahlreichen Wache bewafneter römischer Soldaten bewacht wurde — Diesen Jesus hatte Gott wieder von den Todten auferwecket, nachdem Er die Schmerzen des Todes aufgelöst, durch dieselben hindurch gedrungen, und sie alle überstanden hatte; Denn es war unmöglich, daß der Urheber und Geber des Lebens, der Auferwecker von den Todten, daß Er von dem Tode behalten, oder von der Verwesung, die alle Körper der Kinder Adams ergreift, berühret wurde.

V. 25. Dieser Jesus war es, in Dessen Namen und Person insonderheit auch David redete, wenn er im XVI. Psalm sagt: Ich sahe den Herrn allezeit vor mir; Denn Er ist mir zur Rechten, daß ich nicht entwegt werde. Wenn alle Menschen mich verliessen, wenn Alle mich bis auf den Tod verfolgten; Ich habe deswegen nicht Ursache zu verzagen oder muthlos zu werden! — Vielmehr darf sich mein Herz freuen, und meine Zunge frohlocken; Denn wenn es auch meine Feinde durch ihre Unwissenheit und Bosheit dazu bringen, daß ich aus dem Lande der Lebendigen abgeschnitten; wenn ich wirklich im Schooß der Erde, gleich andern Menschen, begraben seyn werde; So wird dennoch mein

Fleisch

Fleisch in der Hoffnung ruhen; Denn Du wirst meine Seele nicht in der Hölle, in der Versammlung der abgeschiedenen Seelen, zurück lassen, und nicht zugeben, daß dein Heiliger verwese. Du wirst mir vielmehr durch die Auferweckung von den Todten, den Weg des unendlichen Lebens wieder öffnen, und mich mit Freuden erfüllen vor Deinem Angesicht. Dann werde ich in Deiner Gegenwart Freude die Fülle geniessen, und liebliches Wesen zu Deiner Rechten immer und ewiglich.

V. 29. Ihr Männer, Gebrüder! Ich darf frey offenbahr zu Euch reden, von dem Erzvater David; Er ist, wie Ihr selbst wisset, gestorben und begraben worden, und das Grab, in welchem sein Leichnam verwesen ist, war in Jerusalem, und einem jeden Israeliten so gut, als der Tempel, bekannt. Nicht von sich selbst also kann Er hier reden; Unmöglich können diese Worte von Ihm verstanden werden.

V. 29. Hier redet also David anders nicht, als ein Propheet. Nicht so fast Er, als der Geist des Meßias redet in Ihm und durch Ihn. Er wußte, daß Ihm Gott einen Eyd geschworen, daß Er aus der Frucht seiner Lenden nach dem Fleisch den Meßias erwecken,

und

und auf seinen Stuhl setzen wolle; Daß der Meßias einen seiner Nachkommen zum Vater haben, und ewiglich mit eben dem Geist, eben dem Ansehen, eben der Billigkeit, wie Er, David, über das ganze Israel, über Alle, die den einigen Jehovah, Der sich dem Abraham, Isaac und Jacob geoffenbahret hatte, anbehten würden, herrschen, und sie zur Glückseligkeit leiten werde.

V. 30. Das wußte David voraus, und sah im Lichte des heiligen Geistes, wie es Diesem seinem grossen Sohne gegeben würde! Nicht von sich also redete Er, sondern von der Auferstehung des Meßias; Daß dessen Seele nicht in der Hölle gelassen sey, noch sein Fleisch die Verwesung gesehen habe; Daß Er nicht im Zustande der Todten bleiben, noch von der Verwesung werde angegriffen werden.

V. 32. Die Person, in deren Namen David redete, ist also Niemand anders, als Jesus von Nazareth. Diesen Jesum hat Gott wirklich wiederum von den Todten auferweckt; Und von der Wahrheit und Wirklichkeit dieser seiner Auferstehung waren alle seine Apostel unverwerfliche Zeugen. Sie kannten Ihn vor seinem Tode sehr genau; Sie hatten Ihn nach seiner Auferstehung mehr als einmahl gesehen; Lange Reden von Ihm angehöhrt; Verschiedenemahle mit Ihm gegessen und getrunken; Seinen Leib, seine Wundenmähler betastet, und auch manche zuverläßige Merkmale und Wirkungen: eben der Wunderkraft, die vorher in Ihm wirkte, wahrgenommen und erfahren.

Aber nicht nur, o ihr lieben Israelitischen Jünglinge! Nicht nur die Apostel waren Zeugen dieser Auferstehung! Mehr als fünfhundert Brüder auf einmahl sahen Ihn lebendig; Das bezeugte ein Apostel zu der Zeit, da noch der mehrere Theil derselben lebte! Lebendig sah Ihn Stephanus zur Rechten Gottes stehen! Lebendig und in Seiner Herrlichkeit Sein grosser Feind und Verfolger Saullus. Als lebendig erfuhren Ihn viele tausend Märtyrer! Lebendig erfahren Ihn Alle, die an Ihn, als das Ebenbild des unsichtbaren Gottes glauben.

V. 33. Dieser Jesus von Nazareth aber ist nicht nur wieder von den Todten auferstanden, sondern auch durch die Rechte Gottes, durch die in ihm wirksame Allmacht Jehovahs, von der Erde erhöhet, auf einer Wolke in den Himmel aufgenommen, und zur Rechten der Majestät in den Höhen gesetzt worden, über alle Fürstenthum, und alle Gewalt und Macht, und Herrschaft, und über allen Namen, der genennt wird, nicht allein in dieser, sondern auch in der zukünftgen Welt,

V. 33.

am Tage ihrer Taufe.

V. 33. Nachdem Er nun auf diese Weise erhöhet worden, und die seinen Jüngern verheissenen Geistesgaben aus Gott, seinem unsichtbaren Vater, empfangen hatte, goß Er dieselbe auf eine sichtbare, herrliche und überfliessende Weise über die Apostel und ersten Bekenner seines Namens aus, und bewies dadurch, daß Er, ungeachtet seiner Entfernung von der Erde, dennoch durch seinen Geist auf eben die Weise wirken, Gutes thun, Licht, Kraft, Gesundheit und Leben austheilen könnte, wie zu der Zeit, da Er noch sichtbar auf Erden war.

Auch diese Himmelfahrt und Erlösung des Meßias ist, wie alle Schicksale seines merkwürdigen und wundervollen Lebens, von David im CX. Psalm, der von jeher von den Juden auf Niemand anders, als den Meßias gedeutet werden konnte, deutlich genug und auf eine Weise vorher gesagt worden, daß man gestehen muß, David habe auch in diesem Psalm unmöglich von sich selbst, oder von irgend einem irdischen Könige reden können.

V. 34. Denn David ist nicht in den Himmel hinaufgefahren. Er sitzt nicht zur Rechten Gottes; Er spricht aber: Der Herr hat zu meinem Herrn gesprochen: Sitz zu meiner Rechten, bis daß ich deine Feinde zum Schemel deiner Füsse lege! Herrsche so lang auf dem Thron der Herrlichkeit Gottes im Himmel, bis deine Feinde auf Erden in Freunde verwandelt, oder entkräftet und

und ausser Stand sind, deinem Reiche entgegen zu arbeiten.

Und was ist nun, o ihr meine Theuresten, der Schluß
aus diesem Allem? — Dieß ist der grosse, unwiderlegliche
Schluß — Und ach Gott! Daß er wie ein zerschmetternder
Bliz die Herzen aller unter allen Völkern zerstreuten Israeliten träfe! Der grosse Schluß: So wisse nun alles Haus
Israel, daß Gott diesen Jesum, Welchen sie gekreuzigt haben, zum Herrn und Meßias gemacht; und aufs
feyerlichste dafür erkläret hat!

Hier stehet nun, theuren Freunde! mit Euern Gedanken
stille! — Stille unter dem Kreuze des blutenden, zwischen
zween Uebelthätern blutenden Jesus des Nazareners! Dieser, Dieser ist es, Dem alle Propheten Zeugniß geben!
Dieser ist der grosse Knecht, der Auserwählte Gottes,
an Welchem Seine Seele ein Wohlgefallen hat!
Auf diesem ruhet der Geist des Herrn! Der Geist der
Weisheit und des Verstandes; der Geist des Raths
und der Stärke; der Geist der Erkenntniß und der
Furcht des Herrn! Dieser, Dieser ist der Zweig aus
dem Stammen Jesse! Der vor Gott aufwuchs, wie
ein Schoß, und wie eine Wurzel aus einem dürren
Erdreich! Freylich hat Er, in dieser Tiefe seiner Aus-
härung, weder Gestalt noch Zierde; Wenn wir Ihn
ansehen,

am Tage ihrer Taufe.

ansehen, so ist keine Schönheit da, daß wir Seiner begehren sollten; Freylich ist Er hier (in dieser Knechts- und Sündergestalt) der allerschlechteste und verachteste unter allen Menschen. Ein Mann voller Schmerzen und Der die Krankheiten und Beschwehrden der menschlichen Natur wohl kennt und erfährt! Freylich ist Er da um unserer Uebertrettungen willen verwundet, und um unserer Bosheit willen zerknirscht worden! Freylich wird es da von Ihm gefordert, und Er wird geängstigt; Wiewohl Er kein Unrecht gethan, und kein Betrug in seinem Munde erfunden worden! Freylich nöthigte Ihn itzt Sein jammervoller Zustand, auszurufen: Mein Gott! Mein Gott! Warum hast Du Mich verlassen? *) Freylich scheint Er da ein zertretener Wurm und kein Mensch, kein Mann und Held mehr zu seyn! Ein Spott der Leute ist Er und eine Verachtung des Volkes! Alle, die Ihn sehen, spotten Seiner! Sie sperren das Maul auf, sie schütteln den Kopf und sprechen: Er hat dem Herrn vertraut! Der erlöse Ihn itzt, so Er Lust zu Ihm hat! Sie sperren ihren Rachen wider Ihn auf, wie ein reissender und brüllender Löwe! Er ist ausgeschüttet wie Wasser!

Alle

*) Psalm XXII.

Alle Seine Gebeine sind aus einander! Sein Herz ist in seinem Leibe wie zerschmolzen Wachs! Seine Kraft ist eingetrocknet, wie eine Scherbe! Seine Zunge klebt an seinem Rachen; Denn Ihn haben Hunde umgeben! Die Rotte der Boshaftigen hat sich um Ihn gelagert; Sie haben Ihm seine Hände und Füsse durchgegraben! Man könnte alle seine Gebeine zählen! Sie aber schauen und sehen ihre Lust an Ihm. *) Sie haben seine Kleider unter sich getheilet, und über sein Gewand das Loos geworfen! — Aber dennoch wird der Anschlag des Herrn in seiner Hand glücklich fortgehen. Dennoch wird Ihm die Menge zu Theil gegeben werden, und Er wird den Raub der Starken theilen; Darum, daß Er seine Seele in den Tod ausgeschüttet, und unter die Uebelthäter gezählt worden ist; Er, der doch die Sünden der Menge getragen, und die Uebelthäter vertreten hat. Dennoch ist Er der gerechte Knecht Gottes, der durch seine Erkenntniß Viele gerecht machen, und die Sünden hinnehmen wird; Er ist dennoch Gottes Knecht, dessen Er sich rühmen wird! **) Scheint Er gleich umsonst gearbeitet, und seine Wunderkraft vergeblich

*) Jesaia LIII.
**) Matth. XXIII.

lich und umsonst verbraucht zu haben; Wollte gleich
Israel sich nicht von Ihm versammeln lassen, wie
eine Henne ihre Jungen unter die Flügel versam=
melt; *) so ist Er dennoch vor den Augen des Herrn
herrlich! So ist es dennoch ein Geringes, daß Er
Gottes Knecht sey, blos die Geschlechte Jacobs auf=
zurichten; So hat Ihn Gott dennoch zu einem Licht
der Heyden gemacht, daß Er sein Heil sey bis ans
Ende der Erde; So hat dennoch der Herr, der
Erlöser Israels zu Dem, den Jedermann verachtet,
zu Dem, ab welchem das Volk einen Greuel hat,
gesprochen: Die Könige und Fürsten werden sehen,
und aufstehen, von wegen des Herrn, der getreu ist,
um des Heiligen Israels willen, der Dich auserwäh=
let hat; Bot Er gleich seinen Rücken dar denen, die
Ihn schlugen, und seine Wangen denen, die Ihn
rauften; Wandte Er gleich sein Angesicht nicht weg
von Schmach und Speichel; Stellte Er gleich sein
Angesicht, wie einen Kieselstein; So ist dennoch sei=
ne Hand nicht zu kurz, daß sie nicht helfen könnte;
So ist dennoch viele Kraft bey Ihm, zu erlösen;
So tröcknet Er dennoch mit seinem Bescheiden das
Meer auf, und machet die Wasserflüsse zur Wüste;

J 2 So

*) Jesaia LXIX.

So ist Er es doch, der den Himmel mit Dunkelheit bekleidet, und legt ihm einen Sack an zu seiner Decke *) — Dennoch ist Er es, den Gott über alle Maaßen erhöhet, dem Er einen Namen über alle Namen, und Macht über alle Mächte geschenkt! In dem Namen dieses Jesus müssen sich dennoch biegen alle Kniee deren, die im Himmel und auf Erden, und unter der Erde sind; Es müssen doch alle Zungen bekennen, daß dieser Jesus der Herr sey, zur Ehre Gottes des Vaters. Er ist dennoch der Herr der Herrlichkeit! Jehovah unsere Gerechtigkeit! Dennoch der Weg, die Wahrheit, die Auferstehung und das Leben! Der einige Herr, durch Den alle Dinge sind! Jesus Meßias, durch Den Gott alle Dinge erschaffen hat! Dennoch der Herr, Der im Anfang die Erde gegründet, Dessen Händewerk die Himmel sind; Dennoch Der, der mit seinem Namen genennet wird der Wunderbare, der Rathgeber, der starke Gott, der Vater der Ewigkeit, der Fürst des Friedens; Dieser Knecht aller Knechte ist dennoch der Herr aller Herren; Dennoch Der, den alle Engel Gottes anbehten sollen; Der, in Welchem die Fülle der Gottheit leibhaftig wohnet; Dennoch Gott — Gott über Alles, gebenedeyt in die Ewigkeit!

Und

*) Jesaiä L. 3.

Und wie ist Euch nun, Ihr Israelitische Jünglinge, bey diesem Gedanken, bey der lebendigen Ueberzeugung von dieser grossen Wahrheit zu Muthe?

Ohne Zweifel geht Euch, wie den Zuhörern Petri ein Stich durch das Herz! Ohne Zweifel zerschneidet es Euch die Seele, daß Euere Väter diesen Heiligen und Gerechten verdammt, und den Herzogen des Lebens getödtet und mit einer so rasenden Verblendung gerufen haben: Sein Blut sey ob uns und ob unsern Kindern! — Ohne Zweifel zerschneidet es Euch die Seele, wenn Ihr an die Lästerungen denket, welche Euere ehemalige Glaubensgenossen über diesen Allerheiligsten Gottes, über dieß Lamm, welches der Welt Sünde trägt und hinweg nimmt, über diesen unaussprechlichen Erbarmer noch täglich mit eben der Verstockung ausstossen, wie ihre unglücklichen Väter! — Ohne Zweifel zerschneidet es Euch die Seele, wenn Ihr an die Tage zurück denket, da Ihr, wiewohl aus Unwissenheit, mit in die Lästerungen dieses anbethenswürdigen Namens einstimmtet!

Aber! Wie? Wenn nun diese Empfindungen der Schaam und der Zerknirschung Euere Seelen erfüllen; Wenn Ihr uns mit den Zuhörern Petri fraget: Was sollen wir thun? — So höhret dann auch unsere, dem Apostel abentlehnte, Antwort: Thut Busse! Entfehrnet Euch von

allen

allen der Wahrheit entgegen stehenden Begriffen und Gesinnungen in Absicht auf diesen Jesum! Aendert Euern vormahligen Sinn, und bezeugt die Aufrichtigkeit Euerer gänzlichen Sinnesänderung gegen diesen gekreuzigten Nazarener, der den Juden ein Aergerniß und den Griechen eine Tohrheit ist, dadurch, daß ein Jeder von Euch sich taufen lasse auf den Namen dieses Jesus, als des Meßias! Nehmet Ihn an, als Gottes Kraft und Gottes Weisheit! Waschet Euere ehemahlige Vorurtheile, waschet alle unedeln Gesinnungen, mit denen Euere Brüder nach dem Fleische sich gegen die Wahrheit, und gegen ihre eigene Seeligkeit empöhren, als Gedanken und Gesinnungen ab, welche die Seele beflecken! Eilet zu Dem, den Euere Väter durchstochen haben! Ruft auch Ihr: Sein Blut komme über uns und über unsere Kinder; Aber zum Seegen und nicht zum Fluch! Zum ewigen Leben und nicht zur Verdammniß! Tretet herzu, und küsset den Sohn, daß Er nicht zürne! *) Schenket Ihm Euer Herz! Euer ganzes Vertrauen! Euere ganze ungetheilte Liebe!

Thut Busse, und werde Euer ein Jeder getauft auf den Namen Jesus Meßias! Nehmet Ihn an, als den Prophecten, den Moses Euern Vätern mit den Worten verhieß: Der Herr Euer Gott wird Euch aus Euern
Brüdern

---

*) Psalm II.

am Tage ihrer Taufe.

Brüdern einen Propheeten erwecken gleich wie mich. Denselben sollt Ihr in Allem dem, das Er zu Euch sagen wird, höhren; Denn es wird geschehen, welche Seele diesen Propheeten nicht höhren wird, die wird ganz aus dem Volke Gottes ausgetilget werden. *)

Diesen von Gott gesalbten Propheeten, der den Geist ohne Maaß empfangen, und Selbst der Geist aller Propheeten war; Diesen höhret, wie Gott! Glaubet Ihm, wie Gott! Gehorchet Ihm, wie Gott! Werdet auf Seinen Namen getauft! Kein Mensch auf Erden, kein Weiser, kein Lehrer der Weltweisheit oder der Gottesgelehrsamkeit, so gelehrt, so einsichtsvoll, so berühmt er immer seyn, so vortreflich und einnehmend er immer reden oder schreiben möchte; Keiner hat das Recht, Euch irgend eine Lehre, irgend eine Meynung, oder auch nur irgend ein Wort, einen Ausdruck, den er nicht von Jesus gelernt, nicht von seinem Geiste gehöret hat, aufzubringen? Einer ist Euer Meister, der Meßias! Einer Euer Lehrer, Christus! Und wenn auch wir, oder ein Engel vom Himmel Euch ein anderes Evangelium predigen würden, über oder wider das, welches in dem Neuen Testament unsers Herrn Jesu Christi enthalten ist, der sey ein Fluch!

*) 5 Mos. XVIII. Geschichtb. III. 23. 33.

Werdet getauft auf den Namen Jesus, als des Meßsias! Huldiget Ihm, und nehmet Ihn mit ganzem Herzen an, als den treuen Hohenpriester, der in den Tagen seines Fleisches Gebehte und dehmüthige Bitten geopfert hat Dem, der Ihn vom Tod erlösen möchte mit starkem Geschrey und Trähnen, und um seiner Gottesfurcht willen erhöhrt worden ist; Der, wiewohl Er der Sohn war, — o unergründliches Geheimniß der Liebe! Wiewohl Er der Sohn war, dennoch aus denen Dingen, die Er erlitten hat, Gehohrsam erlernet; Und nachdem Er vervollkommet und verklärt worden, Allen denen, die Ihm gehohrsam sind, eine Ursache der ewigen Seeligkeit worden ist; Von Gott ein Hoherpriester genannt, nach der Ordnung Melchisedek's; Der, weil Er in Ewigkeit bleibet, ein unvergängliches Priesterthum hat, und daher auch vollkommen seelig machen kann die, so durch Ihn zu Gott kommen, als: Der da immerdar lebt, sie zu vertreten, und Anstalten zu ihrer Seeligkeit zu machen. — Ein Hoherpriester, der da heilig, unschuldig, unbefleckt, von den Sünden abgesondert, und höher, denn der Himmel ist; Der mit einem einigen Opfer in die Ewigkeit vollkommen unsterblich, und seiner eigenen Herrlichkeit theilhaft gemacht hat Alle, die

da

da geheiligt, und durch Ihn versöhnt und gereiniget werden! Darum, so gehet hinzu mit wahrhaftem aufrichtigem Herzen, in völliger Sicherheit des Glaubens, und werdet besprenget an Euern Herzen, und von dem bösen Gewissen gereinigt mit dem Blut Christi, jenes unsträflichen und unbefleckten Lammes, und am Leibe gewaschen mit reinem Waſſer; Denn so der Ochſen und Böcke Blut, und die Aſche der jungen Kühe, ſo ſie die Befleckten beſprengt, dieſelben zur geſezlichen Reinigung des Fleiſches geheiliget hat; Wie vielmehr wird das Blut des Meßias, der Sich ſelbſt unſträflich durch die Kraft des in Ihm wohnenden ewigen Geiſtes Gottes aufgeopfert hat, Euere Gewiſſen reinigen von den todten Werken, zu dienen dem lebendigen Gott?

Werde Euer Jeglicher getauft auf den Namen Jeſus des Meßias; Als des von Gott geſalbten Königs aller Könige! Huldigt Ihm, als Dem, dem der Vater Alles in die Hände, dem Er alle Gewalt im Himmel und auf Erden gegeben, den Er zum Herrn und Chriſto gemacht hat, als Dem, dem der Vater das Gericht übergeben, der als ein Menſchenſohn in den Wolken des Himmels kommen wird, und der von Gott bestimmte Richter der Lebendigen und der Todten ist! — Huldiget Ihm, als dem Könige der Juden und Heyden, den alle Könige anbehten, dem alle Heyden dienen sollen; Dessen Reich nicht von dieser Welt, nicht irdisch, sondern himmlisch, nicht menschlich, sondern göttlich, nicht zeitlich sondern ewig ist.

Werdet getauft auf den Namen Jesu Christi, der Euch von Gott gemacht ist zur Weisheit, zur Gerechtigkeit, zur Heiligung und Erlösung; Der Euch durch eben Geist, der in Ihm war, seinem Gott und Vater zu Prophceten, Priestern und Königen machen wird. *)

Werdet getauft auf den Namen Jesu Christi, zur Verzeihung der Sünden: Denn durch Niemand als durch Ihn, soll, nach dem einmüthigen Zeugniß aller Propheeten, aber durch Ihn ein Jeder, der an Ihn glaubt, Verzeihung der Sünden empfangen! — Der Sünden-Sold ist der Tod — Tod in jedem Verstande; Aber Gottes Gnade schenkt uns das Leben, Leben in jedem Verstande, durch Jesum, den Meßias!

So

*) Offenb. I. 6.

So sey Euch nun kynd, Ihr Männer, Brüder! Söhne der Prophecten und des Geschlechtes Abrahams und des Bundes, welchen Gott mit den Vätern aufgerichtet hat, da Er zu Abraham sprach: Und in deinem Saamen werden alle Geschlechter auf Erden geseegnet werden; So sey Euch nun kund, Ihr Männer, liebe Brüder, daß Euch durch diesen die Verzeihung der Sünden verkündigt wird; Und daß ein jeder, der das glaubt, von Allem, wovon Ihr durch das Gesetz Mosis nicht möchtet gerecht gesprochen werden, durch Diesen gerecht gesprochen wird! Auch Euch, Gottesfürchtige Jünglinge, auch Euch ist das Wort dieses Heils gesendet! Auch Euch wird Verzeihung angebothen! Gänzliche, ewige Verzeihung aller, auch der größten Sünden! Leben! Unsterblichkeit! — Unsterblichkeit für Tod! Seeligkeit für Verdammniß! Friede des Gewissens für Verzweiflung! Gerechtigkeit, Friede und Freude im heiligen Geist, Freuden des Anschauens Gottes, für Fluch und Verbannung von Gott! Gemeinschaft mit allen Heiligen und Hausgenossen Gottes statt der Gemeinschaft mit dem Satan und seinen Engeln! — Unaussprechliche Gnade! Unerschöpfliches Evangelium der Liebe und der unendlichen Erbarmung Gottes! — *) Das Gesetz ist durch Moses gegeben, die

Gnade

*) Joh. I. 17.

Gnade und Wahrheit aber ist uns durch Jesum den Meßias worden! — *) Siehe! Ich verkündige Euch eine grosse Freude! Auch Euch ist gebohren, auch Euch ist gestorben ein Heiland, welcher ist Jesus der Meßias, der Herr! — Freuet Euch und frohlocket, denn Ihr seyt nicht gekommen zu einem Berge, den man greifen mag, und der mit Feuer brennet, und zu dem Dunkel und Finsterniß, und zu dem Schall der Posaunen, und zu der Stimme der Worte, welche die, so sie gehöhrt, abgebehten haben: Daß das Wort ihnen nicht mehr gesagt würde; Sondern Ihr seyt gekommen zu dem Berge Sion, zu der Stadt des lebendigen Gottes, zu dem himmlischen Jerusalem, zu vielen tausend Engeln, und zu der allgemeinen Versammlung und Gemeine der Erstgebohrnen, deren Namen in dem Himmel angeschrieben sind, und zu Gott dem Richter Aller, und zu den Geistern der vervollkommneten Gerechten; Und zu Jesu, dem Mittler des neuen Bundes; Und zu dem Blute der Besprengung und Versöhnung, das besser redet, denn Abels! — Darum freuet Euch dieses Heils, und thut Busse, und werde Euer ein jeglicher getauft auf den Namen des Herrn Jesu Christi zur Verzeihung der Sün-

*) Luc. II. 10.

Sünden; So werdet auch Ihr die Gabe des heiligen Geistes empfangen! — Eben der Geist, der in Jesu Christo war, der in sichtbarer Gestalt vom Himmel auf Ihn herabkam; Der durch Jesum Christum über die Apostel, und viele tausend der ersten Christen reichlich ausgegossen wurde; Eben dieser heilige Göttliche Geist, der in den Zeiten des Bundes nur selten, nur sparsam geschenkt worden, aber nun in den Zeiten des Neuen über alles Fleisch, über Söhne und Töchtern, Knechte und Mägde in überfliessender Maasse kommen sollte; Der wird, wenn Ihr glaubet, und getauft werdet, auch in Eure Natur eindringen, und Euch mit neuem Leben, mit neuen Göttlichen Kräften zur Erkenntniß, zur Befolgung und Ausbreitung der seeligmachenden Wahrheit erfüllen. Der Geist der Kraft und der Liebe, und des rechten Verstandes, *) der Geist der Wahrheit wird Euch in alle Wahrheit leiten; Gegen alle Hindernisse der Wahrheit und Tugend waffnen; Mit der reinsten Liebe Gottes, und dem brüderlichsten, thätigsten Wohlwollen gegen Alle erfüllen, die Jesus Christus mehr als Sein eigen Leben geliebet hat! Dann wird Christus in Euch leben, wie der Vater in Ihm lebte! Dann werdet Ihr Ein Geist mit Ihm seyn; — Wer Ihn sahe, liebe Freunde, der sahe nicht Ihn, sondern den Vater,

---

*) Joh. XVI. 13. Gal. II. 20.

ter, der Ihn gesendet hatte; *) Und wer Euch dann
sehen wird, der wird nicht so fast Euch sehen, sondern
vielmehr Jesum Christum, der in Euch lebt, in Euch denken, in Euch reden, durch Euch handeln wird! —

Diesen unaussprechlichen Geist, diese Quelle der Wahrheit,
des Lichts, des Lebens, des Friedens, der Freude, des
Glaubens, der Liebe, der Hoffnung, der Gerechtigkeit,
der Kraft; Diese himmlische Gabe werdet Ihr empfahen;
Dieser Innbegriff der Glückseligkeit ist auch Euch verheissen!

Wer diesen Geist des Meßias nicht hat, der ist
nicht Sein; Wer aber durch diesen Geist Gottes getrieben wird, ist Gottes Kind. Dieser Geist des
Lebens in und aus Jesu Christo ist es, der uns von
dem Gesetz und der Herrschaft der Sünden und des
Todes frey macht; Er ist es, durch den wir die Werke des Leibes tödten, unsere Leidenschaften überwinden,
durch den allein wir unsere sündliche Begierden unterdrücken und ausrotten können. — Wer nicht aus dem heiligen Wasser und Geist gebohren ist, der mag nicht
in das Reich Gottes eingehen. Wenn aber dieser
Geist, der Jesum von den Todten auferweckt hat,
in Euch wohnet, so wird derselbe, der Christum

von

*) Joh. XIV. 23. 1 Cor. VI. 17. Joh. V. 44. 45.

am Tage ihrer Taufe. 143

von den Todten auferweckt hat, auch Euere sterbliche Leiber, durch Seinen in Euch wohnenden Geist lebendig machen! *)

Ferne sey es von Euch, zu denken, daß diese Gabe des heiligen Geistes etwa nur ein eigenthümliches Vorrecht der Apostel oder der ersten apostolischen Christen gewesen sey; Daß nur die ersten Täuflinge dieser schätzbarsten aller Gaben theilhaftig geworden. — Nein! Euch und Euern Kindern, sagt Petrus, ist die Verheissung geschehen, und Allen denen, die ferne sind, welche herzu berufen wird der Herr unser Gott. — Was? Gott sollte nur der ersten Christen, nur der Apostel ihr Gott, Jesus nur der ersten Christen Heiland, der Geist der Gnaden nur den ersten Christen verheissen, nur ihnen gegeben worden seyn?

Was? Wenn der Dienst des Todes in Buchstaben, der in Stein gegraben war, Klarheit gehabt, und sich solche Wirkungen des Göttlichen Geistes geäussert haben, daß die Kinder Israels in das Angesicht Mosis nicht steif sehen mochten, von wegen der Klarheit seines Angesichtes, die doch abgethan werden sollte; Sollte denn nicht vielmehr der Dienst des Geistes Klarheit haben? Denn so der Dienst der Verdammniß

*) Röm. VIII. Joh. III.

niß Klarheit ist, so hat vielmehr der Dienst der Gerechtigkeit Ueberfluß an Klarheit! Denn auch dasjenige, so verklärt gewesen, ist gleichsam nicht für Klarheit zu achten, gegen der überschwenglichen Klarheit; Denn, wenn das, so da abgethan werden sollte, Klarheit hat, so wird vielmehr das, so da bleibet, Klarheit haben. *) –

Nein Freunde der Wahrheit! Kindlich einfältige Schüler Jesu Christi! Nein! Euch und Euern Kindern ist die Verheissung des Geistes Christi in voller Kraft geschehen, Euch und Allen denen, die fehrn sind, welche der Herr unser Gott herzu berufen wird. Denn die Schrift sagt: **) Ein Jeder, der an Ihn glaubt, wird nicht zu Schanden werden; Denn es ist hie zwischen Juden und Heyden, zwischen nahen und fehrnen, zwischen frühen und späten Christen, kein Unterschied; Sintemahl ihr Aller ein einiger Herr ist, reich genug für Alle, die Ihn anrufen; Denn ein Jeder, der den Namen des Herrn anrufen wird, wird seelig werden. — Alle die, welche aus dem Glauben sind, werden mit dem gläubigen Abraham gebenedeyt, und empfangen den verheissenen Geist durch

*) 2 Cor. III. 7. 11.
**) Röm. X. 11. 12. 13.

durch den Glauben. *) Denn wir sind Alle Kinder Gottes durch den Glauben an Christum Jesum, denn so viel Unser auf Christum getauft sind, die haben Christum angezogen! Hier ist weder Jud, noch Grieche; Hier gilt weder Knecht noch Freyer, hier weder Mann noch Weib, hier weder Christ des ersten noch Christ des achtzehenten Jahrhunderts! Denn wir sind Alle Einer in Christo Jesu; Darum wenn Ihr Christi seyt, so seyt Ihr Abrahams Saamen, und nach der Verheissung Erben des heiligen Geistes, welcher der Haftpfenning ist unsers himmlischen Erbes! Wen da immer dürstet, ruft Jesus Christus: Wen dürstet, der komme zu Mir und trinke! Wer nur an Mich glaubt, aus dessen Leibe werden Ströme des lebendigen Wassers fliessen; Und dieses sagte Er von dem Geiste, welchen die empfahen würden, die an Ihn glaubten. **) Wer immer den Vater im Namen Jesu Christi um den heiligen Geist bittet, der wird Ihn empfahen, so gewiß ein hungriges Kind von seinem Vater Brod empfängt, wenn er es hat, und wenn es ihn darum bittet †) Euch und Euern Kindern, sagt Petrus, ist die Verheissung
geshe-

*) Gal. III. 14. 26. 29.
**) Joh. VII. 38. 39.
†) Luc. XI.

K

geschehen; und Allen, die fehrn sind, welche der Herr unser Gott herzu berufen wird.

Ihr! Ihr theure Jünglinge seyt Kinder deren, zu denen Petrus redete! Ihr waret fehrn von Christo! Ihr seyt durch den Herrn unsern Gott herzu berufen worden! Auch Euch also ist die Verheissung geschehen! Die Verheissung der Verzeihung der Sünden und der Gabe des heiligen Geistes, nach dem wahren biblischen Sinne dieses Ausdruckes. Darum, so thut Busse, und werde Euer ein Jeglicher getauft auf den Namen Jesu Christi, zur Verzeihung der Sünden, so werdet Ihr die Gabe des heiligen Geistes empfangen!

Dieß ist nun, o ihr Israelitische Jünglinge, was ich Euch nach Anleitung der Rede Petri zu sagen hatte. Ich ermahne Euch aber auch noch mit andern Worten: — Laßt Euch von dem ungeschlachten und verkehrten Geschlechte der wider unsern Herrn so sehr eingenommenen unisraelitischen Israeliten helfen! Sondert Euch davon ab! Nehmet die Barmherzigkeit an, die Euch in dem Evangelio und der Offenbahrung Jesu Christi angetragen wird! — Ihr hungert und dürstet nach der Gerechtigkeit und Seeligkeit! Kommet und werdet ersättigt! Ersättigt mit der Gerechtigkeit, die nicht aus dem Gesetz, sondern aus dem Glauben an Jesum

Chri-

Christum kömmt, die vor Gott gilt, im Glauben! Achtet Alles, was Euch Gewinn war, für Schaden, Koth und Unrath, von wegen der überschwenglichen Fürtreflichkeit der Erkenntniß und Religion Jesu Christi unsers Herrn!*) — Bleibet Dem treu, der Euch berufen hat! Getreu bis in den Tod, damit Er Euch die Krone des Lebens gebe!**)

Christus, sein Kreuz und seine Herrlichkeit, seine Tugend und seine Kraft, seine Wahrheit und Liebe, sein Tod und sein Leben müsse an Euch groß gemacht, und an Euerm sterblichen Leibe offenbahr werden, es sey durch Leben oder durch Tod. Diese Liebe Christi müsse Euch dringen, nicht mehr Euch selbst zu leben, sondern Dem, der für Euch gestorben und auferweckt worden ist. Sehet Euch für, daß wir nicht verlieren, was wir gearbeitet haben, sondern vollen Lohn empfangen; Ein Jeder, der da wieder abtritt, und bleibt nicht in der Lehre Christi, der hat Gott nicht! Wer aber in der Lehre Christi bleibet, der hat beyde, den Vater und den Sohn. Wie Ihr also den Herrn Jesum angenommen habet, also wandelt in Ihm und seyt in Ihm gewurzelt und befestigt im

*) Phil. IV.
**) Offenb. II. 10.

Glauben, wie Ihr gelehret worden seyt, und seyt in demselben überflüssig mit Danksagung. Erbauet Euch selbst auf Euern allerheiligsten Glauben! Behtet durch den heiligen Geist! Bewahret Euch selber in der Liebe Gottes, und wartet auf die Barmherzigkeit unsers Herrn Jesu Christi zum ewigen Leben! Seyt nicht mehr Kinder, die hin und her von den Wällen und einem jeden Winde der Lehre getrieben werden, sondern seyt rechtschaffen in der Liebe, also daß Ihr in allen Stücken in Ihm wachset, täglich wachset in der Gnade und Erkenntniß unsers Herrn Jesu Christi! — Wachet und behtet, auf daß Ihr nicht in Versuchung fallet; Der Geist ist zwahr geneigt, aber das Fleisch ist schwach.

Sobald Jesus getauft war, ward Er vom Satan versucht. Was dem Herrn widerfahren, das muß der Knecht und der Jünger auch erwarten! Es warten gewiß auch auf Euch Versuchungen mancherley Art! Tausend Augen und Pfeile sind auf Euch gerichtet! Wahrlich! Es gilt Ernst! Es gilt Wachen und Behten, und Glauben und Kämpfen! Es braucht Geduld, und Hoffnung, und Liebe, und Festhalten an Christo, und Eindringen in seinen Geist — und Anhangen an Ihm, wie ein Schoß am Weinstock; Denn wahrlich ohne Ihn mögt Ihr nichts thun.

Darum

Darum bleibet in Ihm, so bleibet Er in Euch! Sehet nicht zurück nach den Eurigen, oder nach dem, was Ihr zurückgelassen habet! Niemand, der seine Hand an den Pflug legt, und zurück sieht, ist bequehm zum Reiche Gottes! — Nein! Vergesset dessen, was hinter Euch ist, und jaget nach dem vorgesteckten Ziel und Kleinod des Berufs von Gott in Christo Jesu! — Sehet zu, daß Ihr in keinem einigen Ding Anstoß gebet, auf daß Eure Bekehrung nicht getadelt werde, sondern beweiset Euch in allen Dingen als Diener Gottes, in viel Gebuld und Trübsalen, in Nöthen, in Aengsten, in Wachen, in Fasten, in Reinigkeit, in Erkenntniß, in Langmuth, in Gutthätigkeit, im heiligen Geist, in ungegleichsneter Liebe, im Wort der Wahrheit, in der Kraft Gottes, durch die Waffen der Gerechtigkeit, zur Rechten und zur Linken, zur Ehre und Schmach, durch guten Leumden und bösen Leumden; Als die Verführer und doch wahrhaftig; Als die Traurigen, aber allezeit fröhlich; Als die Armen, die Ihr aber viele reich machet; Als die Ihr nichts habet und doch Alles besitzet. *) Ob Ihr auf diese Weise die, so Euer Fleisch sind, vielleicht zum Eifer reizen und etliche

aus

*) Joh. XV. Luc. X. 62. 2 Cor. VI. 3—10. Röm. XIII.

aus ihnen seelig machen mögtet! — *) Darum seyt unsträflich und einfältig, untadelliche Kinder Gottes, mitten unter dem ungeschlachten und verkehrten Geschlechte der Menschen, unter welchen Ihr als Lichter scheinet, indem Ihr ob dem Worte des Lebens haltet, mir zu einem Ruhm auf den Tag Christi, daß ich nicht vergeblich gearbeitet habe.

Müsset Ihr um des Namens Christi willen leiden, oder geschmähet, oder verfolgt werden; Freuet Euch, wenn Ihr der Leiden Christi theilhaftig werdet, auf daß Ihr auch in der Offenbahrung Seiner Herrlichkeit Euch freuen und frohlocken möget. Leidet Ihr als Christen, so schämet Euch nicht! Preiset aber Gott in diesem Falle. **) Wenn sie Euch schmähen, die Feinde der Wahrheit, sie mögen sich Juden oder Christen nennen, o so vergeltet Ihr nicht Böses mit Bösem, noch Scheltworte mit Scheltworten; Sondern benedeyet dagegen; Dieweil Ihr wisset, daß Ihr dazu berufen seyt, †) daß Ihr die Benedeyung ererbet. — Wer ist indessen, der Euch Böses thun könne, so Ihr dem Guten nachkommen werdet? So

Ihr

*) Phil. XI. 15. 16.
**) 1 Petr. IV. 16.
†) 1 Petr. III. 13.

Ihr um der Gerechtigkeit willen leidet; seelig seyd Ihr! Fürchtet Euch nicht vor nicht vor ihrem Trutzen, und erschrecket nicht! Sondern heiliget den Herrn Gott in Euren Herzen; Und seyd allezeit bereit zur Verantwortung einem jeden, der da Rechenschaft von Euch fordert, der Hoffnung halber, die in Euch ist, mit Sanftmüthigkeit und Furcht; Und habet ein gut Gewissen, auf daß, worinn sie Euch übel reden, als Uebelthätern, die zuschanden werden, die Euren guten Wandel in Christo schmähen; Denn es ist besser, so es der Wille Gottes ist, daß Ihr leidet, wenn Ihr Gutes thut, als wenn Ihr Böses thut; Weil auch Christus einmahl für die Sünden gelitten hat, der Gerechte für die Ungerechten, auf daß er uns Gott zuführte.

Darum, so werft Eure Freyheit zu reden, die eine grosse Belohnung hat, nicht hin. Denn der Geduld habt Ihr vonnöthen, auf daß Ihr, nachdem Ihr den Willen Gottes gethan, die Verheissung empfahet; Denn es ist noch um ein klein wenig zu thun, so wird Der kommen, der kommen soll, und wird nicht verziehen; Der Gerechte aber wird im Glauben leben; Und so er weichen wird, wird Meine Seele kein Gefallen an ihm haben! Ihr aber seyt nicht von denen, die da weichen zum Verderben, sondern von denen, die da glauben zur Errettung der Seele. *)

Entsetzlicher Gedanke! — Nein! Ferne sey er von mir, der unerträgliche, der tödtende Gedanke: Daß Ihr je wieder weichen, und vom Evangelio Jesu Christi abtreten solltet! — Nein! — Hier vor dem Angesichte Jesu Christ, und der auserwählten Engel! Hier vor diesen vielen hundert Zeugen Eurer heiligen Taufe, die Alle an jenem Tag mit Euch auferstehen; Alle mit Euch vor den Richterstuhl Christi werden gestellt werden; Hier vor Euren Wohlthätern und besonders erwählten frommen Taufzeugen — Vor diesen Allen sag' ich es mit lauter, Gott gebe, unvergeßlicher Stimme:

„Wenn Ihr je die Göttliche Gnade gering achtet, die Euch
„mit dem heutigen Tage feyerlich angeboten wird; Wenn
„es je möglich wäre, daß Ihr Euer Aug wieder zurück
„wenden, und Euren Fuß wieder in die Netze des jüdischen
„Unglaubens zurücksetzen, und Dessen vergessen könntet,
„Der Euch vor der Grundlegung der Welt in Chri-
„sto erwählet hat, daß Ihr heilig und unsträflich
„vor Ihm in der Liebe seyt, oder Den lästern, der
„sich Euer erbarmet hat; Je den ewig angebehteten Kö-
„nig der Könige, der wie ein Missethäter auf Golgatha
„für Euch blutete; Je den einigen Herrn der Herrlich-
„keit,

*) Hebr. X. 35—39.

„keit, der am Holze des Kreuzes, unter den vielen Mil-
„lionen zu erlösender unsterblicher Seelen auch Euch
„mit Namen sahe; Auch für jeden aus Euch,
„lange eh' Ihr gebohren waret, den Tod versuchte;
„Auch Euch insonderheit aus vielen tausend Israeliten aus-
„erkohr, Seinen Namen zu kennen, und Seine Kraft zu
„erfahren; — Ja, wenn Ihr je Den wieder vorsätzlich
„aus dem Sinne schlaget; Wenn Ihr je dieses grossen Er-
„barmens uneingedenk wieder zu denen umkehren könnet,
„welche die Missethat ihrer verstockten Väter, mit eben so
„verstocktem Herzen durch ihre Lästerungen täglich wieder-
„holen; Oder wenn Ihr auch sonst den Namen dieses ge-
„benedeyten und heiligen Heilandes, durch ein unevangeli-
„sches Leben unter denen lästert, die vor Euch Christen
„gewesen, oder vor denen, die nun mit den geschärften
„Augen der Eifersucht und der Rache auf Euch blicken;
„Wenn Ihr je zu solcher Tiefe wieder zurücksinket, und
„aller Vermahnungen, Bitten und Thränen derer, die
„Euch das Evangelium verkündigt haben, vergessen könn-
„tet — — O so sey Euer Blut auf Eurem Haupt — Ich
„bin unschuldig! — Und ich bezeuge Euch auf den heu-
„tigen Tag, daß ich rein bin von Euer Beyder Blu-
„te; Denn ich habe nichts unterlassen, daß ich Euch nicht
„allen Rath Gottes verkündigt hätte! — Höhret es,
„theure, mit dem Blute des Sohnes Gottes erkauste See-
„len! Höhret es, und lasset meine Worte, wie ein zwey-

„schneidiges Schwert bringen bis auf die Theilung
„der Seele und des Geistes, der Gleichen und des
„Marks. —"

„Wenn Ihr, nachdem Ihr durch die Erkenntniß des
„Herrn und Heilandes Jesu Christi den Befleckungen
„der Welt entflohen seyt, *) wiederum in dieselbige
„geflochten und überwunden würdet, so wäre Euer
„Letztes ärger, als das Erste; Und Euch wäre besser,
„daß Ihr den Weg der Gerechtigkeit nie erkennt hät-
„tet, denn daß Ihr, nachdem Ihr ihn erkennt ha-
„bet, von dem heiligen Gebote, das Euch übergeben
„ist, wiederkehren solltet. Denn so Ihr freywillig-
„lich sündigen, und von der Christlichen Religion wie-
„der abtreten würdet, nachdem Ihr die Erkenntniß der
„Wahrheit empfangen habt; So wäre Euch kein
„Opfer mehr übrig für die Sünden, sondern ein
„erschreckliches Warten des Gerichts, und des Feuer-
„eifers, der die Widerwärtigen verzehren wird. So-
„jemand das Gesetz Mosis bricht, der stirbt ohne Er-
„bärmde, auf zwey oder drey Zeugen hin: Wie viel
„böserer Strafe, meynet Ihr, wird der wehrt ge-
„achtet werden, der den Sohn Gottes mit Füssen
„tritt, und das Blut des Testaments, in welchem

„er

*) 1 Petr. II. 20.

„er geheiligt ist, gemein machet, und den Geist der
„Gnaden schändet; Denn wir kennen Den, der da
„gesagt hat: Mir gehört die Rache! Ich will es
„wieder vergelten, spricht der Herr. Und abermahl:
„Der Herr wird Sein Volk richten! Es ist erschreck=
„lich, in die Hände des lebendigen Gottes zu fallen;
„Denn unser Gott ist ein verzehrendes Feuer. *) Denn
„es ist unmöglich, daß die, so einmahl erleuchtet
„worden sind, und die himmlische Gaben versucht ha=
„ben, und des heiligen Geistes theilhaftig geworden,
„und das gute Wort Gottes und die Kräfte der zu=
„künftigen Welt versucht haben, wenn sie wiederum
„vom Christenthum abfallen, daß sie wiederum zur
„Busse erneuert werden; Als die ihnen selbst den
„Sohn Gottes noch einmahl kreutzigen, und zum
„Schauspiel machen; Denn die Erde, die den Re=
„gen, der oft über sie kömmt, trinket, und denen
„bequehm Kraut giebt, durch die sie gebauet wird, die
„empfahen den Seegen von Gott; Welche aber Dör=
„ne und Distel trägt, die ist untüchtig und dem Fluch
„nahe, welcher Ende zur Verbrennung dienet. — Wir
„versehen uns aber eines Bessern zu Euch, ob wir
„gleich also reden; Denn Gott ist nicht ungerecht,
„daß Er Euerer Werke, und Euerer Arbeit und Lie=

be,

*) Ebr. XII. 29. X. 26--31.

156 An zwey Israeliten am Tage ihrer Taufe.

„be, die Ihr gegen den Namen Jesu Christi erzeiget
„habet, vergesse.*) Nein! Euere Versprechungen waren, ich
„weiß es, viel zu aufrichtig, Euere Trähnen zu schön,
„zu unschuldig, Euer Herz zu redlich, Euer ganzes Betra-
„gen viel zu rechtschaffen, als daß ich den mindesten Zwei-
„fel in Euch setzen, und dem geringsten Argwohn Platz
„geben dürfte."

Nein! Ihr werdet die lieblosen, oder vielleicht auch die
abgenöthigte Vorurtheile und Besorgnisse, die so manche
unter uns in Ansehung aller Täuflinge aus dem Judenthum zu haben pflegen, durch schweigende Tugend, durch
das untadelichste Beyspiel, durch einen vorzüglichen Eifer
in der Nachahmung Christi beschämen; Ihr werdet dem
Sünder eine warnende Lehre, dem Heuchler ein blenden-
des Licht, dem wahren Christen eine beständige Freude,
und meine Ehre und Wonne seyn, am Tage der Offen-
barung des Meßias! Nein, ich lebe der guten Zuversicht, daß Er, der in Euch das gute Werk angefan-
gen, es auch vollenden werde auf den Tag Jesu Christi.*) Darum seyt mir nun mit voller Zuversicht in dem
Namen des Vaters, des Sohns und des heiligen
Geistes gesegnet! Die Gnade des Herrn Jesu Christi,
die Liebe Gottes, und die Gemeinschaft des heiligen
Geistes sey mit Euch! Meine Liebe sey mit Euch in
Christo Jesu!

Zwey

*) Ebr. VI. 4—10.
*) Phil. I. 6.

Anrede an die Gemeine.

Zweyter Theil.

Und nun wende ich mich auch noch mit Wenigem zu Euch Allen, theureste christliche Zuhöhrer, und bitte Euch vor Gott, unserm Heiland, Der da will, daß alle Menschen seelig werden, und zur Erkenntniß der Wahrheit kommen: Nehmet diese meine beyden Freunde, oder vielmehr diese Freunde Jesu Christi, mit Freude, mit Zuversicht, mit brüderlichem Herzen auf in Euere Gemeinschaft! Trauet ihnen keine andere, als gute, redliche, ganz reine und fromme Absichten zu! Freuet Euch über sie, wie sich die Engel im Himmel über sie freuen! Danket Gott, daß Er ihnen Seinen Sohn Jesum Christum geoffenbahret hat! Betet für sie! Alle, so viel Ihr hier zugegen seyt! Betet für Eure neuen Brüder; Und betraget Euch so gegen sie, wie es denen geziemet, die für sie beten. Lasset sie es Euch an Euerer Leutseeligkeit, Euerer Andacht, Euren heitern und frohen Mienen ansehen, daß Ihr von ganzem Herzen an ihrer Bekehrung Theil nehmet, daß Ihr Euch freuet, daß der Herr die Decke, welche auf Mose und den Propheeten, oder vielmehr auf ihrem Herzen lag, weggenommen hat; Daß sie, die ehemals Feinde des Kreutzes und der Herrlichkeit Christi waren, nun nichts mehr begehren zu wissen, als Jesum den Gekreutzigten.

Gönnet ihnen Euere Liebe! Erquicket sie mit Euerem Wohlwollen! Ermuntert sie durch Euer christliches Beyspiel! Helfet

Helfet ihnen die Tugenden Dessen auskünden, der sie und Euch aus der Finsterniß zu Seinem wunderbaren Lichte berufen hat. *) Laßt sie Euch viele schöne Gesinnungen, viele christliche Tugenden ablernen! Lasset es sie täglich mit Freude und Dank gegen Gott empfinden, daß sie nun unter bessern Menschen leben; Unter Menschen, bey denen man anders nicht, als täglich weiser, besser, Gottgefälliger und seeliger werden kann. — Hütet Euch, — Vor dem Allerheiligsten Vater Jesu Christi beschwöre ich Euch — Daß Ihr ihnen kein Aergerniß gebet; Sie weder mit Worten, noch Thaten, noch Unterlassungen zur Kaltsinnigkeit gegen Jesum, zur Geringachtung Seiner Wahrheit und Tugend verleitet! Nehmet sie nicht anders auf; Sehet sie nicht anders an, als Jünger Jesu Christi, als einfältige, aufrichtige Kinder Gottes! — Wahrlich, ich sage Euch: Wer ein solches Kindlein in dem Namen Jesu, darum, weil sie Jünger Jesu sind, aufnehmen wird, der nimmmt Ihn auf; Wer aber einen dieser Jünglinge, die an Ihn glauben, ärgern, und zur Sünde verführen würde, dem wäre besser, daß ein Mühlstein an seinen Hals gehängt, und er in die Tiefe des Meers geworfen würde; Darum sehet zu, daß Ihr keinen dieser Kleinen verachtet; Denn ich sage Euch: Ihre Engel im Himmel sehen allezei das Angesicht des Vaters Jesu Christi, der in den Himmeln

*) 1 Petri II. 9.

meln ist; Denn der Sohn des Menschen ist gekommen, das Verlohrne zu suchen und seelig zu machen. *) Darum nehmet sie auf, gleichwie auch Christus Euch zu der Ehre Gottes aufgenommen hat. **)

Sie haben in ihren jungen Jahren ihr Vaterland, ihre Wohlthäter, ihre Freunde, ihre Geschwister, ihre Aeltern verlassen; Sie hätten beyde ohne Sorge der Nahrung bey den ihrigen vergnügt leben und gute Tage haben können; Aber um des Gewissens und um des Evangeliums willen haben sie Alles, was immer ein solches Gemüth abhalten könnte, der Wahrheit zu folgen, freywillig zurück gelassen; Sie haben einen Ort der Freyheit für ihr Gewissen, sie haben die Wahrheit und Seeligkeit Jesu Christi gesucht; Die Göttliche Fürsehung hat sie zu uns gesendet; Sollten wir sie dann nicht mit Freuden aufnehmen? Sollten wir Gott nicht für die Ehre und den Seegen und die Erbauung danken, die Er uns dadurch zugeleitet hat! Sollten wir nicht auch durch eine milde Beysteuer, die sie zur Ehre Gottes, und zur Vorbereitung auf den Dienst Jesu Christi anzuwenden gedenken, ihnen die Wahrheit der Verheissung Jesu zu bestätigen trachten. Suchet zum ersten das Reich Gottes und Seine Gerechtigkeit, so werden Euch die übrigen Dinge alle hinzugethan werden! †)

*) Matth. XVIII. 5. 6. 10. 11.
**) Röm. XV. 7.
†) Matth. VI. 33.

Nicht bestätigen helfen die Wahrheit des Außspruchs Jesu: Es ist Niemand, der da Häuser, oder Brüder, oder Schwestern, oder Vater, oder Mutter, oder Weib, oder Kinder, um meines Namens willen, wird verlassen haben, der es nicht hundertfältig empfahe, und schon in dieser Zeit wieder finden werde, Häuser und Brüder, und Schwestern, und Mutter und Kinder? *)

Wir wollen die Eltern, die Geschwister, die Freunde, die Wohlthäter seyn, die ihnen den freywilligen Verlust der Ihrigen ersetzen! Diese Ehre, dieß Vergnügen wollen wir ja Niemand Andrem überlassen; Gott gönnet sie uns; Sollten wir uns dann diese Ehre und dieß Vergnügen selbst rauben? Nein! Ich kenne Euren Eifer, wohl zu thun! Ich rede mit Euch mit zuversichtlichem Herzen, und weiß, daß Ihr auch über das, was ich sage, thun werdet.

Endlich wende ich mich auch noch an Euch besonders, in Christo theureste Wohlthäter und Mittaufzeugen dieser beyden lieben Jünglinge! Ich darf Euch wohl nicht erst ermahnen und bitten, daß Ihr mir helfet behten, daß Gott diese unsre lieben Freunde mit aller Freude und Frieden im Glauben erfülle, daß sie überflüßig seyen in der Hoffnung, und in der Kraft des heiligen Geistes **) daß sie als Erlösete aus der Hand aller Fein-

be

---

*) Marc. X. 29. 30.
**) Röm. XV. 17.

an die Taufzeugen.

de der Wahrheit ihrem neuen Herrn nun ohne Furcht dienen in Heiligkeit und Gerechtigkeit alle Tage ihres Lebens. *).

Ja! Laſſet uns das von Herzen thun! Laſſet uns mit vorzüglicher Treue, Zärtlichkeit und Eifer für ihre zeitliche und ewige Wohlfahrt beſorgt ſeyn! Laſſet uns nicht ſogleich aufhören, Gott für ſie zu danken, und ihrer in unſerm Gebeht eingedenk zu ſeyn, daß der Gott unſers Herrn Jeſu Chriſti, der Vater der Herrlichkeit, ihnen je mehr und mehr gebe den Geiſt der Weisheit und der Offenbahrung zur Erkenntniß Seiner ſelbſt, und erleuchtete Augen ihres Verſtandes, auf daß ſie wiſſen, und es nie vergeſſen, welches ſey die groſſe Hoffnung, wozu ſie durch Ihn berufen ſind, und welches der Reichthum der Herrlichkeit Seines Erbes unter den Heiligen ſey; Auch welches da ſey die fürtreflichte Gröſſe Seiner Kraft an uns, die wir glauben **); Zu beten, daß das Zeugniß Chriſti, das Zeugniß Gottes von Jeſu als dem Meßias, in ihnen befeſtiget werde, alſo daß ſie keinen Mangel haben an irgend einer Gabe †), auf daß ſie ſeyen zum Lobe Seiner

Herr-

*) Luc. I. 75.
**) Eph. I. 15--21.
†) 1 Cor. I. 7.

L

Herrlichkeit, lauter und unanstößig auf den Tag Christi, erfüllet mit Früchten der Gerechtigkeit, die durch Jesum Christum sind, zur Ehre und zum Lobe Gottes. *)

Ja darum biege ich meine Kniee gegen den Vater unsers Herrn Jesu Christi, daß Er ihnen und uns gebe nach dem Reichthum Seiner Herrlichkeit, mit Kraft gestärkt zu werden durch Seinen Geist am inwendigen Menschen, daß Christus durch den Glauben in ihren und unser Aller Herzen wohne, auf daß wir Alle in der Liebe gewurzelt und gegründet mit allen Heiligen begreiffen und erkennen mögen die Breite und Länge, die Höhe und Tiefe der Liebe Christi, die allen Verstand übersteigt, auf daß wir Alle mit aller Fülle Gottes erfüllet werden. Dem aber, Der aus Ueberfluß thun mag über Alles, was wir bitten und verstehen; Demselbigen sey Ehre in der Gemeinde durch Jesum Christum zu allen Zeiten von Ewigkeit zu Ewigkeit. Amen.

*) Phil. I. 10.

Das gesegnete

Andenken

des

Gerechten.

Ueber Sprüchw. X, 7.

Am Communionstage vor dem Behttage

und

Begräbnißtage

Herrn Statthalter Heinrich Eschers

von Keſſikon,

Vörderſten Vorſtehers am Waysenhauſe.

Gehalten

Sonntags den 7. Herbſtmonat 1777.

Aus den weisen Sprüchen Salomons
Cap. X, V. 7.

Das Gedächtnis des Gerechten bleibet im Seegen.

Gerechter, Heiliger, Verborgner, Gütiger! . . . Das Gedächtnis des Gerechten bleibe bey uns im Seegen! Im Seegen das Andenken des Gerechtesten aller Gerechten — vor Dem die Gerechtigkeit aller Sünder wie Nebel vor der Sonne verschwindet! Jesu Christi theures, heiliges Andenken! Gerechter! Heiliger! Verborgner! Gütiger!

Würdig dieser bangen und dieser frohen Stunde;

Würdig dieser zahlreichen, theuren, (Du weissest, wodurch betrübten) Versammlung;

Würdig der Stelle, wo ich stehe — und des Tisches, den ich vor mir sehe; — Würdig und mit Seegen, ach, mit Seegen lehre mich reden — Du Gerechter! Heiliger! Verborgner! Gütiger! Amen.

Das geseegnete Andenken

Ach! Andächtige, und in Jesu Christo, unserm anbethenswürdigen, gerechtesten, besten Herrn, Dessen Gedächtniß ewig unter uns im Seegen bleibe, geliebteste Zuhörer!

Ist's wahr, Meine Theureste, in deren Augen ich meine eigene Empfindung lese? Ist's wahr, oder ist's ein Traum — daß er nicht mehr unter uns ist — unser verehrenswürdige Escher? — Ein Traum, oder wahr? — Ach! Du gerechter, heiliger, heiliger, verborgner Gott! Es ist wahr! Dort, dort — ach, ohne wehmüthige Bewegung des Herzens, wer kann nach der öden Stelle hinsehen? Dort — saß Er, stand Er — und — Er wird nimmermehr da sitzen, der Gegenwärtigste, der Andächtigste meiner Zuhörer! — Nicht mehr edle männliche Trähnen frommer Rührung vergiessen, deren er oft Ströhme vergoß, wenn von der Liebenswürdigkeit Gottseeliger Tugend, wenn von den Freuden eines guten Gewissens, wenn von den grossen Hoffnungen und Erwartungen des Christen, wenn von Dir, und Deinem edeln Herzen, und Deiner Göttlichen Geduld, und Deinem großmüthigen Leiden, und Deinem Liebevollen Tode geredet ward — o Du, Den kein Name würdig nennt, Jesus Christus! Gott übr Alles, hochgelobt in Ewigkeit!

Ach! Du Heiliger! Gerechter! Verborgner! — Heute vor Einem Jahr, an diesem Vorbereitungssonntage, bezogen wir, nach Abwesenheit von einigen Monaten, dieß auf sein

des Gerechten.

sein Betreiben hin so würdig erneuerte, und zum öffentlichen Gottesdienst anständig eingerichtete Haus zum ersten mahl wiederum gemeinschaftlich, und weyhten's durch heilige Nachtmahlsfeyer zu einem Hause des Herrn, der Andacht und Erbauung gleichsam auf's Neue.

Ach, heute vor Einem Jahre stand Er noch dort, und empfieng noch aus dieser Hand die Zeichen der Liebe unsers Herrn bis zum Tode! — Wer von uns dacht' es wohl damahls: — "An dem nächsten Vorbereitungstage auf den künftigen Beht= "tag werden wir ihn zu seiner Ruhestätte begleiten." —

Was sag' ich, vor Einem Jahre noch ... Ach! Vor drey Wochen noch saß Er hier — schön, wie die Gesundheit selbst, starkscheinend, wie ein Held; Ein zweyter Vater des Vaterlandes — Euer Vater — doppelt nun verwaysete Kinder! ... Ach! Noch sah' Er Euch Alle an mit dem edeln Blicke seiner zärtlichen Liebe — Ach! Noch sahen wir Ihm nach, und freuten uns jedes freudigen Zuges seines huldreichen Angesichtes. ... Dieser Blick seines Wohlwollens lächelt Euch nicht mehr —

Aber, ach! Kinder, dieß huldreiche Angesicht ist blaß und zerfallen. — Ihr könnt ihm nicht mehr entgegen sehen; Nicht mehr ihn mit Euren Blicken begleiten. Er horcht nicht mehr auf unsere gute Nachrichten von Eurem Betragen — Er fragt nicht mehr nach Eurem Fortgang in nützlichen Kenntnissen, Eurer Besserung und Vervollkommnung — Er kommt

Das gesegnete Andenken

kommt nicht mehr mit heiterer Stirn und frohen wohl-
wollenden Mienen in die heitere, reinliche, bequeme, Ge-
sundheitreiche Wohnung, die Ihr größtentheils Ihm zu
danken habt, die Euch schon so manche frohe Stunde machte, und die, so wie die ganze gegenwärtige, ungleich bessere Einrichtung des Innern des Waysenhauses, ein unver-
geßliches, immerdaurendes Denkmahl seiner edeln und grossen Gesinnungen bleiben wird.

Ach! Ihr vernehmet keine väterlich liebreichen Fragen mehr
aus seinem Munde — "Kinder! Was wollt Ihr werden?
"Sagt mir, wozu habt Ihr Lust? Warum fallt Ihr auf
"dieß? Ist's Euer eigener Gedanke? Oder hat man's Euch
"gerathen? Sagt mir einmahl ganz natürlich die Gründe:
"Warum Ihr gerade diese und keine andere Lebens- und
"Berufsarbeit wählen wollt? Meynet Ihr nicht, dieses
"oder jenes sey besser? Redet ganz freymüthig — Sagt
"Eures Herzens Meynung — Ihr wißt doch, daß man
"nur Euer Glück sucht." —

Ach! Ihr hört sie nicht mehr, diese Stimme der sorg-
fältigen Liebe — keine Erinnerungen mehr, keine sanft-
ernsten Ermunterungen und Warnungen! Ihr könnt Ihm
nicht mehr entgegen eilen, Ihm Eure Hände zu reichen.
Euer Herz hüpft nicht mehr vor Freude, wie — wenn Ihr
von fern oder in der Nähe Ihn erblicket. . . .

Und auch ich . . . auch ich seh' Ihn nicht mehr! Ach,
auch ich kann nicht mehr zu Ihm hingehen, und an seinem

des Gerechten.

nem Huld = und Weisheitreichen Gesichte meine Augen weyden, und durch den bloſſen Anblick ſchon, mein Herz in Redlichkeit üben und ſtärken; — Nicht mehr ſeines Rathes pflegen; Nicht mehr ſeine Ermunterungen hören; Nicht mehr unter ſeinen Augen wandeln; — Nicht mehr bey mir ſelber rechnen: „Was dürfen wir uns noch von „dieſem Manne verſprechen? Wie wird Er in dieſem, wie „in jenem Falle handeln? Was wird Er noch dem Va„terlande, dem Waiſenhauſe Gutes ſagen und thun?" — Ach! Alle meine Hoffnungen ſind hin, —

O Du heiliger, gerechter, verborgner Gott! Iſt's möglich, oder iſt's ein Traum? — O Du heiliger, gerechter, verborgner Gott — Noch begleiteten Ihn das letztemahl, als Er hier in dieſem Hauſe war, meine Blicke, bis ſie Ihn nicht mehr ſahen! — Ach! Wie hätt' ich denken können, daß ſie Ihn zum letztenmahle begleiten würden? Wie denken können, da ich vor wenigen Wochen noch bey Ihm war — noch mit Ihm über unſere bürgerliche Angelegenheiten und Bewegungen zu reden Gelegenheit hatte — noch alle meine Beſorgniſſe in ſeinen väterlichen Schooß vertraulich ausſchütten durfte — Ach! Wie hätt' ich's denken dürfen, daß es für mich aus ſeinem Munde das letzte Wort wäre: — „Nun, in Gottes Namen! Es geſchehe, was „geſchehen will und geſchehen muß! — Man urtheile billig „oder unbillig über uns — Ich bin rein von aller Neben„abſicht! — Alle Ehren und Würden? — Nicht die Hand „wollt' ich d'rüber umkehren; Aber die Ueberzeugung,

„recht

„recht und nach Pflicht gehandelt zu haben, diese Ueber-
„zeugung wird mir kein Mensch aus dem Herzen rauben
„— und sie wird mich vor Gott meinem Richter beruhi-
„gen, und wenn ich heute sterben sollte: — Impavidum
„ferient Ruinæ." — Ach! das mußte das letzte Wort seyn,
das ich aus seinem Munde vernahm. Und mit dieser
Ueberzeugung, daß Er etwas Gutes und Nützliches thue —
daß Er eine Handlung verrichten helfe, welche dem Vaterlande zum Vortheile und Seegen gereiche — Ja noch
mehr, mit der vollesten, mir ausdrücklich geäusserten Ueberzeugung: Daß Alle und Jede, welche in unserm Staate
die nun feyerlich beschworne Verbindung mit einer mächtigen Krone befördern halfen, die reinsten und redlichsten
Absichten haben, verließ Er unsere Stadt, und half das
Werk vollenden, an welchem Er mit so vieler Treue und
Weisheit, so vielem Patriotismus, und mit gänzlicher
Uneigennützigkeit mit gearbeitet hatte. — Und kaum hatt'
Er's, mit Anstand und Würde, wie Er Alles, das Größte
und Kleinste mit unnachahmlicher Würde that, vollendet;
— So berief Ihn der König der Könige weg von der
Stelle, in deren Er die Ehre und der Seegen unsers Vaterlandes war; — In Gnaden berief Er Ihn zu sich,
nicht im Zorne; Vollenden ließ Ihn Gott das angefangene Werk, eh' Er Ihn zu sich rief — Nein — Nicht
Strafe des Himmels war's, für Dich, rechtschaffner Mann,
daß Du gleich nach der feyerlichen Beschwörung für unser Vaterland, wo nicht an sich unmittelbar, doch mittelbar nützlichen, doch unausweichlichen Bündnisses, daß Du

in

in deinem Berufe von einer tödtlichen Krankheit befallen wurdest — Fern mit dem lieblosen, vernunftlosen, grundlosen Vorurtheil: Daß das Zeichen des Mißfallens Gottes, daß das Strafe des Himmels für Dich sey — Ja! Wenn's doch Strafe des Himmels seyn soll, warum halten wir's nicht allervorderst für Himmelsstrafe für uns? Warum sagen wir nicht eher: Wir waren seiner nicht werth?

O Du entschlafner Theurer! — O wenn Du's mit unserm Vaterlande nicht redlich meyntest; Wenn Du aus eigennützigen niedrigen Absichten handeltest; Wenn Du kein Beyspiel von unbestechlicher Wahrheit, und Gerechtigkeitsliebe warst; — Wo ist dann ein Redlicher? Wer ist dann uneigennützig? Wer hat dann Wahrheitsliebe? Wer ist dann Freund der Gerechtigkeit?

Nein ... Nein! Unser Herz bleibe rein von allem Argwohn liebloses Aberglaubens! — Unser Herz fühle mit der ganzen Wollust des Schmerzens, mit aller Wehmuth der Hochachtung — nur den grossen Verlust, und ganz rein fliessen unsre Trähnen.... O daß Du sie fliessen sähest, diese Strähme reiner, redlicher Trähnen, unsterblicher Geist dessen, für den sie fliessen! Daß ein Engel des Herrn Dich in diese, so oft von Dir besuchte Versammlung hineinführte! Daß Du es mit Augen sähest und mit Ohren höhrtest, wie unter uns dein Gedächtniß im Seegen bleibt! Wie nicht nur itzt eine bloß vorübergehende Rührung

rung uns Alle ergreift! — Daß Du es wüßtest, wie Du in unsern Herzen eingegraben bist! Wie deine Rechtschaffenheit, deine Treue an unserm Vaterland und an diesem Hause uns unvergeßlich, uns noch lange kräftiger Seegen seyn wird. —

Ja! Vaterland! Vaterland! Das Gedächtnis dieses Gerechten und Gott fürchtenden, bleibe bey Dir im Seegen! Danke deinem Gott, dem Vater aller guten Menschen, für das, ach nun verschwundene Daseyn seines Lebens — und für das, was mit seinem verschwundenen Daseyn nicht verschwinden kann; Für alles Gute, das Er gestiftet, für jeden Seegen, den Er zurückläßt; Für jede Ermunterung, die sein Beyspiel mit sich führt; Für alles Gute, das durch das Gute, das Er that, veranlaßt werden wird; Für alle gute Eindrücke, die jedes seiner guten Worte, jede seiner guten Thaten, die sein vortrefliches Beyspiel in tausend Herzen zurücklassen muß.

Dankt ihm, unzählige Arme, die Er mit so vieler Vater- und Bruderliebe seegnete, unterstützte, erquickte —

O Vaterland! O Väter des Vaterlandes! Das Gedächtnis des Rechtschaffnen und Gottesfürchtigen bleibe bey Euch im Seegen — Seine Weisheit und Gerechtigkeit, sein Eifer und seine Unverdrossenheit, seine Güte und Entschlossenheit, seine Herablassung und seine Unerschrockenheit, seine Freymüthigkeit und Bescheidenheit, seine Vaterlands-

und

des Gerechten.

und Freyheitslieb — unvergeßlich seyen sie Euch — unvergeßlich besonders seine von Freunden unerbittliche und von Feinden unerschütterliche Standhaftigkeit, seine durchaus unzweydeutige Redlichkeit — O diese seyen Euch Beyspiel und Ermunterung in Euren öffentlichen und besondern Geschäfften, Euren Berathschlagungen, Rathsversammlungen, Audienzen, Gesellschaften! Sein Gedächtniß bleibe unter Euch im Seegen!

Und du, Waysenhaus, Waysenhaus! Vergiß deines Vaters und Aufrechthalters, vergiß seiner Treue und Güte nicht. Sein Gedächtniß bleibe bey dir im immerwährenden Seegen! — Seine vortreflichen Erinnerungen am Tage, da es feyerlich von uns bezogen wurde — O daß sie uns Allen, die sie angehen, die wir sie aus seinem Munde vernommen haben, immer neu wichtig, immer unvergeßlich seyn mögten! — Daß wir uns aller seiner Worte, seiner Grundsätze, seiner Theilnehmung, seiner Händelnsweise, und der edeln und grossen Art, wie Er Alles anfieng und vollendete, erinnerten! Daß sein Geist gewissermaassen noch unter uns lebte! Daß wir uns oftmahls fragten: — „Was „würde Er nun dazu sagen? Wie hätte Er die Sache an„gesehen? Was würde Er uns für einen Befehl oder einen „Rath gegeben haben? Was würd' Ihm Freude machen? „Was würde Er mit seinem Beyfall krönen?" — O Gott! Wie würde so ein Andenken an Ihn gesegnet für uns seyn! . . .

Du,

Du, Du aber, treuer, guter, beßter, o Du Vater der Waysen — gieb diesem in Deinen Augen so theuren Hause, gieb dieser geliebten Schaar, gieb noch so manchen, die Armuth und Verlassenheit auf unserer Landschaft oder in unserer Stadt drücken, und besonders denen, die in dieses Haus aufgenommen zu werden bedürfen — gieb uns Allen, die wir an der Wohlfahrt desselben zu arbeiten berufen sind, einen neuen Vater und Führer — nach unsern Bedürfnissen, und nach Deinem Herzen! Verlaß uns nicht! Wir wollen Dich auch nicht verlassen! Send' uns wieder einen Mann, der es fühle, was für einen Vorgänger er hatte — und dessen Gedächtniß durch seine Gerechtigkeit und Frömmigkeit einst, wenn Er lange genug Deinem Rathe gedienet haben wird, ewiglich im Seegen bleibe. . . . Ach Gott! Du hast uns hart gezüchtigt! — Wir behten Dich an! Schone unser, und ziehe Deine Hand nicht von uns ab. . . Seegne uns wiederum, und erfreue uns, nachdem Du uns betrübt hast — und laß das Gedächtniß dessen, den Du von uns nahmest, immerdar im Seegen bey uns bleiben! —

Und von Euch Allen, Meine Theuresten, ein Jeder, der Ihn kannte, den Redlichen, den Festen, den Entschloßnen, den Wohldenkenden, den Freund der Ordnung und Gerechtigkeit, den unpartheyischen, den in jedem Sinn unbestechlichen, zu keiner kleinen, niedrigen Nebenabsicht verführbaren — den geschäfftigen, den unermüdeten Menschenfreund, den Gottesverehrer, den Feind aller Heuchelei

und

und alles bloß scheinfrommen Wesens — den stillen Forscher und Prüfer der Wahrheit, der mit Weisheit und Redlichkeit zweifeln durfte, und durch Weisheit und Redlichkeit Zweifel überwand, und muthig zum Glauben hindurch drang. — Wer das Glück hatte, Ihn näher zu kennen; Wer seines Raths pflegen wollte, oder mußte; Wer das Innere seines Hauswesens, seiner Lebensart kannte; Wer Ihn öffentlich und besonders zu beobachten Gelegenheit hatte, den durchaus sich Gleichen, den ganz Unverdächtigen, den allgemein Bewunderten, den allgemein nun Beweynten, den in so mancher Absicht Unersetzlichen, — der lasse sein Andenken bey sich im Seegen bleiben! Der halte es für eine würdige Feyer dieses Tages — bey sich selbst nachzudenken — was Nachahmenswürdiges dieses grossen menschlichen Beyspiels er nach der Beschaffenheit seiner Umstände und seines Berufs nachahmen sollte, und könnte. Sein Gedächtniß bleibe im Seegen. —

II.

Das Gedächtniß des Gerechten bleibet im Frieden.

Welche Ermunterung, Meine Theureste, zur Gerechtigkeit! Welche Erweckung zur Tugend! Zur frohen, edeln Geschäftigkeit im Guten!

Du thust Gutes, wenn du lebst, und du, Freund der Tugend und Gerechtigkeit, wirkest noch Gutes, wenn du nicht mehr auf Erden lebst. Dein Beyspiel wirkt fort;
Dein

Dein Leben war Seegen deiner Zeitgenossen; — Dein Tod wird Seegen für deine Nachkommen.

Wer du immer seyst, redlicher Freund der Religion und Tugend! Frommer und Gerechter! — Zween Namen, die in der Schrift ein und eben daſſelbe bedeuten, und immer mit einander verwechſelt werden; — Wer du auch immer seyſt — Frommer und Gerechter! In dem ſtillſten Winkel der Einſamkeit, oder auf dem offenſten Schauplaz der Welt... Führer des Staates, Regent des Volkes, Lehrer der Chriſten! — Handwerksmann! Taglöhner! Dienſtbote! Jüngling! Jungfrau! Hausvater! Hausmutter!.. Was auch immer dein Name, was auch immer auf Erden dein Beruf sey...

Dein Beyspiel wirkt Gutes im Leben, und Gutes nach deinem Tode. Dein Gedächtniß bleibt im Seegen; Du biſt nicht umſonſt auf Erden geweſen; Du haſt nicht vergebens für die Welt und Nachwelt gelebt; Du haſt Gutes geſäet — und denen, die dich zu überleben beſtimmt ſind, Gutes zu ährnden hinterlaſſen.

Laß es dich nie gereun, guten Saamen auszuſtreuen. Es kann seyn, und zum Theil muß es seyn — wie unſer Herr nach dem Sprichwort seiner Zeit sagte: Ein Andrer iſt, der da ſäet, und ein Andrer, der da ährndet. Laß es dich nie gereuen, guten Saamen auszuſtreuen; Er iſt nicht verlohren, wenn auch ein Anderer nach dir ährndet!

Sprich

des Gerechten.

Sprich Gutes so viel du kannst und Beruf hast! Thue Gutes so viel du kannst und Beruf hast! Schiebe nichts auf aus Kaltsinn und Trägheit! Versäume nichts! Thue Alles aufs Beste! Alles mit Herz und Seele! Mit Weisheit und Liebe! Mit Treue und Kraft! Alles vor dem Angesichte und im Namen Gottes! Bezeichne jeden deiner Tage — — Ach! Du weissest und weissest nicht, wie wenige ihrer sind, bezeichne jeglichen deiner Tage mit einer That, die des Frommen, des Gerechten würdig ist; — Sey gerecht vor den Augen der Welt, und gerecht vor den Augen deines Gottes! — Rede nie wider die Wahrheit! Sprich nie anders als du denkest und empfindest! Handle immer nach deiner wohlgeprüften Ueberzeugung! Fürchte dich nie, das Gute zu thun! Sey immer stark auch in der Gegenwart des Bösen dem Bösen zu widerstehen! — Folge der Wahrheit und nicht der Versuchung! Gehorche der Stimme Gottes und nicht der Stimme der Leidenschaft! Sey, wie dein Gott, wahrhaft und aufrichtig in allen deinen Werken! — Und dann rechne sicher darauf: — Dein Gedächtniß wird im Seegen bleiben. Dein blosser Namen nach deinem Tode wird oft Veranlassung zum Guten seyn; Wird manches Böse zurückhalten; Manchen Schwachen stärken; Manchem Beyspiel, Vorlicht und kräftige Ermunterung seyn. =

Siehe! O Mensch voll Gerechtigkeit und Güte! — Voll Gottes und Menschenliebe! — Mit Einem Worte — Christ! — O Christ! Du schliessest dein Aug, das sich oft

M nach

nach dem Verlassnen und Elenden umsah — das so manche Zähre brüderlichen Mitleids vergoß; — Siehe! Deine Lippen erblassen einst, und öffnen sich nicht mehr, die freundlichen Lippen, voll sanfter Weisheit und Freude — die so oft, zum Rathe dem Rathlosen, zum Troste dem Trostlosen, zur Warnung dem Warnungsbedürftigen, zur Stärkung dem Schwachen — so oft sich öffneten zur Anbetung und Lobpreisung deines Schöpfers und Erlösers; Zur Fürbitte für deine leidende Nebengeschöpfe; Zum Seegen und zur Belehrung deiner Freunde und Bekannten. — Siehe! Deine Hände sind erstarret, und drücken nicht mehr die zärtliche Hand des Geliebten; — Füllen sich nicht mehr mit dem ersparten Allmosen redlicher Liebe; — Strecken sich nicht mehr nach dem Irrenden und Blinden. Man sieht dich nicht mehr unter den Sterblichen wandeln. Der Stuhl, auf dem du saßest, steht unbesessen in der Ecke eines einsamen Zimmers — oder ihn nimmt ein Anderer in Besitz. — — Die Armuth und die Freundschaft geht nicht mehr mit Hoffnung über die Schwelle deines Hauses hinein, und hinaus mit Freude und seegnender Dankbarkeit; Du scheinst nicht mehr vorhanden zu seyn, nicht mehr wirken zu können; Deine Gegenwart ist aus unsern Augen verschwunden; Aber nicht dein Gedächtniß; Nicht das Andenken an deine Frömmigkeit und Tugend; Aber nicht der fortwirkende Seegen deines Daseyns. — Siehe! So oft noch wird deiner unter uns gedacht, und nie ohne freudige Wehmuth, nie ohne Rührung, nie ohne Seegen gedacht. — Siehe! Nach Wochen, Monaten, Jahren, wird

noch

noch von dir erzählt. — Dachte die fromme Frau in der Evangelischen Geschichte, da sie mit gutem Herzen, unserm Herrn die letzte Ehre erwies, und Ihn durch eine kostbare Salbung gleichsam zu seinem Begräbniß einweyhte und vorbereitete; Dachte sie wohl, daß, wo hernach das Evangelium von Jesu in der ganzen Welt geprediget würde, auch das, was sie that, zu ihrem Gedächtniß erzählt werden würde — daß sie dadurch in aller Welt, durch so manche Jahrhunderte herab, Gutes wirken und veranlassen würde? —

O, es ist unbeschreiblich, Meine Theureste! Es ist unglaublich, wie weit eine gute That, ein gutes Beyspiel, ein guter Mensch auch noch nach seinem Hinscheid aus der Welt wirken, wie viele tausend gute Entschliessungen, Gesinnungen, Handlungen er veranlassen, wie viele tausend schlimme er hindern und weglenken kann! — O! so oft höhrt man eine gute redliche Seele sagen. „O! Ich „will es mein Lebtag nie vergessen, was mein frommer „Vater, was meine seelige Mutter, was dieser, jener „Freund, Lehrer, Regent, bey dieser, jener Gelegenheit „zu thun pflegte; — Dieß, jenes Wort hab ich mir wohl „in mein Gedächtniß und in mein Herz aufgefaßt... Es „kommt mir allemahl wieder in Sinn, wenn ich dieses „oder jenes zu thun oder zu unterlassen in Versuchung ge-„rathe; Wenn ich nur seinen Namen nennen höhre, ist „mir: Er stehe noch leibhaftig vor mir, und gebe mir die- „se oder jene Erinnerung. — Noch sehe ich, Als wenn's

"erst gestern wäre, wie er so geduldig, so liebreich die
"Klage der Wittwe und der Wayse anhörte: — Wie er
"diesem oder jenem Schuldner so freundlich zuredete; So
"sanft heiter ihm Muth einflößte; Mit so stiller, geräusch-
"loser Bescheidenheit, ihm seine Schuld, oder einen Theil
"derselben entließ; Wie er den nachläßigen Hausvater mit
"Weisheit und Ernst bestrafte — und seiner unschuldig ar-
"men Familie heimlich das Nöthigste nach seinem beßten
"Vermögen, zukommen ließ; Wie er sich Heute dieß, Mor-
"gen jenes Vergnügen versagte, um mit mehr Fleiß und
"Treue seinem Berufe obzuliegen; Um einige Gulden für
"eine arme Haushaltung, für einen verlassenen Kran-
"ken zu ersparen; Um sich in Enthaltung und Verläug-
"nung seiner selbst zu üben.

"In dem Fälle handelte er so, so in dem; So wich er der
"Versuchung aus; So widerstand' er der unausweichlichen
"Versuchung. — So war seine Hausordnung... So sei-
"ne Tafel; So seine Kleidung; So das Maaß und Ver-
"hältniß seiner Arbeit, seiner Ruhe, seiner Ergötzlichkeit. —
"So verrichtete er seine Andacht; So besuchte er die öf-
"fentlichen Erbauungsstunden; So brächte er seine Sonn-
"tage zu; So feyerte er Fest und Communiontage....
"So lebte er; So wirkte er; So schaffte er; So betrug
"er sich in Widerwärtigkeiten; So bey Ungerechtigkeiten
"und Verläumdungen, die er erdulden mußte; So ward
"er beleidigt und gekränkt; So vergab' er... So vergalt
"er Böses mit Gutem, — Niederträchtigkeit mit Groß-
"muth,

„muth, Haß mit Liebe. — So betrug er sich in gesunden „und kranken Tagen; So auf seinem Sterbebette; — Das „war seine letzte That, sein letztes Wort, sein letztes Ge„bebt... So starb' er; — So sah ich ihn todt auf sei„nem Bette oder in seinem Sarge liegen."

Wie oft, Geliebte! können wir diese Sprache hören, — sie hören mehr und minder bey dem Tod eines jeden gerechten, frommen, guten Menschen? — Und wenn wir sie hören, diese Sprache, wenn wir sie selber führen, ist sie ohne Wirkung? Ohne Seegen? Veranlaßt und erweckt sie nichts Gutes? Muntert sie nicht auf? Macht sie uns nicht Muth, auch mit Ernst und Kraft an unsrer Besserung und Vervollkommnung zu arbeiten? Mehr an unsere Pflichten, und unsern Beruf zu gedenken?

O! Das Andenken an einen Guten, der vor uns lebte, vor uns in die ewige unsichtbare Welt übergieng, stille Vergegenwärtigung seiner edeln Gesinnungen und seiner schönen Thaten: Bey wem, als einem durchaus verborbenen Herzen wird es Frucht und Seegenlos seyn können?

O! Wenn wir uns mehr Zeit nähmen, solchen Menschen nachzudenken, uns in ihre Umstände hineinzusetzen, uns mit ihnen, und sie mit uns zu vergleichen! Unsere Trägheit im Guten, unsre Unentschlossenheit, unsern Wankelmuth, unsere Untheilnehmung und Blödigkeit, unsere mancherley eigensüchtige Nebenabsichten — Wie unerträglich, wie

[...] wie unserer [...] würde sie uns vorkommen
müssen? [...]
[...]

O! Laßt uns aufsehen, Meine Theureste, auf die mancherley grossen Vorbilden, deren Gedächtniß uns besonders in
den heiligen Schriften der Propheten und Apostel Gottes,
zum Seegen hinterlassen ist! Was uns zum Seegen gegeben ist, müsse jedem von uns wirklich zum Seegen werden — Müsse uns erwecken, so fromm, so gerecht, vor Gott
und Menschen, so unsträflich zu wandeln, daß auch unser Gedächtniß unsern Nachkommen zum Seegen werde!

[...]

Das Gedächtniß des Gerechten bleibt im Seegen. . . .

Wer zählt, Meine Theureste, alles das Gute, allen den
Seegen, den ein Gerechter, ein Frommer, der Erde zurückläßt? . . . O — vielmahl grössern Seegen, als er
durch sein Leben, seine Gegenwart selbst um sich her zu
verbreiten, im Stande war! — Ihr kennt die Menschen,
die schwachen, Leidenschaftvollen Menschen! Ihr wißt, gute redliche Seelen! — O so oft hindert die Bosheit, so
oft die Schwachheit anderer, so oft der heimlich untergra-
bende Neid, so oft irgend eine andere Lichtlose Absicht und
Leidenschaft derer, die mit und neben uns leben, unsere
gute redliche Wirksamkeit! — Wir wollen diesen Weg der
Wahrheit gehen, und wir stossen auf eine undurchdringli-
che Mauer — Jenen Weg des Rechtes betreten, und wir
finden ihn gleichsam mit Gesträuch und Dornen verwach-
sen; —

sen; — Oft selbst die, die öffentlich Grundsätze der Tugend vertheidigen und verbreiten, von denen man sich zu jedem guten Unternehmen die meiste Hülfe und Unterstützung versprach, scheinen gehemmt, oder hemmen uns; Sind gebunden, oder binden uns; Wir bringen nicht durch, wir müssen uns müd und seufzend niedersetzen, und mit Wehmuth klagen. „Wir richten nichts aus!" Oder Wenn wir auf einen gewissen Punkt durchdringen? Wenn wir etwa einmahl unsern guten Zwecken ziemlich nahe gekommen sind; Wie oft, wie oft werden unsere besten Absichten mißkannt! Wie oft unrichtig und boshaft beurtheilt! Wie oft durch die schändlichsten Argwöhne vergiftet! — — Aber, sobald wir den Schauplatz der Erde verlassen; Sobald wir Niemandem mehr im Weg stehen, keinem Lebenden mehr durch unsere allmähe Gegenwart drücken, oder, indem wir unsern Kreis zu erweitern, den seinigen zu verengern scheinen: — So verschwindet all dieser giftige Nebel, womit uns Neid und Schwachheit zu umwölken suchten; — Man siehet Alles in einem bessern Lichte; Man darf unser Gutes mehr hervor ziehen; Man spricht weniger von unsern Fehlern; Man zitirt uns mehr, beruft sich mehr auf uns, hebt manches unsrer Worte auf, das auf die Erde gefallen zu seyn schien; Man steht uns gleichsam auf die Schulter. — O! der gute, rechtschaffene, fromme Mann — Er darf nur abtreten; Man fühlt sogleich, daß er nicht umsonst da gewesen ist; Kaum schließt er die Augen, so wird sein Gedächtniß zum Seegen. —

Und was, auf Erden, Meine Theureste! Was kann einem guten, edeln Menschen mehr Freude machen, als der Gedanke und die Ueberzeugung: „Wenn ich den lezten Odem „meines Lebens verhaucht habe... Wenn ich mit den „Zeugen meines Lebens und Todes umringt, in meinem „Sarge liege; Wenn ich keinen Laut mehr vernehme von „der Stimme meiner Hinterlassenen; — Wenn meine Ei„telkeit nicht mehr beleidigt, nicht mehr geschmeichelt wer„den kann... So wird, so kann kein gutdenkender, ge„rechter Sterblicher froh seyn, daß ich von dem Schau„platz der sichtbaren Welt abgetreten bin; Es soll wenig„stens keiner, auch nur in der Tiefe seines Herzens, bey „der Nachricht von meinem Tode oder bey dem Anblick mei„nes erblaßten Körpers, oder bey dem Begleite meines „Sarges sagen können: Gottlob — der harten, bösen, „drückenden, falschen, müßigen, ungerechten, eigennützi„gen, leichtsinnigen Menschen auch wieder Einer weniger; „— — Keinem, nicht Einem, wird und kann in den Sinn „kommen, Gott zu danken, daß er die Welt, daß er mein „Vaterland, daß er eine Familie, eine Gesellschaft, von „einem überlästigen Menschen erlöset, und irgend einem „bedrängten Guten durch meinen Tod Luft gemacht ha„be."

O Christ! Ist es deiner Wünsche nicht werth — daß du mit der Ueberzeugung aus der Welt gehest: — Es ist unmöglich, daß auch nur mit dem mindesten Scheine von Recht ein Einziger Sterblicher sage: „Der that mir „auch

„auch einmahl Unrecht; Der fuhr mich auch einmahl un-
„verdient hart an, ohne daß er's bereute, zurücknahm,
„ergütete; — Der log mir einmahl, und gab mir gute,
„glatte Worte, da er doch Böses wider mich im Sinn
„hatte; — Der hatte einmahl mit Bosheit und Freude eine
„böse Verläumdung wider mich ausgebreitet... Der über-
„listete mich einmahl in einer vertraulichen Stunde...."
Es ist unmöglich, wenn ich in meinem Sarge liege, wenn
mein Gebein unter die Erde versenkt wird, wenn die, so meine
Leiche begleiten, wieder auseinander gehen, und in ihre Häuser, oder ihre Gesellschaften sich vertheilen; — Es muß Jedem,
der mich kannte, oder je etwas mit mir zu schaffen hatte, unmöglich seyn, mir irgend ein vorsetzliches Verbrechen nachzu-
reden. Aber möglich, aber natürlich muß es seyn, daß
Thränen der wehmüthigen Liebe und der Gottpreisenden
Zärtlichkeit ihre Wangen befeuchten; — Daß dankbare
Hände meine gefaltete kalte Hände berühren; — Daß meine Mitbürger, meine Nachbarn, meine Bekannte...
mit ängstlicher Unruhe, wenn sie von meiner Krankheit etwas erfahren, nach meinem Befinden sich erkundigen; Daß
sie das Urtheil der Aerzte, und die Antwort der Umstehen-
den kaum erwarten dürfen; Daß sie's nicht glauben können
und wollen, wenn man ihnen alle Hoffnung der Wiederge-
nesung benimmt; Daß die Nachricht von meinem Tode
gleichsam ein Donnerschlag auf ihr Herz ist; Daß sie einander in Häusern oder auf den Strassen mit stummen und
doch beredten Blicken, mit fliessenden oder zurückgehaltenen

Trähnen begegnen; Daß Einer den Andern, ohne ein Wort zu sagen, und zu hören, versteht; Daß Freunde mit matten trüben Blicken einander zurufen: — "Und es war nicht "möglich, ihn auf die Erde zurück zu behten! — Unsere Freu-"nde, unsere Stütze, unser Beyspiel ist dahin!" —

O Meine Theureste! So auf dieser Welt leben, daß diese Sprache uns wenigstens ganz natürlich seyn dürfte, in unserm Munde nicht lächerlich und abgeschmackt klänge; — Mit solchen Hoffnungen und Außsichten aus der Welt gehen: — "Du bist nach dem Tode noch Seegen der Men-"schen, wie du's in deinem Leben warst; Du wirkest nach "deinem Abschiede noch mehr Gutes, als deine Gegen-"wart wirken konnte. Dann wird jedes deiner guten "Worte mehr aufgefaßt; Dann wird dein Beyspiel, ohne "zu beleidigen, noch manchen gewinnen und fortreißen. "Dann wird es oft heissen: Wenn der noch lebte, was wür-"de er dazu sagen? — Ich will thun, wie er that; — "Das hätt' ich bey seinem Leben nicht gethan; Auch itzt "will ich's nicht thun." —

O Christen! Wer kann das für etwas geringes halten? Wer wird nicht wünschen, nicht arbeiten, nicht gut seyn, daß sein Gedächtniß also im Seegen bleibe!

III.

Aber, wenn jedes Frommen, jedes Gerechten, Gedächtniß im Seegen bleibet; Wenn jeder eine grössere oder kleinere

Nachkom-

Nachkommenschaft zurück läßt, deren auch sein bloßes Andenken nützlich und erwecklich ist. — Wessen Gedächtniß wird denn wohl bleibender, wessen Andenken gesegneter seyn, als das Andenken dessen, der unter allen Sterblichen, die je die Erde betraten und verliessen, der Frömmste, Gerechteste, Reinste war? Licht der Tugend, Sonne der Gerechtigkeit, ganz gut, ganz gerecht, unbefleckt, unsträflich; — Der nie keine Sünde begieng, in dessen Mund nie keine Falschheit, nie kein Hauch des Betruges war. — Dessen ganzes Leben eine ununterbrochene Frömmigkeit, dessen einziges Geschäfft, und dessen inniggste, süsseste Freude es war, allen Willen seines Gottes und Vaters zu thun und zu leiden. — Der sich für Alle aufopferte, Allen sich unterwarf, und bis zum Tode, ja bis zum Tode des Kreuzes gehorsam ward!

Wie wird Der seinen Hinterlaßnen, wie Der den Seinigen allen, wie Der, allen künftigen Menschengeschlechtern theuer und unvergeßlich seyn müssen? Wie wird dessen Andenken, und Er selbst, den spätesten Nachkommen zum Seegen werden?

Und siehe! Er ward's!

Wie seine Gerechtigkeit, so sein Lohn! Wie seine Frömmigkeit, so der Seegen seines Gedächtnisses! — Unbeschreiblich und unüberdenklich war der Seegen seines Lebens auf Erden für seine Jünger und seine Zeitgenossen; — Aber noch

noch tausendmahl unbeschreiblicher und unüberdenklicher der Seegen seines Andenkens nach seinem Tode, und seinem Hingange zum Vater. — Erst durch seinen Tod ward Er lebendig und wirksam in Millionen Herzen.

"Siehe, die Hölle tobte, und die Feinde der Wahrheit und Tugend stampften wider Ihn, den Einzig Gerechten, den Einzig Unsträflichen, — die lebendige Wahrheit Gottes! — — Sie ruhten nicht, bis Er, zum Abscheu Aller, an dem Kreuzesbalken hieng, und alle Schmach aller Missethäter auf Ihm zu ruhen schien. Sie wollten sein Gedächtniß austilgen von der Erde — und seines Namens sollte nicht mehr, sollte wenigstens nie ohne Spott und Fluch gedacht werden! Wie ward Er unter das Allerniedrigste erniedrigt! — Und siehe! Siehe! Wie hat Ihn Gott über alle maßen erhöhet! Wie mit Ehre und Majestät bekleidet! Ihm, wie einen Namen gegeben über alle Namen! Majestät über alle Majestät! Daß vor seinem erhabenen Namen, — seiner unüberdenklichen Majestät sich beugen sollen, und beugen alle Kniee im Himmel, und auf Erden, und unter der Erden! —

Welcher Mensch hat gethan und gelitten, wie Er? — Und wer ist hervorgezogen, und geehrt, und aller Welt zum Seegen gemacht worden, wie Er? Wessen Gedächtniß wird so gefeyert, wie das Seinige? Wer ist mehr Beyspiel und Beweis der ermunternden Wahrheit: Das Gedächtniß des Gerechten bleibet im Seegen!

O du,

des Gerechten.

O du, hier vor unsern Augen bereiteter Tisch! — Herrliches und einfältiges Pfand der Göttlichen Erbarmung, und der Sünderversöhnenden Liebe des Vaters und Sohnes! Durch Jahrhunderte herab der Gläubigen Trost und Labsal! Welch ein Siegel bist auch du der grossen Trostvollen Wahrheit:

Das Gedächtniß des Gerechten bleibet im Seegen.

Wer — unter allen Sterblichen, wer will nun Jesu Christi Geschlecht und Nachkömmlingschaft erzählen? Wer ausrechnen die Zahl seiner Jünger und Verehrer durch siebenzehn Jahrhunderte herab, und in allen Gegenden der weiten Welt? — Welcher verständige Sterbliche auf Erden, welcher unsterbliche weiseste Geist im Himmel übersehen wird und überdenken können allen Seegen seines Gedächtnisses! Alle Tugenden, alle Kräften, alle Freuden, alle neue Leben und Seeligkeiten, die Er der Erde zurück ließ; Die aus Ihm, und dem Andenken an Ihn, und dem Glauben an seine Liebe entquillen? O! Nur eine stille Stunde des Andenkens an Ihn und seine Sühnen der Welt tragende Erbarmung! — O! Nur eine fromme gläubige Communion; Ein würdiges Wiedergedächtniß seiner unter allen Bitterkeiten des Todes ausharrenden Liebe — Wie viel Gutes kann und muß das in Einer Seele erwecken, kann und muß das schon in Millionen Seelen erweckt haben, und erwecken können!—

D. Men.

O Menschen von Vernunft und Empfindung! – Christen! Mögte gerad auch dieser Tag, diese Stunde, und der nächstkünftige Bußtag – dieß Andenken an unsern Herrn so erneuern, daß wir zu erkennen und zu empfinden anfiengen: Wir haben noch nie recht an Ihn gedacht!

O das Andenken an Jesum, den Beßten, den Vollkommensten – vor Dessen Tugend und Liebe doch des beßten Menschen beßte Tugend und Liebe verschwindet! – O das Andenken an Jesum – wie ist's offne, vollquillende, unerschöpfliche Quelle von Weisheit und Kraft! Von Tugend und Freude! Von Freyheit und Seeligkeit!

O Christ! O Christin! O Halbchrist und Halbchristin! Nichtchrist und Nichtchristin! Daß mit dem heutige Tage, daß gerad' in der gegenwärtigen Stunde – Jesus Christus alle deine Gedanken so beschäfftigte – deinem Herzen und deiner Empfindung so nahe käme – dir Sein Göttliches Herz sich so aufschlösse – Seine himmlische Tugend dir so einleuchtete – Seine alle Worte und Vergleichungen, übertreffende Liebe deinem Herzen so empfindbar würde, daß Seine unendliche Verdienste um das Menschengeschlecht, und hiemit auch um dich, den Gedanken an Ihn zu deinem freudigsten Gedanken, zu deiner reinsten, innigsten Wollust machten! –

O wem das Andenken des Gerechtesten aller Gerechten zum Seegen wird, – der ist der Gesegnetste unter allen Gesegneten!

Kom-

Kommet, kommet, Brüder! Kommet Schwestern, zum Abendmahl des Herrn, um dieß Andenken an Ihn in unsern Herzen neu und lebendig zu machen! — Kommet, Sehet, was Er that, und was Er litt, um Euch zum ewigen Seegen zu werden! Kommet, auf Ihn allein Eure Gedanken zu richten! — Von Ihm zu lernen, was Ihr auch von dem beßten Menschen sonst nicht lernen könnt! — Bey Ihm zu suchen und zu finden, was bey dem weisesten, beßten, glücklichsten, mächtigsten Menschen umsonst gesucht wird!

Kommet! Werft Euch vor Seiner Herrlichkeit im Himmel, und Seiner Liebe am Kreuze nieder!

Kommet, und lernet von Ihm Gott vertrauen — und in Seiner Führung kindlich sorglos ruhen! —

Kommet, und lernet von Ihm, um Gottes und der Menschen willen, leiden! Lernet von Ihm, dulden! Von Ihm lieben! Von Ihm, Gutes thun! —

Lernet in Seinem Namen und in Seiner Gegewart — Lernet, in beständigem Andenken an Ihn handeln! —

Und, Ihr lernet die weisesten, beßten, freysten, seeligsten Menschen seyn; Ihr lernet tägliches Vergnügen beym Quelle alles Vergnügens. — O Christen! Seyt Christen! — Das heißt mit andern Worten: Das Andenken an Christus werde Euch zum täglichen Seegen! — —

Wie ich von meinem Daseyn gewiß bin, bin ich gewiß, daß unter allen glücklichen Menschen der glücklichste der ist, der Geseegneteste unter allen Geseegneten der, der sich vom beständigen Andenken an Jesum Christum leiten läßt, und Gutes thut, wie Er; — Er wird, wie Er, reichlich säen, um reichlich zu ährnden; Er wird sich oft selbst sagen: „Nur Eine Zeit ist Saatzeit! — Will ich ährnden, so muß ich säen — Säen mit Freude, säen mit voller Hand. Nicht Dornen und Disteln — Freude und „Seegen! Eingedenk des grossen Vorbildes, Dessen Gedächtniß ewig aller Welt Seegen seyn soll und wird. Ein

»gedenk Seines Ihm immer vorschwebenden Grundsatzes: »Ich muß wirken, so lang es Tag ist; Es kommt »die Nacht, da niemand wirken kann.«

O Gedächtnistag des Heilbringenden Todes des Beßten aller Menschen und Gotteskinder! — Daß du, heutiger, uns in mancher Absicht so wichtiger, so erwecklicher Tag, — Daß du uns dazu vom Himmel gesendet seyn mögtest, — diesen Grundsatz jedes Gerechten und Frommen — und des Gerechtesten und Frömmsten, unserm Herzen unvergeßlich, wichtig und heilig zu machen!

O Du Liebenswürdigster aller Liebenswürdigen! O Du, Dessen Gedächtniß uns Allen im Seegen seyn soll! O Du, Dessen Andenken alles Gute in uns wirken kan! — Du Angebehteter von allen Himmeln und allen Ewigkeiten! Du, der sich für uns aufopferte! — Uns bis in den Tod liebte; für uns Alle des Sterbens bitterste Bitterkeit schmeckte! — Dessen Tod und Liebe wir uns in dieser Stunde auf's Neue vergegenwärtigen! Dem wir auf's Neue schwören — Seiner mehr zu gedenken! Mehr mit Ihm uns zu beschäfftigen! Mehr auf Seine Gebote und Winke zu horchen! — O daß wir unser Gelübd erfüllten! O daß wir mehr auf Dich sähen! — Mehr Alles andere um uns vergäßen! — O Jesus Christus! Nähere Dich unsern Herzen! Werd' uns theurer, wichtiger, heiliger, lieber! — Lehre Du uns Gutes wirken, so lang es Tag ist, für einen Jeden aus uns die Nacht kommt, da wirken kann!

O Gott! Du weissest, wann sie kommt für für einen Jeden, der mich höhrt.

O Vater unsers Lebens, und Herr unserer ke Du in Jedem von uns neue Lust an der und neue Freude in der Gottseeligkeit! was Dir wohlgefällt, durch Jesum Ch

O Jesus Christus! — O Allwissender Du weißt's, wer von uns das letztemahl hier den Namen nenne

Lokal-Predigten.

Erweckung
zu
frommen Empfindungen
bey dem
Gebrauche
des Gesundbrunnens
über
Psalm CIV. v. 10.
gehalten den 3ten Julius 1774.
im Emserbade,
im Fürstlich Nassauischen Hause.

Text:
Psalm CIV. v. 10.

Gott ists, der die Brunnen quillen läßt durch die Thäler; Sie fliessen zwischen den Bergen hin.

Die Gnade unsers Herrn Jesu Christi, die Liebe Gottes, und die Gemeinschaft des Heiligen Geistes, sey mit Euch Allen!

Meine andächtige Zuhörer!

Ich konnte keinen Augenblick anstehen, womit ich Eure Andacht in der gegenwärtige Viertelstunde unterhalten wollte. Das Erste, das Natürlichste, was mir sogleich Beyfallen mußte, war die Ursache und der Zweck unsers hiesigen gemeinschaftlichen Aufenthaltes. Wir sind Alle, oder doch wohl die mehrern aus uns — aus verschiedenen nahen und entfernten Gegenden hieher gekommen, das hier quillende Wasser zur Wiederherstellung oder Befestigung unserer Gesundheit zu gebrauchen. Was kann also schicklicher und natürlicher seyn, als daß wir einander erwecken, dieses geseegnete Wasser mit denen Empfindungen zu gebrauchen, die einem weisen und Gott kennenden Gemüthe anständig sind. —

Ich darf mir versprechen, so Wenige aus dieser ansehnlichen Versammlung ich auch zu kennen das Vergnügen habe — ich darf mir versprechen, daß Ihr diesen Erweckungen Euere Aufmerksamkeit nicht versagen werdet, und wenn Ihr sie auch allenfalls etwas mehr, als gewöhnlich anstrengen müßtet, weil sonst vielleicht meine rohe vaterländische Mundart den Meisten aus Euch unverständlich seyn dürfte. Werd' ich Euch, wie ich allerdings befürchte, nicht würdig genug unterhalten, zumahl ich mit einer mir gewissermaßen unbekannten und beynahe ganz fremden Welt rede, so werd' ich Euch wenigstens durch Weitläuftigkeit nicht ermüden. —

Du aber, Vater aller guten Gedanken! Einzige Quelle aller frohen und frommen Empfindungen! Der Du mich aus der Fehrne hieher geführt und berufen hast, auch an diesem Orte Deinen Namen öffentlich zu preisen — Gieb mir selbst in das Herz und in den Mund, was und wie ich mit dieser Versammlung reden soll, daß mein Vortrag nicht fruchtlos, und alle meine Worte Licht, Wahrheit, Geist, Kraft und Leben seyen — Erwecke mich, — und durch mich Alle, die mich hören — zum lebendigen Gefühle, und zur frohen Lobpreisung Deiner allenthalben, und besonders auch an diesem Ort ausgegoßnen Vatergüte! Verherrliche auch in dieser Stunde, durch uns, und in uns, den Namen Deines Sohnes Jesu Christi, Amen.

Abhandlung.

I.

Gott ist es also, Meine Theuresten! Der die Brunnen quillen läßt durch die Thäler — Gott, Der uns das Wasser der Gesundheit, welches wir hier gebrauchen, bereitet hat.

Das ist der erste Gedanke, der uns bey dem Gebrauche desselben beyfallen — der Gedanke, der in uns bis zur sanften warmen Empfindung lebendig werden sollte.

Geh hin, mein Zuhörer, und fülle dein Trinkglas, mit diesem kraftreichen Wasser, und schau es an — Vom Himmel hieß es Gott herabfliessen in diese Tiefe — Trink es, dieses Wasser Gottes, Der den Himmel und die Erde und das Meer und die Wasserbrunnen bereitet hat; Und freue dich der Vatergüte Dessen, der die Brunnen quillen läßt durch die Thäler, auf Dessen Geheiß sie zwischen den Bergen hinfliessen. Du hast sie nicht erschaffen die Brunnen, und deine Vorältern auch nicht, so wenig diese felsigten Berge, aus deren geheimen Schooße sie quillen, so wenig du diese mit deiner Hand aufgeführet hast! Nicht Einen Tropfen konntest du, nicht Einen konnte alle Weisheit und Kraft und Kunst des gesammten Menschengeschlechts — herausbringen! Das Gemeinste, das Alltäglichste, was gesagt werden kann, ich gestehe es — aber zugleich das seltenst Empfundene — das am wenigsten

Erkannte, werdet Ihr mir hinwiederum gern gestehen..
Wir vertrinken und vergiessen wohl ganze Ströhme allerley Wasser, einfach, und in mannigfaltigen Versetzungen und Zubereitungen, ohne daß uns vielleicht nur einziges mahl in den Sinn kommt, daß das so köstliche Wasser, das wir trinken, oder sonst gebrauchen, nicht unser Werk, nicht nicht unser Eigenthum, sondern — ein unerforschliches Werk des höchsten Verstandes, und der gränzenlosen Macht unsers himmlischen Vaters, und im eigentlichst wahresten und buchstäblichsten Sinne Sein Eigenthum sey. — O mit welch ganz andern Augen, ganz andern Empfindungen würden wir diese theure, diese unschäzbare Gottesgabe ansehen und geniessen, wenn wir uns daran gewöhnt hätten, uns dabey den so natürlichen und wahren Gedanken geläufig zu machen: „Ich trinke Gottes eigenthümliches Wasser. „Er erschuff es; Er hieß die Brunnen quillen durch die „Thäler; Er führte mich zu diesen Brunnen, oder diese „Brunnen zu mir; Er giebt's mir zu trinken! Er gönnet „mir diese Erquickung und Stärkung! Daß ich sie heute „genossen habe, und noch geniessen kann, ist Seine „Güte, und Seine Güte, wenn sie morgen und über„morgen nicht versiegen." Er eröffnet den Felsen, daß Wasser heraus fließt. Es läuft in der dürren Wüste, wie ein Fluß. Er ist's, der die durstige Seele sättiget. Und auch Er, Er allein ist's, der mit Seinem Bescheiten das Meer auftrocknet, und die Wasserflüsse zur Wüsten machen kann, daß, wie der Prophet redet, die Fische aus Mangel des Wassers

faulen,

bey dem Gebrauche des Gesundbrunnens.

faulen, und vor Durst sterben. Jes. L. v. 2. Er allein ists, der in jedem Sinne, und mit allbedeutender Wahrheit sagen kann: Wen dürstet, der komme zu Mir, und trinke! Wie viel besser, meine Theureste, würde uns zu Muth seyn, wie viel froher, wie gewiß doppelt und vierfach würden wir jeden Tropfen des gemeinsten Wassers, geschweige eines so kraftvollen Gesundbrunnens genießen, wenn dabey solchen natürlichen Betrachtung en in unserm Gemüthe Raum gegeben würde!

Waren uns also etwa, meine Theuresten, solche Gedanken und Betrachtungen fremde; — Dachten wir bey dem Genusse solcher Wohlthaten mehr bloß an das Vergnügen, oder an den Vortheil, die sie uns gewährten, als an den einzigen unsichtbaren Urheber derselben? — Mehr an den kleinen abfließenden Tropfen als an die erhabene, ewig erquickende unerschöpfliche Quelle? — Oder dachten wir gar nichts dabey? — So wollen wir uns nun unserer bisherigen Unachtsamkeit und Gedankenlosigkeit herzlich schämen, und uns durch diese weise und heilsame Schaam erwecken lassen — Gottes Gaben als Gottes Gaben, und die in die Natur gelegten Kräfte — zu gebrauchen, mit Vernunft und Empfindung, wie es vernünftigen und empfindenden Geschöpfen anständig ist. Nicht ängstlich zwingen wollen wir uns zu diesen so vernünftigen Ueberlegungen. Sie sollen uns auffallend seyn; Sie sollen uns natürlich werden. Wir wollen den Gott, der allenthalben ist, allenthalben suchen, und allenthalben werden

Erweckung zu frommen Empfindungen

wir Ihn finden. Wir wollen Ihn von nichts in der Welt ausschliessen, es mag uns groß oder klein, erhaben oder nichtig, vorkommen. Sein ewiger Geist ist in allen Dingen, und der gemeinste Wassertropfen würde das nicht seyn, was er ist, wenn nicht Dessen Kraft drinnen wäre, Der alle Dinge trägt mit seinem kräftigen Worte, Der da ist über Alle, in Allen, durch Alle.

II.

Aber, ferner, Meine Theuresten, wenn denn nun die Brunnen, welche unser guter Gott und Vater zwischen diesen Bergen quillen läßt, bewährte Gesundbrunnen sind; Wenn da, seit vielen Jahren her, so manche unserer Brüder und Schwestern ihre verlohrne Gesundheit und Kräfte wieder gefunden haben; Wenn so manche schwach hergekommen, und voll Kraft und Stärke wiederum von hier weggegangen sind — oder doch nachher die Seegensvolle Kraft des gebrauchten Wassers an sich selbst erfahren haben — — Wenn so mancher seiner Gattin oder seinen Kindern unentbehrliche Mann und Vater hier mit neuer Lebenskraft seinen halb ausgezehrten Körper füllen konnte — Wenn so viele gichterische Personen hier den freyern und Schmerzenlosen Gebrauch ihrer Glieder wieder fanden — Wenn kein Geschlecht, kein Alter, keine Art von Menschen ist, die Gott hier nicht — wenigstens etwas von neuen Kräften, und freyerm Leben finden und sammlen ließ — Saget, Meine Theuresten, mit welchen Empfindungen sollen wir uns dann dem Gebrauche dieses ge-

seegneten

seegneten Waſſers nähern? Und welche von demſelben wegnehmen, und mit uns in unſern Herzen nach Hauſe tragen? — Welche werden natürlicher ſeyn, als Empfindungen des Glaubens; der frohen Zuverſicht bey dem Genuß — und nach dem geſeegneten Genuß Empfindungen
der lebhafteſten und kindlichſten Dankbarkeit? Ich ſage
erſtlich — des Glaubens und der Zuverſicht. Zwey Dinge, Meine Theureſten, liegen zum Grunde bey allen unſern Handlungen und Unternehmungen — Bedürfnis, einge-
bildetes oder wirkliches — und Glauben oder Zutrauen,
daß etwas dieſem Bedürfniß abhelfen werde. Je ſtärker
nun das Gefühl des Bedürfniſſes — je feſter und gegrün-
deter der Glaube iſt, daß dieß oder jenes unſer Bedürfnis
befriedigen könne und werde, deſto mächtiger iſt unſer Be-
ſtreben darnach; Deſto wirkſamer unſere ganze Seele; Deſto ſchneller dem Ziele nahe zu kommen; Deſto ſicherer
es zu erreichen.

Die meiſten von uns, die zu dieſem Brunnen gekommen,
hatten dieſe oder jene Bedürfniſſe, Beſchwehrden oder Gebrechen; Gebrechen, die Andere vor uns an dieſem Orte
gleichſam zurückgelaſſen haben — die Gott ihnen hier,
vermittelſt dieſes ſeines Waſſers abgenommen hat. — Laß
dir das Muth machen, lieber Mitgenieſſer dieſes geſeegneten Brunnens! Noch hat ihm Gott ſeine Heilkraft nicht
entzogen! Noch ſteht eben derſelbe Gott hier, der ſo manche vor dir aus dieſer Quelle neues Leben ſchöpfen ließ!
— Fühlſt du die Laſt deiner Beſchwehrden — Bleibe nicht
traurig

traurig und Trostlos bey diesem Gefühle stehen! Sey gutes Muthes! Glaube, hier hat Gott Hülfe für dich bereitet, wie dort in Bethesda! Trinke das Wasser in dem Namen des Herrn, als Wasser Gottes, als Wasser voll von Gott drein geflößter Lebenskraft — Trink' es mit Glauben, und wasche deinen Körper darin mit froher Zuversicht, nach der Vorschrift des weisen und gewissenhaften Arztes, und es wird dir zum Seegen werden. Selbst die wunderthätigste, die unmittelbarste Kraft Gottes in Jesu Christo erforderte auf Seiten dessen, an dem sie sich auf eine heilsame Weise äussern sollte, Glaube, Zutrauen, einen frohen Muth. Dadurch erleichtern sich uns doch im täglichen Leben alle unsere Handlungen und Unternehmungen, von welcher Art sie immer seyn mögen — Dadurch wurde von jeher der bedürftige Mensch, worin sein Bedürfnis immer bestehen mochte, der Göttlichen Gnade und Lebenskraft empfänglich — Durch Unglauben hingegen, durch Mißtrauen und Muthlosigkeit verschließt der Mensch, so wie sein Herz, nicht minder auch seinen Körper, den wohlthätigen Einflüssen Dessen, der alle Dinge durch Jesum Christum lebendig macht. — Allemahl half Jesus, wo Er Glauben fand — wenn sonst auch alles andere Verdienst fehlte. Nur da war Er gehemmt, nur da konnte die Gottheit selbst nicht wirken, sich nicht mittheilen, nicht in ihrer belebenden Kraft genossen werden, wo Unglaube, Zweifeley, und Mißtrauen sich des Herzens bemächtigt hatten. Glaube und Zutrauen ist die Seele der Religion, und die Seele aller übrigen menschlichen Handlungen. Wo

Weisheit

Weisheit und Verdienst nicht hinreichen, da dringt der Glaube durch, da triumphirt ein fester Muth. Möge dieß Wort Funken des Glaubens Euren Herzen entschlagen! Und möchten diese Funken zu Flammen werden, die nimmer verlöschen!

III.

Aber dann, Mein Zuhörer, wenn dir Gott gab, was dein Herz verlangte; Wenn dir geschahe, wie du geglaubt hattest; — Wenn deine Beschwehrden sich vermindert und deine Kräfte sich merklich vermehrt haben; Wenn du mit neuem Leben, mit freyerm und leichterm Gebrauche deiner Glieder zu deinen Berufsgeschäfften zurückkehren, und in dem Schooße deiner Familie oder deines Hauses die unschuldigen Freuden des häuslichen Lebens mit neuer Munterkeit genießen kannst; O dann vergiß auch des Gottes nicht, Der dich hin- und herführte — Verschließ dein Herz nicht den so natürlichen Empfindungen einer frohen und kindlichen Dankbarkeit. — —

Lobe den Herrn, liebe christliche Seele, und Alles, was in dir ist, lobe Seinen heiligen Namen! Ja, lobe den Herrn, theure Seele, und vergiß keiner Seiner hier genossenen Gutthaten! Er war's, der alle deine Schwachheiten heilte, der dein Leben vom Verderben erlöste, der dich krönte mit Gnade und Barmherzigkeit! Er ist's, der deinen Mund mit Gutem sättigt, und deine Jugend erneuert, wie eines Adlers.

Wer Lob und Dank opfert, der ehret Ihn. . . .
Zwahr Er, der Hocherhabene über Alles, was auf Erden,
und was in dem Himmel ist, bedarf nicht, daß Ihm von
Menschen-Händen gedienet, oder von Menschen-Zungen
gedanket werde; — Aber deßwegen fordert Er uns zur
Dankbarkeit auf, weil frohes Andenken an Seine uns be-
wiesene Güte, weil neue Vergegenwärtigung seiner Wohlthaten uns froh und zufrieden, uns auf Seine uns von allen Seiten umringende Güte aufmerksam, uns zum weitern, freyern Genusse Seiner Wohlthaten, mit denen Er
uns täglich reicher gleichsam überströhmen möchte, tüchtig
macht. — —

Und weil Undankbarkeit unter allen unnatürlichen Gesinnungen, wodurch sich der Mensch unter seine Würde erniedriget, die unnatürlichste ist — eine Gesinnung, wodurch
Alles ausgelöscht wird, was den Menschen zum Menschen
macht.

IV.

Endlich, Meine theuresten Zuhöhrer — möcht' ich Euch
noch bey dieser natürlichen, und mir so erwünschten Gelegenheit, Empfindungen edler, mitleidiger, wohlthätiger
Menschenliebe in Euren Herzen mit wenigen Wörtern erwecken.

Es sind noch Brüder und Schwestern hier in diesem Lande — Ihr befremdet Euch doch nicht, wenn ich diese eint-
bey,

den, armen, schlecht bekleideten Geschöpfe, Eure Brüder und Schwestern nenne? — Sie sind es, Meine Theuresten, so gewiß Ihr's unter einander seyt, die Ihr Euch herrlich und manichfaltig kleiden könnt, und kleidet! — Kinder unsers einzigen, allgemeinen Vaters sind sie, so gewiß eben die einzige Sonne, die Eure Diamanten schimmern macht, auch die Lumpen bescheint, die sie ihre Kleider nennen; — Brüder und Schwestern sind allso noch hier, die nicht, wie wir, in bequehmen Wagen hergekommen sind, um den Brunnen zu geniessen, den Gott auch für sie, hier zwischen Bergen quillen ließ; Ach, jämmerlich und mühsam mußten sie sich hieher schleppen. Brüder und Schwestern sind hier, denen von zehen Bequehmlichkeiten und Vergnügungen, aus denen wir nach Belieben nur wählen dürfen, vielleicht keine einzige zu Theil wird; Die froh wären, wenn sie sättigen dürften, was von unsern wohlbedeckten Tischen abgetragen wird. — Brüder und Schwestern! Ach! Höhret mich, daß Gott auch Euch höhre! — Brüder und Schwestern sind hier, die Der Seine Geschwister nennt, Den alle Engel Gottes anbehten. — Siehe, einmahl schon gieng Er, der Gott gleich war, in der Gestalt der knechtischen Armuth auf dieser Erde herum, und entfernte sich nicht von den Baabhäusern, wo die vergesne Aemuth, und das unheilbare Elend nach Trost und Hülfe schmachtete — Siehe, zum andermmahl kommt Er, Er, der mit dem Licht, als mit einem Kleide bekleidet ist, in diesen armen, verachteten Gestalten — zu uns in diese — Baadhäuser, und nähert sich

gleich-

gleichsam mit furchtsamen Schritten unsern Herzen — und bittet uns, weniger mit Worten, als mit dem viel beredtern Blicke des sichtbaren Elends und der unverberglichen Dürftigkeit um etwas, wodurch ihr Aufenthalt in dieser Gegend ihnen erträglich, leicht und angenehm gemacht werden kann. — Sollte diese Bitte umsonst seyn? — Nein, gewiß wird sie es nicht seyn! — Oder nicht wahr, Meine Theuresten? Lasset mich mit der Freymüthigkeit eines Bruders mit Euch reden! Nicht wahr, wenn ich ein Almosen für mich von Euch fordern würde, Ihr würdet mir's nicht versagen? Nun fordere ich zwahr keines für mich, aber vor Gott bezeug' ich, wenn Ihr das, was Ihr mir, wofern ich arm wäre, geben würdet, diesen Armen gäbet, ich will Euch herzlicher danken, als wenn Ihr's mir für mich gäbet. — Nicht ich fordere es, sondern Der fordert es, der uns die Versicherung hinterlassen hat: Geben ist seeliger, als Empfangen — Seelig sind die Barmherzigen, denn sie werden Barmherzigkeit erlangen. — Was Ihr Meinen geringsten Brüdern gethan habet, das habet Ihr Mir gethan. — Der fordert, der gesagt hat: Wer einem Meiner Jünger auch nur Einen Trunk kalten Wassers in Meinem Namen zu trinken geben wird, wahrlich, der wird seinen Lohn nicht verlieren. Wer Ohren hat zu höhren, der höhre! Amen.

Predigt
bey der
Einweyhung
des
Philanthropins
zu
Marschlins in Bündten.

Ueber
Sprüchwörter Salomons III. 1—7.

Gesang vor der Predigt.

Jehovah! Allerheiligster!
Jehovah! Allergütigster!
Hier stehen Deine Kinder
Und behten an. Vernimm ihr Fleh'n!
Auf Jesum Christum wollst Du seh'n,
Und nicht auf sie, als Sünder.

Gieb Andacht umb Gelehrigkeit!
Entreiß das Herz der Eitelkeit,
Den Sorgen dieser Erden.
Laß diese Stunde unsern Geist,
Durch Wahrheit, die vom Himmel fleußt,
Erquickt, gestärket werden.

Die Stelle der heiligen Schrift, wodurch ich Euch an diesem feyerlichen Tage — Tugend und Religion empfehlen mögte, stehet in den Sprüchen Salomonis dem III. Kapitel, und lautet aus den ersten Versen also:

Mein Sohn! Vergiß Meines Gesetzes nicht, und dein Herz behalte Meine Gebote; Denn sie werden dir die Tage und Jahre deines Lebens verlängern, und werden dir den Frieden herzubringen. Laß

Predigt bey der Einweyhung

Freundlichkeit und Treue nimmer von dir weichen! Hänge sie an deinen Hals! Schreibe sie auf die Tafel deines Herzens; Denn also wirst du angenehm seyn und wohlverständig vor Gott und den Menschen. Vertrau auf den Herrn von deinem ganzen Herzen! Auf deinen Verstand aber verlaß dich nicht! Sieh' in allen deinen Wegen auf Ihn; Denn Er wird deinen Gang richten. Halte dich nicht selber für weise, sondern fürchte den Herrn, und weiche von dem Bösen!!

Gesegnet sey mir von dem ewigen Vater alles Seegens dieser Tag, und gesegnet auch noch besonders die gegenwärtige Stunde!.. Gott! Du bereitest mir der Freuden viel auf Erden; Ueberraschest mich, o wie oft mit unerwarteten Seegnungen; Leitest meine Schritte — durch Leiden und Freuden — von Freude zu Freude. Kein Tag meines Lebens, nicht Einer geht ohne auffallende Spuhren Deines erfreuenden Seegens vorbey. Ich werde mich jeden Tag meines Lebens, meines Daseyns inniger freuen — Denn jeden Tag meines Lebens begegnet mir, himmlischer Vater, Deine Vatergüte in neuer Herrlichkeit. Erstaunt und mit Freudenthränen beht' ich Dich an, oder vielmehr, sollte Dich anbehten, wo ich bin; Denn wo ich bin, umgiebt mich Deine Huld und Dein seegnendes Wohlwollen. Ja — himmlischer Vater — auch hier — Wie wenig konnt' ich mir dieß Vergnügen träumen lassen? Auch hier beht' ich Dich an für die Freuden, die

Du

des Philanthropins zu Marschlins.

Du mir heute gönnest! Bebte Dich an, und preise Deinen Namen, allwaltender Regierer der Welt! Vater Jesu Christi, Der Du durch Jesum Christum, und Seine erleuchtende und Herzerhebende Religion, so unendlich viel Gutes, besonders auch in unserm Vaterlande, wirkest. Ich bebte Dich an, und preise Deinen Namen für die gute und gemeinnützige Anstalt, die hier, unter dem Einflusse Deines väterlichen Seegens, neu aufzublühen anfängt! Ewiger Wohlthäter Licht= und Gnadenbedürftiger Menschen!.. Mit Ehrfurcht und Freude nenn' ich Deinen Namen! Denn ich weiß, wie Du liebest; Denn ich erfahre, wie Du wohlthust und seegnest! Auch für diese mir so wichtige Stunde hoff' ich Licht und Kraft! Gieb mir Worte voll Weisheit und Gnade in meinen Mund! Empfindung Deiner erfreuenden Nähe in mein Herz! Dein ist diese Stunde, Vater der Ewigkeit! Dein der Zuhörer und der Prediger! Dein der Greis und der Jüngling! Dein der Lehrer und der Schüler! Wen Du seegnest, der ist gesegnet. Wen Du erleuchtest, der ist weise. Wen Du beseelest, der ist gut. Wen Du begnadigest und erfreuest; der ist glückseelig! — — Du willst, o Vollkommenster, aller Deiner Geschöpfe Vollkommenheit! Du schaffst Alles gut, und machst alles Gute besser! Du giebst dem Weisen Weisheit, Lust dem Unternehmer nützlicher Dinge, Muth und Kraft dem Vollführer — Was ist unser Pflanzen? Was ist unser Wässern, ohne Dein Gedeihen? Aber Du giebst Gedeihen dem Pflanzer und dem Wässerer! Du hilfst der guten Sache auf, und unterstützest die, welche

Gutes wollen, daß sie's vollbringen... Anbehtung und Preis sey Dir, Vater des Lichts, von Dem jede gute Gabe, jedes nützliche, vollkommene Geschenk herkömmt! Anbehtung und Preis sey Dir, für Alles, was hier schon Gutes geschehen ist, und was weiter geschehen wird! Anbehtung und Preis sey Dir, Anfänger und Vollender alles Guten! Seegner aller Geseegneten! Lehrer aller Lehrenden und Lernenden! Unerschöpfliche Quelle aller Kraft und aller Freude!

Anbehtung und Preis sey Dir! — Du kannst nichts als wohlthun; Denn Du bist nichts als Liebe! Jedes Deiner Geschöpfe ist eine Welt voll Deiner Herrlichkeit! Jeder Tag unsers Lebens eine Quelle glücklicher Jahrhunderte!

Preis und Anbehtung Dir, dem nicht von Menschenhänden gedient wird, als der jemandes bedürfe! Dir, der Allen das Leben, den Odem, und Alles darreicht.

Dich anbehten, heißt: Sich selber wohlthun — Dich für Deine Güte preisen, heißt: Neue Wohlthaten und Seegnungen über sich rufen. Vater der Wahrheit! Gieb dieß dem Jüngling und dem Lehrer des Jünglings zu erkennen! Gieb uns zu erkennen, was Religion ist!... Religion haben, heißt Alles haben.. Christi seyn, heißt: Seelig seyn! Vater der Wahrheit und der Religion Christi! Gieb dieß dem Jüngling und dem Lehrer des Jünglings zu erkennen, zu empfinden, zu erfahren. Amen.

Meine

des Philanthropins zu Marschlins.

Meine theuresten Zuhöhrer! Nichts kann und will ich Euch in dieser Stunde sagen, als was Ihr auch eben bereits gehöhrt habt — Religion ist Glückseeligkeit. Religion ist Tugend, die an Gott glaubt, und Tugend, die an Gott glaubt, ist die wahre Ruhe, Freyheit, Seeligkeit des Menschen.

Diese Wahrheit ist der grosse Mittelpunkt aller Göttlichen Anstalten und Offenbahrungen. Sie ist der Geist der Geschichte der Patriarchen. Sie ist der Innhalt des mosaischen Gesetzes. Sie ist die Seele der Lieder Davids. Sie ist die Weisheit Salomons. Sie ist der Kern aller Prophheten. Sie ist die Summe des Evangeliums; Tausendmahl bezeugt von Jesus Christus; Zehntausendmahl wiederholt in allen Gegenden der Welt von Aposteln und apostolischen Männern. Diese Alle sagen auf tausend verschiedene Weise: Religion ist Tugend im Glauben an Gott — und Tugend im Glauben an Gott ist Seeligkeit. — Und das sagt auf seine Weise, und nach dem Lichte, das Gott seiner Zeit vergönnte, Salomo im Texte, wenn Er dem Jüngling und dem Manne zuruft:

Mein Sohn! Vergiß meines Gesetzes nicht, und dein Herz behalte meine Gebote; Denn sie werden dir die Tage und Jahre deines Lebens verlängern, und werden dir den Frieden herzubringen. Laß Freundlichkeit und Treue nimmermehr von dir weichen! Hänge sie an deinen Hals! Schreibe sie auf die

Tafel deines Herzens! Also wirst du angenehm seyn, und wohlverständig vor Gott und den Menschen. Vertrau auf den Herrn von deinem ganzen Herzen; Auf deinen Verstand aber verlaß dich nicht. Halte dich selber nicht für weise, sondern fürchte den Herrn, und weiche vom Bösen. — Die einzige, alte, ewige, allgemeine Religion, wovon das Christenthum, wenn ich so sagen mag, nur der Brennpunkt ist — Jesus Christus die Sonne.

Höhre, wer Ohren hat, diese Stimme der himmlischen Weisheit! Höhre sie, heilige Versammlung! Lehrer und Schüler, höhret sie! Es ist dem Menschen nur dann wohl, wenn er gut ist — und er ist nur dann gut, wenn er Gutes will und Gutes thut — Und erst dann will er und kann er recht das Gute, wann er ein Schüler der himmlischen Weisheit ist — wann er Göttliche Belehrungen annimmt.

Mein Sohn! Vergiß meines Gesetzes nicht, und dein Herz halte meine Gebote.

Gott ist lauter Güte, und lehrt lauter Güte. Von dem allein Guten kommt eitel Gutes. Er lehret die Menschen, was sie wissen. Die ganze Natur ist seine Stimme: — „Mensch! Der Urheber der Natur und dein Urheber „will dein Glück! — — Mensch! Er hat dich zuerst gelie„bet — Kannst du anders, als Ihn wiederum lieben?" —

Und

Und iſt's nicht eben dieſe Stimme, die durch alle die Schriften erſchallt, die wir Göttliche Offenbahrung nennen? Hier . . . Dieß iſt die einfältigſte Vorſtellung, die ich mir von dieſer Offenbahrung machen kann — Hier treten eine Reihe weiſer, guter Menſchen auf, die uns ihre Gotteserkenntniß, ihre Erfahrungen Gottes, ihre Verſuche, mit Gott und vor Gott zu reden und zu handeln, ihr von Gott empfangnes Licht, Gottesoffenbahrungen, Belehrungen, Tröſtungen, Hoffnungen, brüderlich und einfältig, jeder nach ſeinem Lichte, ſeinem Zeitalter, ſeinem Standpunkt, ſeinen Talenten, ſeiner Beredſamkeit mittheilen. Dieſe Menſchen zeigen uns an ſich ſelber, was Religion ſey? — Welche Gottes= und Menſchenangelegenheit ſie ſey? — Was der Menſch ohne Gott, und was er mit Ihm ſey? — Was er durch den Glauben an Gott, und durch die Tugend werden kann? — „Das waren wir — iſt mir, hör' ich ſie rufen: „Das waren wir — Das ſind wir ge=
„worden. Das können wir noch werden. So weit ſind „wir durch die Religion gekommen. So weit könnt auch „Ihr kommen. Ihr ſeyt Menſchen, wie wir ſind. Und wir „ſind Menſchen, wie Ihr, gleichen Anfechtungen und „Menſchlichkeiten unterworfen. — Wir ſind All' aus „Einem Blute; Alle Brüder, Kinder Eines und deſſel=
„ben Vaters, der da iſt über Alle? und durch Alle, „und in uns Allen. — Gott ſieht keine Perſon an. „Aus allem Volke, aus allen Zeitaltern, wer Ihn „fürchtet und recht thut, der iſt Ihm angenehm. „Wer zu Gott kommen will, kann zu Ihm kommen —

„und

„und wer zu Ihm kommt, an Ihn glaubt, auf Ihn
„sieht, an Ihn sich hält, dem geht's gut; Der wird's
„erfahren, daß Er denen, die Ihn suchen, ein Be-
„lohner ist." Seht da — den Ton, die Stimme, den
Geist der Offenbahrung. Was kann ich Euch bessers zurufen, Versammelte Brüder! Was einem jeden von Euch,
edle Hoffnungsvolle Jünglinge, als: Mein Sohn! Vergiß des Gesetzes Gottes nicht, und dein Herz behalte Seine Gebote. Forsch' in den heiligen Schriften;
Sie verdienen's, und wenn sie auch weiter nichts wären,
als uralte Denkmäler menschlicher Religionsbegriffe; Wenn
sie auch nicht von den weisesten und besten Menschen her-
rührten, und schon viele Jahrhunderte viele tausend der
weisesten und besten Menschen gebildet hätten — Sie verdienen's, wenn sie auch weiter nichts wären, als Beyträ-
ge zur Geschichte des menschlichen Herzens. Du wirst
mehr darin finden, als du suchest — Mehr, als in keinen,
keinen Schriften, die Millionenweise auf der Welt zerstreut sind; — Keine finden, die so nützlich sind zur Belehrung, zur Strafe, zur Zurechtweisung, zur Verbesserung,
daß der Mensch, der Gottes ist, vollkommen werde, zu allem Guten vollkommen geschickt.

O Jünglinge Gottes! Vergeßt dieser Belehrungen Gottes
nicht — und Euer Herz behalte Seine Gebote — Höhr's,
trauter Jüngling! Denn sie werden dir die Tage und
Jahre deines Lebens verlängern — Viele tausend Menschen haben sich durch Laster und Entfernung von Gott —

ihre

ihre Tage und Jahre verkürzt — Gottes Gebote werden dir die Tage und Jahre deines Lebens verlängern, und werden dir den Frieden herzubringen.

Nicht, weil's in der Bibel steht, Männer und Jünglinge! Nicht, weil ich ein Prediger der Religion bin, und ein Diener des Göttlichen Worts heisse — Sondern weil ich's glaube, weil ich's weiß — sag ich's mit freudiger Ueberzeugung — Wer Gottes Gebot hält, der hat viel Frieden. Seelig sind, die das Recht lieben, und die allzeit thun, was recht ist — Frieden, welch ein herrlicher Ausdruck, das zu bezeichnen, was auf Tugend und Verehrung Göttlicher Vorschriften folgt. Heiß' es in der Sprache der Morgenländer immerhin nur Wohlfahrt und Glückseeligkeit überhaupt! — Es ist dennoch im eigentlichsten, buchstäblichsten, allgemeinsten und besondersten Sinne des deutschen Wortes Friede wahr, daß Göttseeligkeit und Tugend ihren Verehrern und Freunden den Frieden herzubringt. Wenn Gemüths- und Gewissensruhe Frieden mit sich selbst ist; Wenn Freude an Gott, — und Belehrung von Seiner Güte — Frieden mit Ihm wirkt; Wenn Befolgung der Göttlichen Vorschriften uns zu den menschenfreundlichsten, sanftesten, friedfertigsten Menschen macht; Wenn Harmonie des Herzens, der Vernunft, des Betragens — nicht anders ist, als Ordnung und Friede unsrer Natur — Wie auffallend wahr ist's: Daß Religion in jedem Sinne, den das Wort Friede haben kann — uns den Frieden herzu bringt. — Laster und Irreligion ist die Quelle le aller Disharmonie, ist nichts, als Widerspruch zwischen unsern Begierden, Trieben und Kräften, der auf Zerrüttung und Zerstöhrung zielt — Freunde eurer Wohlfahrt, seyt Freunde der Religion: Wer an Gott Freude hat, hat an sich selber und an Allem Freude, woran Gott Freude hat. Jünglinge! Ich seh' Euch mit Blicken inniger Bruderliebe an; Ich fühle mein Herz in mir gegen Euch bewegt; Ich möchte einen Jeden umarmen, und an mein Herz drücken, und ihm mit einer Thräne voll Hoffnung und Ueberzeugung in sein Herz hineinrufen: Vergiß Gottes Gesetze nicht, und dein Herz behalte Seine Gebote! Lerne sie, untersuche sie, befolge sie — denn sie werden dir die Tage und Jahre deines Lebens verlängern — und werden dir den Frieden herzu bringen. Jüngling! Es gereut dich nicht, Gott zu kennen, und seine Belehrungen über Alles werth und heilig zu halten! Jüngling! Es wird dir wohl im Herzen, wenn du recht thust — und es wird dir leicht, recht zu thun, wenn Gottes Offenbahrungen dein liebstes Buch werden; Gott dein liebster Freund! Jüngling! Ich weiß es, ich Fleisch und Blut, wie du, schwach, gebrechlich, flüchtig, verführbar, eitel, töhrigt, unbeständig, wie du — Ich weiß es, daß nichts mehr beruhigen, stärken, ständig, fest, unverführbar, weise, thätig, unüberwindlich machen kann, als Lesen, Forschen, Studieren der Göttlichen Schriften; Festhalten an Gottes Belehrungen — Glauben an Gott; Tugend — Religion. Du stehst nie ruhiger auf, und legst dich nie zufriedner nieder, als wenn's deine Lust ist, im

Gesetz

Gesetz des Herrn zu forschen; Zu forschen, nicht um zu wissen, sondern um zu empfinden, zu erfahren, zu thun. So wahr ich lebe! Es wird dir nie so wohl, als beym Rechtthun — und du erfährst es nie so freudig, daß Gott es mit dir hält, als wenn du's mit Ihm hältst. Gute Thaten — bringen Frieden, so gewiß ein frommes Herz gute Thaten erzeugt — Jüngling! Ich reiche dir meine eine Hand — und hebe die andre gen Himmel, und schwöre bey Jesus Christus, meinem Herrn und Gott — „Es ist „mir bey keinem geliebten Menschen so wohl, als bey Gott; „Ich habe von keinem Buche mehr Licht und Kraft und „Trost, als bey der Bibel — und keine Verrichtungen „bringen mir so vielen Frieden, als die, die ich nach dem „Gesetze meines Gottes anfange und vollende." O darum, Jüngling, vergiß des Gesetzes deines Gottes nicht, und dein Herz behalte Seine Gebote! Denn sie werden dir die Tage und Jahre deines Lebens verlängern, und dir den Frieden herzu bringen — Sey gut, so bist du glücklich! — Laß Freundlichkeit und Treue nimmermehr von dir weichen — Deine Religion sey Liebe! Gott ist Liebe, und Sein Gesetz will nur Liebe. Christus, der Salomons Weisheit, und der größten Lehrer ihr Lehrer war — Christus, die Religion in der Menschheit — Was war Er, als Leutseeligkeit und Güte als Treue und Barmherzigkeit? O Jüngling! Vergiß seines Gesetzes nicht, und dein Herz behalte seine Gebote — Er ist Liebe, und will Liebe; Will sanftes, gütiges Wohlwolle; Will Treue und Redlichkeit in Worten und Thaten;

Will

Will Menschenliebe in der innern Empfindung und in der äussern Gebährde; Drum laß Freundlichkeit und Treue nimmermehr von dir weichen! Hänge sie an deinen Hals! Schreibe sie auf die Tafel deines Herzens! Suche sie dir auf alle mögliche Weise zu vergegenwärtigen, und deinem Herzen unvergeßlich zu machen. Erfrische und ermanne dich immer durch neues Betrachten, Prüfen, Vergleichen der Göttlichen Gesetze — Gehe mit denselben auf und nieder — So wirst du angenehm seyn, und wohlverständig vor Gott und vor Menschen.

Gott angenehm seyn — Männer und Jünglinge, fühlt Ihr etwas von dem unnennbaren Glücke, Gott angenehm zu seyn? Dem Beßten und Höchsten aller Wesen zu gefallen, und wissen, daß man Ihm gefällt? Mann und Jüngling — Dem gefallen, dessen Urtheil allein untrüglich ist; Dem gefallen, der der Urheber und das Urbild alles Schönen und Guten ist; Dem gefallen, von dem Alles abhängt; Dem gefallen, dessen Wohlgefallen Quelle des augenscheinlichsten Seegens ist — Was willst du mehr, als Dem gefallen? — — Und wenn du auch aller Welt mißfielest, von Dem als weise und verständig beurtheilt werden — Und wenn alle Menschen dich für einen Unverständigen und Tohren hielten. — Aber nicht Alle werden dich für unweise — und nur die Tohren dich für einen Tohren halten; Nur denen wirst du mißfallen. — Es wird immer noch Menschen genug geben, denen du dich durch

Religion

Religion als weise empfehlen, und durch Tugend angenehm machen wirst. Wer weise ist, wird den Weisen lieben, und dem Guten wird der Gute gefallen. Ein rechtschaffner Mann wird immer rechtschaffne Herzen finden,
die ihn schätzen und lieben. Der Lasterhafte hat keinen
wahren Freund. Der Tugendhafte, o, der — so gewiß David einen Jonathan, Paullus einen Timotheus, Jesus einen Johannes fand — der findet gewiß immer einen tugendhaften Freund, mehrere Freunde, denen er angenehm,
in deren Augen er verständig ist, wie in den Augen seines
Gottes.... Mit welchem Maaße du missest, mit dem
wird dir hinwiederum gemessen werden. Laß Freundlichkeit und Treue nimmermehr von dir weichen —
so werden auch Gottes und der Menschen Freundlichkeit
und Treue dir immer spührbar seyn. — Lerne, Jüngling,
hier in dieser Schule der Menschenfreundschaft — Lerne
hier die Weisheit — nur durch Tugend und Liebe, Gott
und Menschen angenehm zu werden; Nur Gott und den
Weisen, nur den guten Menschen zu gefallen. Sey gut
— und freue dich Gottes und des Guten — so wird Gott,
und Alles, was gut ist, sich auch deiner freuen.

Ja, Gottes, Gottes, des ewig Guten, des allein Guten
— freue dich! Von Ihm erwarte nur Gutes, nur das
Beßte! Vertrau auf den Herrn von deinem ganzen
Herzen! Wirf alle deine Sorgen auf Gott! Er
sorgt für dich. Er liebt dich mehr, als du dich selbst
liebst; Er kennt deine Bedürfnisse besser, als du sie selber
kennst.

kennst. Du bist Sein Geschöpf, und deine Wohlfahrt ist Seine Sache. Der die Sonn und die Sternen am Himmel in solcher Ordnung führt, der verdient doch wohl, daß du Ihm dein Schicksal überlassest, daß du Ihm von ganzem Herzen vertrauest. Durchgehe die wenigen Jahre deines vorbeygeflohenen Lebens; Und wenn Du nicht sagen, mit Empfindung, mit dankbar froher Ueberzeugung sagen kannst: *Der Herr hat Alles wohl gemacht —!* so will ich nicht mehr sagen: Vertrau auf den Herrn von deinem ganzen Herzen! Jüngling! Wenn du keinen Beweis hast, daß eine Fürsehung auch für dich sorgt, auch deine Vervollkommnung, deine Tugend und dein Glück will — Ist es nicht der, daß du hier bist? Hier, wo du gewiß Gutes lernen kannst, wenn du willst; Hier, wo es dir fast unmöglich werden soll, das Gute nicht zu wollen. — Dem Gott, der dich so leitet, willst du dem nicht vertrauen? Jüngling, fang an zu wägen, zu zählen, zu berechnen, was du hast — Nicht einmahl will ich sagen, was du gehabt hast — noch hast, in dieser gegenwärtigen Stunde hast — Nicht zu gedenken der unzähligen Tröstungen und Verheißungen des Evangeliums, die alles Mistrauen gegen Gott rein aus der Seele wegnehmen, unsre ganze Empfindung in Freude und Zuversicht verwandeln sollten . . . O Jüngling! Nur was du itzt hast; Was du besitzest, nicht besessen hast! Nicht was du glaubst und hoffest; Nur was du siehst — Ist's nicht Pfand für das, was du noch nicht nicht siehst? Ist's dir nicht lautrufende Stimme Gottes: Vertrau auf den Herrn von deinem

nem ganzen Herzen! Lehne dich an Ihn! Sieh' in allen deinen Wegen, bey allen deinen Unternehmungen, bey allen deinen Schicksalen, allen deinen Freuden und Leiden auf Ihn! Er sey Dein Licht im Dunkeln; Er dein Trost in Beklemmung; Er deine Zuflucht in jeder Verlassenheit; Er dein Vertrauter — der erste deiner Freunde — und der letzte; Denn eines Freundes im Himmel bedarfst du, wenn du auch tausend Freunde auf Erden hättest — — Wenn alle Freunde dir untreu, oder unmächtig wären, dir zu helfen. — Vertrau auf den Herrn von deinem ganzen Herzen! — Vertrau Ihm mehr, als dir selber! Verlaß dich mehr auf Ihn, als auf dich selber — Er ist weiser, als du; Alle Weisheit der Weisen ist Sein; Er ist mächtiger, als du! Alle Kraft der Mächtigen ist Seine Kraft. Er ist liebender, als du. Die Liebe aller Liebenden ist Ausfluß, ist Sonnenstral der Seinigen. — Vertrau auf den Herrn von deinem ganzen Herzen — Auf deinen Verstand aber verlaß dich nicht. Sieh in allen deinen Wegen auf Ihn, denn Er wird deinen Gang richten. Halte dich nicht selber für weise, sondern fürchte den Herrn; Hab Ihn vor Augen, und weiche von dem Bösen. — O Jüngling! Wenn du Alles gelernt hast, und nicht Demuth gelernt hast; Nicht gelernt hast, daß es Tobrheit ist, sich auf eignen Verstand und eigne Weisheit, daß es Weisheit ist, sich auf Gottes Weisheit zu verlassen; So hast du wenig, so hast du das Lernenswürdigste nicht gelernt. Werde, o Jüngling, der Gelehrteste, der Beredteste, der

P Geschick-

Geschickteste; Deine Fertigkeiten seyen das Erstaunen deiner Zeitgenossen; Deine Sitten und Thaten die gerühmtesten und besten; Werde der gefälligste, der liebreichste Mensch — Und sey stolz auf dein Wissen, Können und Thun — und spiegle dich in kindischem Gefallen an dir selber, und vergiß, daß du in dir selber nichts, und Alles von Gott, und Alles durch Christum bist; — Rühme dich, als ob du das nicht empfangen hättest, was du empfangen hast — Entferne dich von Gott! Lehne dich nicht mehr an Ihn! Schöpfe nicht täglich neue Kraft aus Ihm! Aus Ihm Abscheu vor'm Bösen! Aus Ihm Kraft und Liebe zum Guten! O Jüngling! So ist deine Religion kalter Schimmer eines faulen Holzes, und deine Tugend Heucheley. Wenn du Gott verlässest, verlässest du die Quelle der Tugend. Du wolltest ohn' Ihn tugendhaft seyn — das hieße, du wolltest Tag haben, ohne Sonne? Du wolltest athmen, ohne Luft? O Jüngling! Habe Gott vor Augen, und übe dich, den Allgegenwärtigen als den Zeugen deiner Handlungen, als den Kenner deines Herzens zu bedenken! Habe Gott vor Augen, und es wird dir leicht seyn, vom Bösen zu weichen, und dem Guten anzuhangen. O Jüngling! Das ist Weisheit, vom Bösen weichen; Das ist Verstand, Gutes thun — Vom Bösen weichen — weil die höchste Weisheit dir das Böse misräth; Das Gute thun, weil die höchste Weisheit dir das Gute räth und empfiehlt. — O Jüngling! Gott will dein Glück; Darum will Er deine reinste Tugend. Lerne sie, übe sie, freue dich ihrer — Sie macht dich seeliger,

als

als Alles; Sie giebt dir, was dir sonst nichts geben kann, Tugend im Glauben an Gott, der Zeuge und Belohner des Guten ist; Tugend im Glauben an Gott, der sich durch Jesum Christum als Liebe geoffenbahret — Der nur Gutes will und Gutes thut! Tugend im Glauben an Gott, der unendlich liebenswürdiger ist, als keine Beredsamkeit Ihn zeichnen, kein Menschenherz Ihn ausempfinden kann — Diese Tugend, o Jünglinge, glückliche Jünglinge! Lernet sie hier, und übet sie allenthalben — Ihr seyt glücklich; Erkennet, daß Ihr's seyt, und betet Gott an — Gottes Fürsehung hat Euch hieher geführt! Ihr werdet es Ihm noch am Ende des Lebens und der Tage danken! Seyt die Ehre und die Freude Eurer Vorsteher und Lehrer! Seyt Gottes Ehre und Christi Freude, das ist: Seyt Freunde Eurer selbst! Erkaufet die gelegene Zeit. Seyt Ihr weise, so seyt Ihr Euch selbst weise. Ja, Jünglinge! Werdet Männer! Werdet Väter! Werdet Menschen, die der Menschheit Ehre machen! — Gottes ewige Liebe sey mit Euch — und Eure Seeligkeit Jesus Christus!..

Und Euch, verehrenswürdige Unternehmer! Euch Vorsteher und Lehrer dieses menschenfreundlichen Instituts — Euch würdige, weise, verdienstvolle Männer! Was soll ich Euch sagen? Erwartet nicht von mir, daß ich Euch lobe, oder daß ich Euch Lehren gebe. Eure Weisheit, Eure Menschenliebe, Eure Thaten, eine bessere Welt, eine glückseeligere Nachkommenschaft — Sehet Euer Lob! Ein besseres Lob, als ich Euch geben kann,

beſſern Menſchen, und beſſeres Lob, als Menſchen Euch geben können, von Gott; Und Euch kann ich nichts lehren, aber viel von Euch lernen. Ich kann nichts thun, als Euch die Wünſche meines Herzens ſagen, oder vielmehr meine Hoffnungen und Erwartungen — Eure Abſichten werden gut, Eure Treue wird untadelhaft, Euer Nachdenken und Euer Fleiß unermüdet, und Eure Bemühungen unfehlbar und augenſcheinlich geſegnet ſeyn. Ihr werdet Hinderniſſe antreffen, an die keine Klugheit vorher denken konnte; Aber dieſe Hinderniſſe werden Euch nicht muthlos machen. Ihr werdet ihnen ausweichen, oder ſie zu überſteigen wiſſen. Wer will, der kann! Wem's Ernſt iſt, Gutes zu wirken, dem wird's weder an Anlaß, noch an Kraft fehlen... Ihr habt das gewiß ſchon oft erfahren, ihr redlichen Menſchenfreunde! Gewiß ſchon oft erfahren das Göttliche Vergnügen mit ſanfter und feſter Weisheit über Hinderniſſe des Guten zu triumphieren. Gott gebe es Euch noch oft zu genieſſen — O wenn's nur an Redlichkeit, an Aufſehn auf Gott und was Gottes iſt, und was mehr als Alles — Gottes iſt, an Aufſehn auf Jeſum Chriſtum — der Gottes und der Menſchen Sachen zu ſeiner eignen Sache macht — Wenn's nur an der Rückſicht auf Den niemahls fehlt, werdet Ihr gewiß mit Kraft und Seegen wahres Gutes, und dauerhaftes Gutes wirken. Ich berufe mich auf jedes Herz, das ſich des Daſeyns Chriſti freut; Auf jedes Herz, das Ihn am Kreuz und am Fuße Seines Throns anzubehten ſich's zur Ehre und zur Seeligkeit rechnet; Ich berufe mich auf die glücklichſten,

heilig-

des Philanthropins zu Marschlins.

heiligsten, seeligsten Augenblicke Euers Lebens, ob's eine grössere Seeligkeit auf Erden gebe — als Ausübung der Tugend mit Hinsicht auf Jesum Christum? Ob Ihr einmahl in Eurem Leben Euch so gut, so edel, so Gotteswürdig gefühlt, Euch Euers Daseyns so sehr gefreut, die Wahrheit und Göttlichkeit des Christenthums so innig empfunden habt? Ob Ihr je so stark, so groß, so unüberwindlich gewesen seyt, als wenn Jesus Christus Euch zur Tugend ermunterte und stärkte? Es ist unaussprechlich, was dem Schüler und dem Lehrer dieser Glaube für Kraft giebt. Lehrer! Ihr wißt's — oder Ihr seyt nicht wehrt, daß Euch Christi Jugend — Denn Sein, Sein sind diese lieben Schaafe, anvertraut seyen; Wenn Ihr's nicht wüßtet, Lehrer! Aber Ihr wißt's, und Jünglinge! Ihr werdet's erfahren — daß Religion lieben und Christum lieben (denn dieß ist Eins —) alle Seeligkeit in sich faßt, die sich die menschliche Seele wünschen kann. —

Ich habe wenig und viel gesagt, und sage nichts mehr, als nochmahl —

Anbethung sey dem Einziglebenden und dem Ewigseegnenden! Dank und Anbethung für alles Gute, das Du allenthalben zum Beßten aller Menschen alle Tage wirkst, Allwaltender Vater und Beherrscher der Welt! Anbethung und Dank für alles Gute, was Du bereits hier an diesem Orte gewirkt hast! Anbethung und Dank für Alles zum voraus, was du hier weiters an so vielen lieben Jünglin-

gen wirken wirst! Wir hoffen viel .... Aber wir hoffen
gewiß nicht zu viel; Denn was thust Du nicht denen, die
Dich suchen, und durch Dich glücklich werden wollen, über
Bitten oder Verstehen — Wir hoffen, wir bitten, wir
glauben: Laß dieß Haus ein Ort Deines Wohlgefallens
und eine weitleuchtende Wohnung Deines Seegens seyn!
Eine Quelle, aus welcher Erleuchtung, Weisheit, Tugend,
Religion geschöpft, auf viele Menschen abgeleitet, in alle
Welt ausgebreitet und auf die spätesten Nachkommen fort-
gepflanzt wird — O Vater alles Guten! Laß uns in unſern Hoffnungen und Wünschen nicht zuschanden werden!
Seegne Alle! Alle Anfänger, Vollender und Beförderer
dieſer und ähnlicher Anstalten! Seegne vornemlich den um
die Verbesserung des Schulwesens und die Erziehung so
sehr bekümmerten, unermüdeten, mißkannten, aber von
Dir gekannten Basedow! Umstrahle ihn mit Licht, und
gieb ihm das Größte, was Du ihm geben kannst, den Geist
Jesu Christi, in vollem Maaß in sein Herz! — Erleuchte,
unterstütze ihn und Alle, die's redlich meynen mit der theuren Jugend — Zeichne sie aus durch Gnade und Seegen!
Laß ihre Feinde nie über sie mächtig, laß sie nie durch
Neid und Verläumdung Anderer, laß Deine redlichen
Beförderer der Menschenverbesserung nie muthlos werden!
Gieb ihnen, was sie bedürfen, zu ihrer Ruhe und zu ihrem
wichtigen Berufe! Erfülle ihr Herz mit Empfindung ihrer
Pflicht — Nein — mit Empfindung, wie seelig es sey,
gut zu seyn, und Gutes zu thun — Laß sie leuchtende
Beyspiele, ach! selber untadelhafte Beyspiele der Wahrheits-
liebe,

des Philanthropins zu Marschlins.

liebe, der Tugend, der Religion seyn! . . . Daß nicht nur Wisser und Prahler, sondern Beförderer und Thäter des Guten durch sie gebildet werden! Nicht nur brauchbare gute Menschen, sondern Christen, das ist, die beßten, edelsten, rechtschaffensten, Gottähnlichsten Menschen . . . Jesus Christus, Dem alle Gewalt im Himmel und auf Erden gegeben ist — Jesus Christus, Licht und Leben, Herr und Gott der Menschen, durch Den Alles ward, und Alles wird, ohne Den nichts geschehen ist, und nichts geschehen kann — Schau mit Deinem seegnenden Blicke auf diese und alle ähnliche Anstalten nieder! Verbeßre an allen Orten, und vervollkomme das so wichtige Erziehungswesen durch weise, thätige, rechtschaffne und entschloßne Männer, deren Freude das Wohl der Menschheit ist! O laß es allen Menschen, laß es besonders weisen und mächtigen Menschen, laß es den Fürsten und Obrigkeiten der Erde nahe, nahe am Herzen liegen! Bilde hier, bilde an vielen Orten durch Lehrer, die Dich kennen und lieben, Schüler, die Dich kennen und lieben! Bilde hier und in allen Schulen Menschenfreunde nach Deinem Bilde, und Christen, in denen Dein Geist, nicht nur Dein Name ist! Christus Jesus, Christen bilde hier! Niemand kann's, als Du — Aus Fleisch kommt Fleisch, Geist aus Geist, aus Christus — nur aus Dir, aus Deinem Geist, Deinem Evangelio, Deiner Liebe, entstehen Christen, die Dir und Deiner Religion Ehre machen, und sich selber Kräfte und Freuden und Seeligkeiten ohne Zahl bereiten — Christen bilde hier, wie sie beynahe nirgend mehr sind; Christen,

nicht

nicht nach dem Geschmacke der Welt; Christen — von Dir so voll, wie Du Deines Gottes voll bist — Jesus Christus — Hochgelobt in alle Ewigkeit. Amen.

Nach der Predigt ward gesungen:

Dieß ist der Tag zum Seegen eingeweyhet.
Ihn feyert gern, wer Deiner, Gott, sich freuet.
Mit heil'ger Pflicht schwör'n wir Dir aufs Neue
Die Pflicht der Treue.

Der Verbrecher

ohne seines Gleichen
und
sein Schicksal.

Ueber Psalm XXXVII, V. 10—15.

Gehalten den 29sten des Herbstmonats auf Hoch-Obrigkeitlichen Befehl bey Anlaß der in der Nacht am 12ten des Herbstmonats vor dem allgemeinen Buß- und Behttage verübten Gräuelthat der Vergiftung des heiligen Nachtmahlweins.

Vor der Predigt ward gesungen der 142ste Psalm; Nach der Predigt aus dem 94sten Psalm. 1. 2. 3. 4. und 5te Vers.

Gerade nach dem Gesange ward von einem Geheimschreiber das Hochobrigkeitliche Manifest über die That und die Aufforderung zur Entdeckung des Thäters abgelesen.

Text.
Aus Psalm XXXVII. 10—15.

Es ist noch um ein kleines zu thun, so wird der Gottlose nicht mehr seyn; Und wenn du nach seinem Orte fragest, so wird er nicht mehr vorhanden seyn; Aber die Sanftmügen werden das Land ererben, und in grossem Frieden Lust haben. Der Gottlose ist dem Gerechten auffäßig, und knirrschet mit den Zähnen über ihn; Aber der Herr lachet seiner, denn Er siehet, daß sein Tag kommt. Die Gottlosen zucken das Schwert, und spannen ihren Bogen, daß sie den Elenden und Armen fällen, und die umbringen, welche den rechten Weg gehen. Aber ihr Schwert wird durch ihr eigen Herz dringen, und ihr Bogen wird zerbrechen.

Gebeht.

Hab' ich jemahls in meinem Leben, o du Geist der Weisheit und Erkenntniß, du Quelle des Raths und der Stärke, hab ich jemahls in meinem Leben nach

Weis-

Weisheit und Kraft geschmachtet; Jemahls mich unwürdig und untüchtig gefühlt, hier zu stehen, und in Deinem Namen zu reden, Du Allerhöchster! So ist es in der gegenwärtigen Stunde; — So ist es jetzt, da ich mit einer christlichen Gemeine von der unchristlichsten, der unmenschlichsten, der unerhörtesten, der namenlosesten That, die je begangen worden, oder begangen werden kann, reden soll! Reden soll — daß nicht bloß nur vorübergehende Schauder in den Herzen der Zuhörer entstehen; Nicht nur weichen Gemüthern einige Thränen ausgepreßt werden; Nicht nur einige fromme Seufzer veranlasset. — Denn ach! Es ist, besonders in dem gegenwärtigen Falle, nichts leichter als dieß — nichts leichter, als daß bey der auseinander gehenden Versammlung etwa Einer zu dem Andern sage: Das war eine schreckliche schauerhafte Predigt; Nichts leichter, als so zu reden, daß etwa den Abend noch in Gesellschaften davon gesprochen, die treffendsten Stellen mit Beyfall hererzählt, und dadurch einige mehr oder weniger erbauliche Gespräche veranlasset werden — — O heiliger Gott! Wenn ich nur das wollte.... so dürfte mir nicht bange seyn; So dürft' ich nicht mit schmachtendem Herzen, nicht mit Gebeht und Flehen

vor

vor Dein Angesicht treten. Der Allerunberedteste
muß heute beredt seyn, wenn er öffentlich von dieser
Gräuelthat reden soll; Man dürfte überall nicht davon
sprechen; Sie spricht laut genug für sich selber.

Aber, so davon zu reden, daß die Wirkung der aus-
gesprochenen treffenden Wahrheit bleibe, daß sie sich
der Herzen nicht nur Augenblicke und Stunden lang
— daß sie sich ihrer auf Monate und Jahre bemei-
stere; — Daß sie sich tief — tief in die Seele hinein wurzle; So davon zu reden, daß der elende Verbrecher, wenn er uns hört, oder wenn Andere ihm
den Inhalt unserer Predigt mittheilen — erwache, in sich selber gehe, an seine Brust schlage —
sich in den Staub hinwerfe und ausrufe: „Ich, ich
„bin der Mann des Todes;" Daß er hingehe, vor
die, mit bekümmertem Blick — sich nach ihm um-
sehenden Richter und flehe: „Straft mich, daß Gott
„Euch nicht strafe; Vertilgt mich, daß Gott um
„meinetwillen nicht Stadt und Land vertilge! Ich
„fürchte mich nicht so sehr vor denen, die den
„Leib tödten — als vor Dem, der Leib — und
„Seel' in der Hölle verderben kann." So zu
reden, daß Jeder, der etwas von dem Verbrecher
weißt,

weiß, oder wissen, oder auch nur eine Spuhr von ihm entdecken kann — er sey Freund oder Feind, hingehe, und den nachforschenden Landesvätern auf Spuhr und Merkmal helfe; So zu reden, daß keiner, keiner — vom Weisesten bis auf den Einfältigsten — vom Frömmsten bis — auf den Gottesläugner, vom Heiligen an — wenn ein Heiliger unter uns ist, bis auf den Gottesvergessensten Bösewicht — daß keiner ohne Erbauung höhre; Daß jeder mehr auf sich selbst aufmerksam werde; Daß jeder neue gute Entschliessungen fasse; Daß jeder näher zu Gott und zur Tugend hinrücke, sich von Laster und Irreligion weiter entfehrne; Unversöhnlicher Feind des Lasters und der Bosheit werde; So zu reden, daß aus der schrecklichsten aller schrecklichen Thaten noch etwas Gutes, überwiegendes Gutes hervorquelle; Des Guten, so dadurch veranlasset wird, viel mehr sey, als des Bösen: So — von dieser Sache zu reden.... Allmächtiger Gott!... Wer kann das, als wen Du es lehrest? Allmächtiger Gott! Wer zittert nicht vor einem solchen Unternehmen? Wer darf's ohne Dich anheben? Ohne Dich — ach heiliger, beßter Gott! Ohne Dich — kann ich wohl töhnendes Erzt, klingende Schelle seyn; Aber nur mit Dir,

mit

mit Dir nur — wirken, daurend wirken... Ach darum lehre Du mich reden! Verlaß Du mich nicht! Stärke Du mich! Leite Du mich! Gieb Du mir — lebendigste Empfindung! Gieb mir Deine Gedanken, und die treffendsten Worte! Gieb, gieb mir — dießmal, dießmal nur, etwas von dem Geiste Deiner Apostel und Propheeten! Nur Etwas! — Einen Funken nur! Nicht um meinetwillen — Um der Ehre Deines Namens, um Deiner verachteten Religion, um Deines entheiligten Tempels, um Deines verläsferten Abendmahls willen! Um Deiner Verehrer — ach Deiner wenigen redlichen Verehrer — Deiner vielen — spottenden Verächter und Feinde willen..... O Allgütiger Gerechter, erbarme Dich Deiner Kirche! Erbarme Dich unsers Vaterlands! Erbarme Dich unserer Stadt, und laß Alles, Alles, was während dieser Stunde, in allen Tempeln dieser Stadt geredet werden wird, mehr Gutes wirken, als die schrecklichste aller Thaten Böses wirken wollte — Erhöhre uns Vater der Barmherzigkeit! Lebendiger Gott! Erhöhre uns um Jesu Christi willen, und durch Jesum Christum, Amen!

Der Verbrecher ohne seines Gleichen.

Andächtige, wenn jemahls, gewiß heut aufmerksame, zitternde, theure, vor Gott, dem heiligen, heiligen Gott, gegenwärtige Christenversammlung! Ach! Ihr könnt denken, Geliebte, mit welchem vollen, beklemmten, von allen Seiten bedrängten — Herzen, ich heute vor Euch stehe; Ihr könnt Euch vorstellen — daß ich nicht weiß, was ich in der gegenwärtigen schauervollen Morgenstunde zuerst, oder zuletzt sagen soll? Wie, wie ich reden, wie mein Herz auslären soll? An wen ich mich zuerst wenden, wie mit Jedem, Jedem in seiner Sprache, mit Jedem nach seiner Einsicht, seiner Empfindung, seinem Herzen, seiner Religion oder Irreligion reden soll? Bald ist mir dieß, bald jenes das Erste, Nächste, Wichtigste. Bald möchte ich eins nach dem andern in lichtvoller Ordnung, bald Alles zugleich, nach dem Drange meiner Gedanken und Empfindungen sagen —

Bald möcht' ich nur von der namenlosen Abscheulichkeit des Verbrechens, von dem Ihr eben gehört habt, reden; Bald mich nur vor die Ohren und das Herz des unbekannten Verbrechers hindrängen; mit dem Blicke des Blitzes ihn ansehen; mit der Stimme des Donners ihm zurufen: — Wehe dem Menschen, durch welchen des Menschensohn verrathen wird! Es wäre dir besser, daß du nie gebohren wärest! Bald das Verbrechen ohne Namen, und Verbrecher ohne seines Gleichen stehen lassen, und den noch verbesserlichen Sündern, den noch

und sein Schicksal.

zu rettenden Lasterhaften zueilen, zurufen, um den Halt
fallen, und sie vor dem schrecklichen Betruge der Sünde
warnen. Bald möcht' ich auf meine Knice niederfallen,
und dem Erbarmer und Schohner im Himmel danken,
nicht daß die unerhörte Unternehmung, ich zittre ihren
Namen auszusprechen — nichts schaden könnte, sondern daß
sie, nach Gottes gnädiger Leitung, ganz wider die Absicht
des Bösewichts, so viel als nichts geschadet hat. — Bald
möcht' ich über den Leichtsinn wehklagen, womit so viele
unter uns von dieser Begebenheit reden, und die schreckliche
Gleichgültigkeit bejammern, womit das Gräuelhafte derselben angesehen und verringert wird. — Bald möcht' ich
die schrecklichen Folgen der Irreligion, und Gottesvergessenheit, und Christusverachtung, und Geringhaltung der
heiligsten Dinge unter uns mit blutigen Trähnen beweh-
nen. — Bald .. Ach! Geliebte, ich weiß nicht was und
wovon zuerst, und am meisten — und in welcher Ordnung, und mit welchen Ausdrücken ich reden soll? Das
aber weiß ich, daß wenn ich Stundenlang geredet hätte,
ich nur den Zehnthel von dem gesagt haben würde, was
ich bey dieser Gelegenheit sagen möchte.... Verzeihet mir,
wenn ich manches, das schicklich zu sagen wäre, vergesse;
Wenn ich nicht in erwünschter Ordnung reden kann. Wenn
ich eins sagen will, fallen mir zehn bey — und wenn ich
einem nachhänge, kann ich leicht das andere vergessen.
Doch, ich will anfangen, Geliebte, und mich der guten
Leitung meines väterlichen Gottes überlassen. — Der Geist
der Wahrheit, der seine einfältig gläubigen Schüler in alle

Q . Wahr-

Wahrheit leitet, und zu rechter Zeit an alle heilsame Wahrheit erinnert, wird mich in dieser Stunde nicht verlassen, und mir Worte voll Kraft und Wahrheit in meinen Mund geben — Worte, lebendig und kräftig und scharf, wie ein zweyschneidendes Schwert, durchdringend bis auf die Scheidung der Seele und des Geistes, der Gelenke und des Marks, mächtig, die Gedanken und Sinne der Herzen zu richten.

Laßt mich von dem Verbrechen und dem Verbrecher ohne seines Gleichen anfangen — dann von seinem Schicksale reden; Dann — was mich mein Herz weiter wird reden heissen....

I.

Der Gottlose ist dem Gerechten aufsätzig, sagt unser Text — und knirtschet mit den Zähnen über ihn. Die Gottlosen zucken das Schwert, und spannen ihren Bogen, daß sie den Elenden, den Armen, den Unschuldigen fällen, und die umbringen, welche den rechten Weg gehen.

Das sind einige schreckliche Züge, aus dem Charakter eines Gottlosen; Einige schreckliche Züge aus dem Charakter eines Verruchten, der sich vermuthlich jetzo noch binnen unsern Mauern aufhält; Aber nur einige. David kannte Gottlose genug, litt genug von ihrer Bosheit, zeichnet sie in vielen seiner Psalmen fürchterlich genug — Aber so einen Gottlosen zeichnet Er nicht; Und einen solchen Beruchten dachte Er sich nicht. Man durchgehe die ganze Bibel, wo so viele verruchte Thaten verruchter Menschen zum warnenden und schreckenden Beyspiel aufgestellt werden! Man suche von Anfang bis zu Ende — Solch' eine That werdet ihr nicht finden! Keine Stelle finden, die sich auf eine so verruchte That, als in diesen Tagen geschehen ist, zum Texte schicke — Sie hat ihres Gleichen nie gehabt, und wird, wills Gott, ihres Gleichen nicht mehr haben. Wer jemahls, ich will nicht sagen, den Namen Christi genannt hat, wer jemahls sich nur Mensch nennen ließ, wird erzittern, wenn er davon höhret, oder daran gedenket. Fremde und Einheimische, nahe und ferne, ganze Städte, wie einzelne Menschen — zittern. Wer es höhret und höhren wird, von fehrnen Nationen und Nachkommenschaften, der wird erzittern und sagen. — Schimpf des Christenthums! Schande der Menschheit! — Der Himmel möchte drüber erröthen! Die Erde erzittern! That, die, ehe sie geschahe, für bloß möglich zu halten, ein entsetzliches Verbrechen gewesen wäre — die, nachdem sie geschehen ist, ohne Verbrechen kaum geglaubt und ohne Unvernunft kaum bezweifelt werden kann.

So muß urtheilen, wer denken kann. So reden, wer Menschen Empfindung hat. So werdet ihr urtheilen, Geliebte — so muß ich urtheilen. — Oft zweifle ich an der Wirklichkeit, oft an der bloßen Möglichkeit. — Wenn ich des Tages nachdenke, wähne ich oft: „Ich träume" Und

wenn

244 Der Verbrecher ohne seines Gleichen

Wenn ich des Nachts erwache — so sag ich manchmahl zu mir selber — „es ist unmöglich!" Drey, viermahl, da ich an dieser Predigt schrieb, bin ich aufgestanden, und rief, mit nach dem Himmel gerichteten thränenvollen Blicke.... Ist's möglich? Ist's möglich? Ja! was wirklich ist, ist möglich?

O! was dem Gottesvergessenen Menschen möglich ist! — O Geheimnis der Bosheit, was ist dir unmöglich? Sie ist geschehen, geschehen, die verruchteste aller Thaten! — Geschehen, geschehen, die profänste aller Unternehmungen! Gräuel aller Gräuel, du bist geschehen?... Jesus Christus! Du sahests! Sie ist geschehen!

Ein' Mann Belials — denn, daß es zween oder mehrere solche Teufel gäbe — welcher Mensch oder Unmensch kanns glauben? Ein Mann Belials — Allwissender Gott! Du weißt, wie viel Gräuelthaten er begangen haben muß, ehe er zu dieser lezten und schrecklichsten reif war! — Ein Mann Belials stahl sich neben Gräbern und Grabsteinen vorbey, im Dunkeln, in der Stunde der Mitternacht, hinein in den Tempel, wo Gott angebehtet, Jesus Christus verherrlicht wird, der Geist der Gnaden wirksam ist; — Ein Mann Belials trat leise daher unter den hohen Gewölben des stillen feyerlichen Tempels, der auf Gebehte und Lobpreisungen, Gelübde und Bußthränen einer ganzen Gemeinde wartete — Ihn schreckten nicht — Schauer der Einsamkeit und nächtliche Stille; Kein leicht entstehender

und sein Schicksal.

hender Wiederhall seines einsam daher tönenden Fußtritts — Keine Furcht vor seinem eignen Schatten an dem düstern Lichte, das ihm leuchtete zu seiner Gräuelthat — Keiner der Todten Gottes, die rings um ihn her unter der Erde ruheten; — Ihn schreckte nicht der Gedanke an Deine Allwissenheit, Allsehender Gerechter! Denn Der, der sein Auge gestaltet hat, siehet nicht, und der Gott, Der sein Ohr gepflanzet hat, höhret nicht — Denn er glaubet keinen Gott, und will von Keinem wissen, Der ihm Leben, Athem und Alles giebt; — Ihn schreckte nicht der Gedanke: Wie? Wenn ein Mensch, ein Engel, ein Satan mich sähe? — Denn er schämt sich nicht vor Menschen; Er weiß von keinem Engel; Er fürchtet sich vor keinem Satan — Denn er fürchtet sich nicht vor sich selber; — Nichts Sichtbares, nichts Unsichtbares schreckt ihn, denn er ist voll Bosheit, und er kann nicht schlafen, ehe er die größte aller Schalkheiten begangen hat, — Aufsätzig dem Unschuldigen, knirrschet er mit seinen Zähnen über den Gerechten, zuckt der Gottlose sein Schwert und spannet seinen Bogen; — Den Elenden und Armen, und die Gemeine zu fällen, und die umzubringen, welche den rechten Weg gehen — die in den Tempel des Herrn kommen würden anzubehten.

Hinein oder herab stieg er, der Verruchte — im Dunkeln, mit dem Licht in der einen — in der andern Hand Tod und Verderben, im Herzen die Hölle, gieng und nahete sich — Wohin? Wozu? Zu dem heiligen Steine, aus welchem neugebohrne Christen das Zeichen der Einweyhung zur Gottes Kindschaft und Unsterblichkeit, empfangen; Zu dem heiligen Steine, bedeckt diesmal, und zubereitet zum Mahl der Liebe und des Bundes, der Versöhnung und Gnade. — Daß kein Wetterstrahl von Dir ausgieng, Allgerechter im Himmel! Daß Deiner Tausenden, die um Deinen Thron stehen, keiner sich losriß, mit blitzendem Schwerte, den Vermessenen zu zerstücken — Da er's wagte — zu vollbringen den Gräuelgedanken, der sein Herz mit Satans Freuden erfüllte — Da er hinstellte sein Licht auf den Boden, sich wieder aufrichtete, und — und — hervorzog, aus seiner Tasche, oder seinem Busen — Was? Red' ich Lügen oder Wahrheit? ... Was? Wer will der Sache Namen geben? Was? ... Teufelsgemisch gekauft und gesammelt an einem Tage, wo er Gott fluchte, und zusammen gewogen, in einer Stunde, wo der Satan vor ihm in Hohngelächter ausbrach. — Daß von Deiner Rechten, o Du, der Augen hat wie Feuerflammen, kein Gebein zersplitternder Donner daher fuhr, schwarz zu brennen das Mark des Gewissenlosen, der nun seine eine Hand ausstreckte nach dem geweyhten Becher, und mit der andern ihn besteckte, mit Gräuel und Verderben, — Daß ihm seine Rechte nicht erstarrte, da — er seinen Grimm bereitete in dem Kelche des Herrn — und mit seinen Fingern wühlte in dem Gemengsel der Bosheit; Daß unter ihm die Erde sich nicht aufthat, da er griff nach den stehenden Weingefäßen, ausgoß davon in der Becher einen, erst soff oder stahl, wie

vor-

vormahls auch in einer heiligen Nacht — von dem Gott
geheiligten Wein — dann die Lücke füllte mit listig ver-
theiltem Wuste der Bosheit — wieder zuschloß, die auf-
gefrevelten Oeffnungen — sein Maul wischte und sich selber Glück wünschte, zur still vollendeten That — seine Hände wusch und trocknete, an seinem Finger roch, und dem
Wein und Essiggeruch sich wegzufegen Mühe gab, und
unterdessen sich in den Gedanken seegnete: Morgen! Morgen! Welch ein Tag wird es seyn! Ein Tag — des Schmerzens und der Wehklage! — Des Spottes und des Muthwillens! Und ich, ich hab es im Dunkeln vollbracht ...

Ha! Ha! Du Bösewicht ohne deines Gleichen! Welche
Nacht für dich, die Nacht des 11. und 12ten Herbstmonats
da du schwanger giengst mit dem Anschlage des Verderbens! — Welche Stunde der Finsterniß, da du vollbracht
hattest — das Verbrechen aller Verbrechen; ... Da du
wieder giengst den Weg, den du gekommen warst, öffne-
test die Thür — dich nicht entsetztest — vor dem Knarren
des Auf- und Zuschliessens! — Nicht vor dem Gedanken:
Wenn Jemand es hörte; Wenn der Wächter der Nacht,
oder die Magd eines Kranken, oder ein Arzt, oder ein
Geistlicher hinberufen zu einem Sterbenden — vorbey
gieng, oder mich anträfe, oder mir nachgieng. Aber du
warst blind in deiner Bosheit, und versteinert in all deinen Sinnen. — Wer darf in dieser Nacht auf der Stras-
se seyn, als ich? Wer mit aufgerichtetem Haupte ruhig
einher gehen, als wer frech genug ist, das Allerheiligste zu

entheiligen. — O du Veruchter! Wie war dir, da du einsam daher giengst, über die stillen Strassen, an den Häusern derer vorbey, denen du Schimpf und Schmach, Tod und Verderben bereitet hast? Sie schliefen ruhig, oder wachten unter andächtigen Vorbereitungen, und wohl keiner der Wachenden oder Schlafenden träumte oder dachte, daß jetzt unten vor ihren Häusern ein Satan in Menschengestalt vorbeygieng, der sein Schwert gegen sie zuckte, und seinen Bogen wider sie spannte, und die Unschuldigen und Gerechten umzubringen gedachte. — Ha! Wie war dir, da du dich deiner Wohnung wiederum nähertest, und in das nächtliche Zimmer tratst, unter die Schlafenden oder Wachenden Deinen, die wußten, welches Gespenst der Hölle ihnen in dir erschien? — Wie? Durftest, konntest du deine Kleider noch ausziehen? Oder warfst du dich in deinen Kleidern, besteckt mit Gift, das du deinen Brüdern bereitetest aufs Bette hin, schlummernd oder wachend? — Unter welchen schrecklichen Gedanken? Ha! Wie werden sie sich krümmen und winden! Wie jammern und suchen! Wie heulen Gatten und Gattinnen! Kinder und Geschwister! Knechte und Mägde! Ha! welch ein Schauspiel für mich! — Unter welchen so verfluchten, oder noch verfluchtern — Gedanken erwartetest du wachend oder schlummernd den Morgen des heiligen Tages, des Tages der Freude für Engel über Sünder, die Busse thun, und der Freude der Hölle über dich, du Ruchloser aller Ruchlosesten — die ie die Sonne beschienen, die ie in der Nacht Gräuel aussonnen, *und sein Schicksal.*

ken? — oder vollbrachten! Ha! Vielleicht war noch das Maaß deiner Gränzlosen Bosheit nicht voll; vielleicht giengst du noch selber hin in die heilige Versammlung, um ein Zeuge zu seyn des Schreckens, der Bestürzung, oder des unbemerkt verschlungenen Todes. Vielleicht erschollen auch noch in dein Ohr Erweckungen Gottes, aus dem Munde des Lehrers, dem du Schmerzen und Untergang bereitet hattest, — strecktest vielleicht noch deine verruchte Mörderhand aus, von ihm den Kelch der Liebe und des Friedens zu empfangen, den du vergiftet hattest, und heucheltest dessen Genuß. Mir schwindelt . . . mir schwindelt, Geliebte! Verstummen, ohnmächtig werden möcht' ich — über der Stirne des Verbrechers, der mit Schlangenblicken säh den Kelch voll seines grimmigen Zorns, in der Hand der Boten des Friedens — in den Händen einer heiligen verdachtlosen, andächtigen Gemeine.

Daß Du — Laß mich's noch einmahl sagen — Daß Du, Allgerechter und Langmüthiger! Daß Du dem eisernen Sünder die Schaamlose Stirne nicht brandmarktest! Daß der Unheilige nicht zur Erden hinstürzte, wie Ananias und Saphira, die nicht Menschen, sondern Gott logen! — Aber Deine Wege, Heiliger! Heiliger! Deine Wege sind nicht unsere Wege; Deine Rathschläge sind nicht unsere Rathschläge! Sondern wie die Himmel höher sind, als die Erde, so sind Deine Wege höher, als unsere Wege, und Deine Rathschläge höher, als unsere Rathschläge.

Du

Du schohnest des Verbrechers, den wir auf der Stelle zerschmettern möchten — und giebst dem, über dessen Scheitel wir deine Blitze erwarten, noch Tage zur Buße und zur Rückkehr. So entsetzlich ist das Verbrechen, daß uns Alles begreiflicher ist, als Dein Schweigen — So entsetzlich, daß alle Namen nicht hinreichen, und alle Worte zu schwach scheinen, daßelbe zu bezeichnen Von welcher Seite wir es ansehen, immer erschrecklicher, immer ohne seines Gleichen! An gute Absichten — wer kann gedenken? Die wenigst bösen wären abscheulich und ohne ihres Gleichen. — Wenn's aus Schwärmerey und Fanatismus geschehen wäre, welches an sich noch möglich wäre, ich Anfangs für möglich hielt, daß ein Thor sich eingebildet hätte, er thue Gott einen Dienst daran, jetzt für unmöglich halten muß, — so wäre wenigstens die Verblendung ohne ihres Gleichen. Aber so, wie dieser Bösewicht handelte, handelt kein Schwärmer, kein Angebrannter, kein Verrückter. Plan, Plan der Bosheit! Verruchter, beyspielloser Bosheit leuchtet aus allen Spuhren seines Unternehmens hervor! Muthwille, wenn's bloß Muthwille wäre, wäre der verfluchteste Muthwille, der je in eines getauften Christen Herz aufgestiegen wäre, gewiß nie — bey keinen heidnischen Opfermahlzeiten oder Götzenopfern — möglich gewesen wäre. Wie würden die verruchtesten Israeliten den verruchten Spötter angesehen haben, der ein Trankopfer, oder einen Kelch der Danksagung, wovon auch nur ein einziger Mensch hätte trinken müssen, mit dem gelindesten Brechmittel entheiligt hätte? Wie würden die gottesvergessensten

gessensten Heiden einem nächtlichen Bösewichte gesucht haben, der sich an dem Priesterwein auf eine solche oder ähnliche Weise vergriffen hätte? Weder in den jüdischen noch heidnischen Geschichte lieset man von einem solchen Muthwillen; Schien kein solcher — ein Muthwille an einer ganzen Gemeine — möglich gewesen zu seyn. Wenn's auf einen Menschen allein abgesehen gewesen wäre, so schiene das schon an der äussersten Gränze der Gewissenlosigkeit und Irreligion zu seyn. Aber auch nur dieser Grad schien bey Juden und Heiden unmöglich zu seyn, wenigstens unerhöhrt. . . .

Aber was bey Juden und Heiden unerhöhrt ist, geschieht unter den Christen, geschieht in der Kirche, geschieht am Bethtage, geschieht an der heiligsten Handlung! Was bey Juden und Heiden gegen einen einzelnen Menschen unerhöhrt war, geschahe vor wenig Tagen in Zürich, wo nicht gegen eine ganze heilige Gemeine, wenigstens gegen einen beträchtlichen Theil derselben. Das, das mußte ich an dir erleben, du theures Zürich! Mutterkirche der evangelischen Lehre! — Dir, meine geliebte Vaterstadt! Berühmt wegen ihrer Sittsamkeit und Religionsliebe. Du, du! O hätt' ich das jemahls gedacht — so viel wachsenden Leichtsinn ich auch sahe, so viel Schlimmes ich dir auch zutrauen mußte. . . . Du, du meine geliebte Vaterstadt! Du, du mußt ein Beyspiel einer That werden, die, wenn sie auch blosser Muthwille gewesen wäre, ihres Gleichen unter Christen nicht, unter Juden nicht, unter Heiden nicht gehabt hätte!

hätte! O Du, der über Jerusalem weinte, als Er die Stadt erblickte, gieb mir Trähnen für sie, wie die Deinigen über Jerusalem waren! . . . Wenn dieß, sag ich, auch blosser Muthwille gewesen wäre — O es ist mit Worten nicht auszusprechen, wie traurig es ist, wenn man auf einer christlichen Kanzel wünschen muß; daß eine solche Greuelthat, nur der profanste, gotteslästerlichste Muthwille gewesen seyn möchte. —

Aber, offenbahr, wie der Tag, und gewiß, wie die Wahrheit ist's, daß mehr als teuflisch profaner Muthwille, mehr als die Höllenabsicht, einer ganzen Gemeine Andacht zu stöhren, und die heiligste Handlung zum Ekel und Hohngelächter zu machen; Daß mehr als dieß Absicht, Plan des Ungeheuers war, durch welchen der Satan diese That vollbrachte. Nicht begnügte er sich mit dieser schon namenlosen Boßheit; — Er wollte nicht nur Schimpf und Gelächter; Er wollte Schmerzen und Wehgeheul; Er wollte Tod und Verderben, Tod und Verderben, durch das Mähl der Liebe; Tod und Verderben, durch das Zeichen und Pfand des Bluts der ewigen Liebe und Versöhnung; Tod und Verderben Vieler; Tod und Untergang der Lehrer und Vorsteher der Kirche; Und mehr, als bloß vermuthlich ist's; Er wollte gewissen, schrecklichen, schmerzvollen Tod des ersten, redlichsten, gewissenhaftesten, treuesten Lehrers und Vorstehers unserer Kirche. Nicht nur betäubende Pflanzentheile, nicht nur Ekel erweckende Gesäme — Ast! Sey's nun noch nicht aufgelöst, und der Wein noch nicht gesät-

tigt

tigt und durchdrungen genug gewesen, um mehr zu schaden. — immer war's Gift, verderbendes, zerschneidendes, marterndes Gift in dem geheiligten Weine gefunden — von den verständigsten, weisesten, erfahrensten, unpartheyischsten Aerzten und Naturforschern gefunden; Gift, von verschiedener Art und Wirkung. — Es ist erschrecklich, das Verbrechen wider die Wahrheit zu vergrössern; Aber es ist auch schrecklich, dasselbe wider die Wahrheit zu verringern. Wahr ist's, der Schade war unbeträchtlich; Wahr, die verfluchte Absicht ist fehlgeschlagen. Dank, nicht dem Verruchten, daß er seine Absicht nicht geschickter ausführte; Sondern Dank und Anbethung der wachenden Fürsehung Gottes, die das, was der Bösewicht Böses über eine Gemeine angeschlagen hatte, vereitelte und zum Guten lenkte. Die verfluchte Absicht hatte fehlgeschlagen, der heilige Wein zeugte wider sich selber, der vergistete Becher ward vorher bemerkt, und so gut er gereinigt werden konnte, gereinigt. Wer genoß, genoß weniger als gewöhnlich, viele genossen gar nicht. Nur einige empfanden Uebelkeiten und Schmerzen. . . . Nur Einige . . . O allgütiger Vater im Himmel! Welch ein Tag des Entsetzens wäre der Tag der Busse gewesen, wenn dem Satan sein Anschlag gelungen wäre? Wenn dort ein Vater unter schreyenden Schmerzen seinen sterbenden Kindern, eine Gattin ihrem jammernden Geliebten, ein Bruder dem Bruder, Schwestern den Schwestern, hier ein Bräutigam seiner Braut, Lehrer ihren Gemeinen, durch einen entsetzlichen Tod entrissen, ganze Familien hingerafft, ganze Schaaren verlassener Wai-

sen

sen geworden wären! — Nicht aufdenken dürfen wir! Ein Tag des Erdbebens und der Pestilenz würde kaum so furchtbar seyn, als der Tag gewesen wäre, wenn man unverdächtigen, mehr gesättigten Wein, mit freyen Zügen genossen hätte . . . Herr Jesus! Welche That! Welche That! . . Einen Menschen vergiften zu wollen — einen Mitbürger, einen Christen, eine ganze oder halbe Gemeine der Christen, Lehrer der Christen — vergiften zu wollen! . . . Aus Bosheit? Aus Raache? Aus Gewinnsucht? Aus welcher Höllenabsicht? Welchen mehrern Höllenabsichten? Wer kann's ergründen? Wer kann's begreifen? Wer erklären? — Aus Raache? Wie? Raache! — Beym Mahl der Liebe? Aus Raache? Wie? Raache gegen eine ganze oder halbe Gemeine? — Um Eines, um Zweener, um Zehen willen, von denen der Unmensch sich beleidigt glaubte, gegen die sein böses Herz ergrimmt war — Um diese gewiß zu treffen, einer Gemeine oder halben Gemeine, voll unschuldiger, guter, Gottliebender, nach Christi Gemeinschaft sich sehnender Menschen — einen Gifttrank bereiten! — Wer kann's ergründen? — Begreifen? — Erklären? — Und aus Gewinnsucht? Geldsucht? Erbsucht? Auch das wieder . . . Wer kann Licht geben? Wer Tag in der Nachtsache sehen? Wie gar kein Verhältnis zwischen Mittel und Zweck! Zwischen Absicht und That! O Geheimniß der Bosheit! O Unglaube! Wohin führst du? O Gottesvergessenheit! O Irreligion! Die Geheimnisse deiner Greuel sind unergründlich, wie die Geheimnisse der Erbarmung Gottes. —

Und

und sein Schicksal.

Und dann, welch neues Geheimniß der Bosheit — die That am Bußtage zu vollbringen! Wie ausgedacht! Unter aller Ordnung, allem Feyerlichen, Heiligen, aller Andacht, aller Religion, allen Empfindungen der Gottesdürftigen Menschheit zu spotten, und Hohn zu sprechen? — Am Tage, wo keiner ausbleibt, der sonst das Jahr durch nie zur Kirche kommt; Am Tage, wo auch die argwöhnischte Seele so was nicht vermuthen kann, wenn sie's auch alle andere Tage vermuthen würde! — O Gott! Wer träumte sich am letzten Behttage die Möglichkeit eines solchen Verbrechens!... O ihr künftigen Bußtage, wie fürchterlich werdet ihr den Nachdenkenden! O du zwölfter Herbstmonat, wie werden dich unsere Nachkommen noch mit Schauer und Schrecken nennen!

Und dann, welche verfluchte Teufelserfindung — durchs heilige Abendmahl! Durch das Allerheiligste das Allerverruchteste auszuführen! Durch's Abendmahl! O Abendmahl des Hērrn! Du Trost der Traurenden! Du Labsal der Matten! Du Kraft der Schwachen! Du Leben und Seeligkeit zerknirrschter Sünder! Du Vorschmack des Himmels! Du Band der Liebe! Du Gegengift des Leichtsinns und der der Sünde! Du Pfand des Lebens! Du Schauplatz der Erbarmung ohne Gränzen! Welches Menschenherz, das auch nicht an Christum glaubt, kann dich verachten, dich nicht nützlich, nicht edel, und schön finden, wenn du auch weiter nichts wärest, als gemeinschaftlicher, brüderlicher Genuß desselben Brods und Weins, vor Einem gemeinschaft-

meinschaftlichen Gotte; Nichts, als eine Verpflichtung zur
Liebe und Versöhnlichkeit? Und welches Christen Herz,
das an Christum und Seine Alles versöhnende Liebe
glaubt — welches Christen Herz denkt an dich, und wird
nicht entzückt? — — Und nun — Ach! Wer darfs denken? Wie kann ich's außsprechen? Wer kann's glauben?
Und nun dieß heilige, theure, Göttliche Abendmahl wird
unter uns, unter uns — wohin ist's gekommen? Unter
uns?... Wird aufgesperrter Rache des Todes, Triumph
und höchste Freude der Hölle! Wird — in der heiligen
Vorbereitungsnacht auf den heiligsten Tag — von einem
Giftmischer entheiligt! O Jesus Christus! Wenn das nicht
heißt: Dein Blut mit Füssen treten — Was heißt's
dann? O Jesus Christus! Wenn das nicht heißt: Ich
von neuem kreuzigen, was heißt's dann?

O Jesus Christus! Seit der schrecklichen Donnerstags-
nacht, da Du gefangen, und von Unmenschen, wie ein
Unmensch behandelt wardst; O Jesus Christus! Seit dem
heiligen und schrecklichen Freytage, an dem Du gekreuzigt
und ein blutendes Opfer wardst für die Sünde der Welt —
hat Satan, haben die Mächte und Fürsten der Hölle keine
grössere Freude erlebt, als diese: Daß der heilige Wein, den
Du Dein Blut nennst, vergossen für Viele zur Vergebung der Sünden — in einen Gifttrank verwandelt ward.
O Gott! O Jesus Christus! Was soll ich sagen? Alle Beredsamkeit hat hier ein Ende! Aller Reichthum der Sprache
wird hier Armuth! Ich kann nichts mehr sagen, als:

Es

Es ist ein Verbrechen, und ein Verbrecher ohne Namen und ohne seines Gleichen — Judas Ischarioth seines war kaum so schrecklich, gewiß schrecklicher nicht! O Herr Gott! Barmherzig und gnädig, langsam zum Zorn und von grosser Güte! — O Gott der Geister alles Fleisches! — Ein Mann hat gesündigt — Zürne nicht über die ganze Gemeine! Und gieb uns weiter Geduld und Kraft zu reden und zu höhren Worte der Wahrheit! —

II.

Ihr habt von dem entsetzlichen Verbrechen gehöhrt — Höhret nun zweytens, von dem Schicksal dieses Unglücklichen!

Heiliger! Heiliger! Wie? Wie? Soll dann dieser Veruchte unentdeckt und unbekannt unter uns wandeln? Soll denn dieß lebende Laster aller Laster mit himmeltrozendem Haupt unter uns einher gehen? Wird denn Gott im Himmel schweigen, immer zusehen und schweigen? Daß der Verbrecher denke: Er sey gleich wie er! Nein! Nein! Gott schweigt, aber Er schweigt nicht immer! Sein Schweigen ist furchtbar für den Sünder, welcher Sünder bleibt. Sein Schohnen ist entsetzlich für den Lasterhaften, der über seine Gräuel frohlockt, und in seinen Missethaten triumphirt. Trotze nur, trotze nur, Sünder! — Und du, Gerechter! Bleibe sanft und gelassen, und harre, und harre deines Gottes und Seines Gerichtes! Es ist noch um ein kleines zu thun, so wird der

R   Gott-

Gottlose nicht mehr seyn, und wann du nach seinem Orte fragst, so wird er nicht mehr vorhanden seyn. Der Gottlose ist dem Gerechten aufsätzig, und knirschet mit den Zähnen über ihn. Aber der Herr lachet seiner; Denn Er sicht, daß Sein Tag kommt. Die Gottlosen zucken ihr Schwert, und spannen ihren Bogen, daß sie den Elenden und Unschuldigen fällen, und die umbringen, welche den rechten Weg gehen. Aber ihr Schwert wird durch ihr eigen Herz dringen, und ihr Bogen wird zerbrechen. Nur die Sanftmüthigen werden das Land ruhig besitzen, und in grossem Frieden Lust haben. So wahr der Herr lebt, Er wird den aus Seinem Buche tilgen, der unverbesserlich wider Ihn sündiget. Gott ist ein gerechter Richter, und ein Gott, der täglich dräut. Will man sich nicht bekehren, so hat Er Sein Schwert gewetzt, Seinen Bogen gespannet und zielet. Er hat Ihm selber tödtliche Waffen zubereitet, und Seine Pfeile zugerichtet zu verderben. Siehe, dieser Veruchte hatte Böses im Sinn. Er gieng mit Unglück schwanger, und gebahr einen Fehler. Er hatte eine Grube gegraben, und nach seinem Dünkel ausgeführt; Aber er wird in die Grube fallen, welche er gemacht hat. Sein Unglück wird auf Seinen Kopf kommen, und sein Frevel wird ihm auf seinen Scheitel fallen. Es wird kund werden, daß der Herr das Recht übt. Der Gottlose verstricke sich in dem Werke seiner Hände! Umsonst, daß er seine Augen

noch)

noch so erhöhe, und seine Augenbraunen noch so hoch aufwerfe — Umsonst! Seine Zähne seyen wie Schwerter, und seine Stockzähne wie Messer! Gott fürchtet sich nicht vor seinem stolzen Blick, und Seine Gerechtigkeit zittert nicht vor seinen gräulichen Reden. Umsonst rühme er sich immerhin seines Muthwillens; Er seegne und beglückwünsche sich selbst um seiner Bosheit willen, und lästere den Herrn. Der Verwegene sey immerhin so stolz und zornig, daß er niemand nichts nachfrage! In allen seinen Gedanken sey kein Gott! Er fahre fort mit allem seinem Thun immerdar! Des Herrn Gerichte seyn ferne von ihm! Er verachte alle seine Verächter! Er spreche immerhin in seinem Herzen: Ich werde nimmermehr entwegt werden — Es wird mir nimmermehr übel gehen. Sein Mund sey immerfort voll Fluch, Falschheit und Betrug! Unter seiner Zunge sey Mühe und Beleidigung; Er laure um Häuser und Höfe, um Gräber und Tempel, um Taufstein und Tische des Herrn; Er erwürge den Unschuldigen heimlich! Er laure im Verborgenen, wie ein Löwe in der Höhle! Er zertrete und werfe nieder, und stoße Unschuld und Tugend, und Alles, was heilig ist, mit Gewalt zu Boden! — Er spreche immerhin in seinem Herzen: Gott hat es vergessen; Er hat Sein Angesicht neben Sich gewendet; Er wird es nimmermehr sehen. Ich will mit meiner Zunge stracks fortfahren. Ich bin meiner Lefzen gewaltig. Wer ist mein Herr? — Sey er

so

so gottlos, als er will und kann; Schweige Gott Jahre und Tage! Dennoch wird Er nicht immer schweigen! Dennoch wird Er den Vermessenen strafen, und ihm unter das Angesicht stehen; Dennoch ist Er nicht ein Gott, dem gottlos Wesen gefällt; Wer bös ist, bleibt nicht vor Ihm — Die Frevler können vor Seinen Augen nicht bestehen. Er hasset Alle, die Schalkheit treiben; Er bringet die Lügner um — Er hat einen Gräuel an den Blutgierigen und Falschen. — Wehe dem, der seinen Nächsten kränket, und seinen grimmigen Zorn darunter mischet, ihn schwindlich zu machen, daß man seine Schaam sehe. Darum sollst du mit Schaden gesättigt werden. So trinke auch du, spricht der Herr, daß du taumelst; Denn der Becher in der rechten Hand des Herrn wird auch zu dir kommen, und schändliches Speyen, anstatt deiner Herrlichkeit. (Habac. II.)

Die Erde, welche Dornen und Disteln trägt, ist untüchtig und dem Fluch nahe; Welcher Ende Verbrennung ist. So wahr ich lebe, spricht der Herr Herr — Ich will meinen Eid, welchen der Gottlose verachtet, und meinen Bund, den er übertreten hat, über seinen Kopf bringen. Ich will mein Netz über ihn ausspannen, und in meinem Garn soll er gefangen werden. — Ja! Höhre das Wort des Herrn, wenn du noch ein Ohr hast, es zu hören; Verheele deine Missethat wie du immer willst; Verhülle sie in Frechheit oder

Beschei-

Bescheidenheit — Rede oder schweige davon — Es ist dennoch nichts bedeckt, das nicht werde entdeckt werden, und nichts verborgen, das man nicht wissen werde. Gott stellt dennoch alle deine Missethaten vor Sich, und alle deine Heimlichkeiten in das Licht Seines Angesichts. Willst du dem Allmächtigen entrinnen? Oder meynst du dich vor dem Allwissenden zu verbergen? — Wo willst du hingehen vor Seinem Geiste? Wo willst du hinfliehen vor Seinem Angesichte? Führest du in die Höhe, so wäre Er da! Bettetest du dich in die Tiefe, siehe so wär' Er auch da! Eiltest du mit Flügeln der Morgenröthe an's äusserste Ende der Erde, oder des Meers, so würde dich doch Seine Hand auch daselbst finden, und Seine Rechte dich halten. Sprächest du bey dir selber: Die Finsterniß wird mich doch bedecken, so würde auch die Nacht vor Gott um dich her Licht seyn. Denn die Finsterniß ist nicht finster bey Gott, und die Nacht leuchtet wie der Tag, und die Finsterniß ist Ihm wie das Licht — Deine Nieren sind in Seiner Gewalt. — Fliehe, wohin du fliehen willst — der Engel des Herrn wird dir im Wege stehen, und dich zurücktreiben an den Ort, wo du die Gräuelthat begiengst, und in die Stadt, die sich an deiner Bosheit wird rächen müssen. — Fliehe oder bleibe! Du fliehest und bleibst in der Hand des Herrn, und der Herr hat dich zu einem Gericht gesetzt, und dich zur Strafe gegründet. Gott läßt Seiner nicht spotten. Was der Mensch säet, das wird er auch ärndten. Wer Böses säet, der schneidet Jammer. Es ist Recht bey Gott, denen, die Andern Trübsal zufügen wollen, Trübsal zu vergelten. — So wir freywilliglich sündigen, nachdem wir die Erkenntniß der Wahrheit empfangen haben, so ist uns kein Opfer mehr übrig gelassen für die Sünde, sondern ein erschreckliches Warten des Gerichts und des Feuereifers, der die Widerwärtigen verzehren wird. So jemand das Gesetz Mosis brach, der starb ohne Erbarmung, auf zwey oder drey Zeugen hin. Wie viel grösserer Strafe, meynet Ihr, wird der werth geachtet werden, der den Sohn Gottes mit Füssen tritt, und das Blut des Bundes, in welchem er geheiligt ist, durch welches er der Versöhnung und Begnadigung hätte versichert, durch welches er hätte entsündigt werden können, der dieß Blut des Bundes gemein achtet, und den Geist der Gnaden schändet; Denn wir kennen Den, der da gesagt hatte: Mir gehört die Raache. Ich will es wieder vergelten, spricht der Herr. Und abermahl: Der Herr wird Sein Volk richten.

Es ist erschrecklich, in die Hände des lebendigen Gottes zu fallen. Aber du wirst darein fallen, wenn du nicht freywillig in die Hand der Menschen fällst! Und wenn du nicht freywillig darein fällst, du wirst ihr doch nicht entrinnen.

Es ist nur noch um ein wenig zu thun, so wird der Gottlose nicht mehr seyn, und wenn man nach seinem Orte fragen wird, so wird er nirgends vorhanden seyn. Der Herr lachet seiner, denn Er siehet, daß sein Tag kommt. Dein Schwert wird durch dein eigen Herz dringen, und dein Bogen wird zerbrechen. Du Verruchter! Du sollst an's Tageslicht kommen, und dein Name soll nicht verborgen bleiben. Die Bosheit soll nicht frohlocken! Die Unschuld soll nicht zittern vor dem Blicke des Argwohns. Du, du Schuldiger sollst an's Licht treten, und deine Zunge soll's gestehen: „Ich hab es gethan!" Und bis du das gestehest, sollst du nie ohne Schrecken vor einem redlichen Menschen vorüber gehen. Und so oft du einem begegnest, soll dir ein Schwert durch die Seele dringen. In meinem Leben will ich keinem Menschen, der noch ein Menschenherz hat, fluchen, und mich an keinem rächen, wenn er mich auch auf den Tod beleidigte; Aber Dir will ich fluchen, du Schwärzester aller Verbrecher! Fluchen im Namen des Herrn und Seiner zitternden Gemeine; Fluchen bis auf den Tag, da du deine Missethat gestehst; Gottes Gerichte dir drohen, bis du über deiner Gräuelthat in brennenden Thränen zerfliessest.

Siehe! Du thatest deine böse Begierde weit auf, wie die Grube der Hölle. Du warst unersättlich, wie der Tod! Du machtest den Bußtag des Herrn zu einem Tage des Gräuels, das Bethaus Gottes zu einer Mördergrube, den

Tisch des Herrn zu einem Tische des Teufels! Du betrübtest die Gemeine des Herrn, und machtest uns stinkend vor allen Nationen der Erde! Du machtest die Freunde des Herrn weynen, und Seine Feinde lästern! Du verunreinigtest, was rein, und entheiligtest, was Gott geheiliget war! — Darum kann ich nicht schweigen, und wenn Alles schwiege! Darum muß mit dir geredet werden, wie noch mit keinem Sünder auf Erden geredet worden. Denn wenn ich, wenn Alles schwiege, so würden die Steine wider dich schreyen; Wider dich das Gift am Boden, und das verschüttete, welches nicht abzuwaschen war! Und der Becher, welcher nicht ausgesegt werden konnte! Schreyen wider dich Taufstein und Tempel! Stadt und Land wird wider dich schreyen! Und das Geschrey wird vor die Ohren des Herrn der Heerschaaren kommen, und vor dem Herrn der Heerschaaren wirst du seyn wie Spreu vor dem Winde! Dein Weg sey finster und schlüpfrig, und der Engel des Herrn verfolge dich; Denn ohne Ursach hast du heimlich ein Netz gestellt, und mancher Seele eine Grube gegraben. Dir begegne ein Unfall nach dem andern, und dein Netz, das du heimlich gestellt hast, fange dich! Die Gestalt deines Angesichts verrathe dich. Du müssest deine Sünden selber auskünden, wie die zu Sodoma. Ein schreckliches Getümmel sey in deinen Ohren, und der Verderber komme in Frieden über dich! — Das Schwert schwebe dir immerdar vor Augen! Laufe hin und wieder um Speise; Schrecken und Angst überwältige dich

und sein Schicksal.

dich wie ein König, der zum Streit gerüstet ist, denn du hast deine Hand wider Gott ausgestreckt, und dich wider den Allmächtigen gestärkt; Du bist wider Ihn gelaufen mit gerecktem Halse, darum wird dein Ende kommen, ehe es Zeit ist; Du wirst abgehauen werden, wie eine unzeitige Traube von dem Weinstocke.

Verflucht sey, wer seinen Nächsten heimlich todtschlägt, oder schlagen will, und alles Volk soll sagen: Amen! Ja, meine Seele ergrimmt in mir, wenn ich an dich denke; Und Wünsche, die Gott höhret, quillen auf in meinem Herzen! O daß du sie höhrtest, nicht daß du gegenwärtig wärest! Nein! Nein! Nein! — Erbeben würd' ich, hinsinken und fürchten, daß Alles von dir flöhe -- Daß die Erde sich nicht unter uns aufthue, und mit dir lebendig zu verschlingen — Wünsche — die Flüche sind, Flüche von Gott mir in's Herz gegeben — strömen von meinen Lippen. — O daß du sie höhrtest! Daß du, wenn du mit verhärteter Seele einen meiner Zuhörer fragest: — Was ward gepredigt? Daß du vernähmest in aller Kraft und mit Entsetzen — was auf dich wartet! — Du müsset in Ohnmacht sinken, wenn man dir aus dieser oder andern Predigten dieser Art erzählt; Und wenn du wieder zu dir selber kommst, so müssen neue Schrecken Gottes dich überfallen! Du müssest deine Augen nicht aufschlagen dürfen, wenn du über die Straße gehest; Und mitten in deinen Reden stocken, wenn man von deiner entsetzlichen

That spricht. Dein Angesicht erröthe, so oft du deinen Namen nennen, und das Mark deiner Gebeine zittere — wenn du von Wein, oder Kelch, oder Eßig, oder Laim, oder Kanne, oder Abendmahl — oder von etwas reden hörst, was du entheiligtest, oder womit du das Heilige entheiligtest. Schauer überfalle dich, so oft du dich einer Kirche näherst, und deine Wangen erbleichen, wenn du die Thürme der Münsterkirche erblickest! Jeder Glockenschlag sey ein Donnerschlag auf dein Herz, und jedes Gebehtglockengeläute sey dir wie ein Gewitter! Iß deine Speise mit Schrecken, und trink aus deinem Glase mit Todesangst! — Dein Löffel müsse dir aus der Hand fallen, wenn du ihn zum Munde führen willst, und du müssest jeden Bissen mit Mühe zermalmen. Jeder Schluck Wasser erinnere dich: Ich bin ein Verderber! Und jeder Tropfen Wein, der deine Lästerzunge berührt — werde dir zum rauschenden Strome, zum Donnersturm, der dir brülle: Du hast den Wein des Herrn vergiftet! Wenn du des Morgens erwachest, so falle der Gedanke, wie ein Wetter, auf dein Herz: — Ich bin der Verruchteste aller Menschen! — Und wenn du dich des Abends zur Ruhe legen willst, so ergreife dich Entsetzen vor dir selber: — Ist auch eine That, die meiner That zu vergleichen sey? . . Herr Jesus! Herr Jesus! Hätt' ich das in meinem Leben geglaubt, daß ich einmahl so reden würde, auf der heiligen Kanzel des Herrn so reden müßte! Aber ich muß, o ich muß! — Und jedes Menschen- und Christenherz soll mit

mir

und sein Schicksal.

mir einstimmen — und jedes Menschen = und Christenherz soll mit mir zu Gott rufen, beten und flehen:

O Gott! Herr Gott! Dessen die Raache ist! Gott! Dessen die Raache ist! Erscheine! Erhebe Dich, Du Richter der Welt! Vergilt dem Frechen nach seinem Verdienst! Herr! Wie lange sollen die Gottlosen frohlocken; Wie lange sollen sie ihre Bosheit ausschütten — und trotziglich reden, und alle Uebelthäter sich rühmen? Herr! Sie zerschlagen Dein Volk, und plagen Dein Erbtheil! Sie sind Deinen Gerechten aufsätzig, und knirrschen mit den Zähnen über sie, und sagen: Der Herr siehts nicht, und der Gott Jakobs achtet es nicht! O Gott! Schweig doch nicht also! Sey doch nicht so still! Halt nicht also inn, denn siehe, Deine Feinde toben, und die Dich hassen richten den Kopf auf! Sie machen listige Anschläge wider Dein Volk, und rathschlagen wider Deine Geliebten! Sie sprechen: Wohlan! Laßt uns sie ausrotten, daß sie kein Volk seyn, und ihres Namens nimmermehr gedacht werde. Sie sagen: Wir wollen die Wohnungen Gottes einnehmen — O mein Gott! Mach einen solchen zu einem Wirbel, und wie die Stoppeln vor dem Winde! Wie das Feuer einen Wald verbrennt, und die Flamme die Berge anzündet, also verfolg' ihn mit Deinem Wetter! Und erschreck' ihn mit Deinem Sturmwinde! Mache sein Angesicht voll Schande, daß er nach Deinem

Namen

Namen fragen müsse, o Herr! Daß er erkenne, daß Du mit Deinem Namen Herr heissest, und der Höchste bist in aller Welt. Steh' auf, o Herr Gott! Erhebe Deine Hand! Warum sollte der Gottlose lästern, und in seinem Herzen sprechen: Du fragest nichts darnach? Du siehest doch ja, und Du schauest das Elend und den Jammer! Es steht in Deinen Händen! Wir Alle verlassen uns auf Dich! Zerbrich den Arm des Gottlosen, und suche das Böse — daß von seinem gottlosen Wesen unter uns nichts übrig bleibe.

Ja, Herr Gott! Ich schweige nicht, und wem Gerechtigkeit und Ungerechtigkeit nicht gleich sind, der schweige nicht; Und wem Sicherheit der Unschuld, ach, Sicherheit sogar der öffentlichen Andacht — O schrecklicher Gedanke! — Sicherheit unsrer künftigen Nachtmahlsfeyer, auch nur einigermaßen am Herzen liegt, schweige nicht! — Wer an Gott und Gottes allregierende Fürsehung glaubt, der ruhe nicht, und wer Gott anbetet, der bekte und stehe vor Dem, dessen Augen so rein sind, daß sie das Böse nicht sehen, und dem Argen nicht zuschauen mögen: — Warum siehest Du diesem Gottlosen und Schalk zu? Warum schweigest Du, wenn der Gottlose den Frommen verschlingen will? Ist denn Deine Hand verkürzt? O Jesus Christus, vor Dem nichts unsichtbar, vor Dessen Augen Alles bloß und gänzlich entdeckt ist! Laß, laß alle unsre Gemeinen erkennen, daß Du Der bist, der Herzen und Nieren prüft!

O sie-

O stehe, siehe doch herab vom Himmel! Siehe herab von der Wohnung Deines Heiligthums und Deiner Herrlichkeit! Wo ist nun Dein Eifer und Deine Stärke? Die Viele Deiner Erbarmungen? O Gott! Laß uns nicht werden wie die, über welche Du eine Zeitlang nicht geherrschet hast, und über die Dein Name nicht ausgerufen worden ist. Jer. 58, 15—19.

Ach! ach! Daß Du den Himmel zerrissest! Daß die Felsen vor Deiner Gegenwart zerschmelzten! Gleich als von brennendem Feuer, durch welches das Wasser siedend wird, damit Dein Name deinen Feinden kund werde, und die Boshaften vor Dir erzittern! Erwache, erwache! Ziehe deine Stärke an, du Arm des Herrn! Erwache, wie zu den vorigen Zeiten, und wie von Alters her! O Gott! Du gerechter Gott! Du hältst den Schuldigen nicht für unschuldig! O Herr! Du gerechter Gott! Laß den Bösewicht nicht sterben, wie andere Menschen — und laß den Missethäter nicht umkommen, wie gemeine Missethäter umkommen! O Du, der Adam rief: Wo bist du? O Du, vor dem einst das ganze Israel niedersank, da Kora mit seiner Rotte sich empöhrte wider Dich und Deinen Gesandten: — Zeige diesen Verruchten, wie Du Achan dem Israel zeigtest, um dessen Diebstahls willen ein Bann und Fluch war über Israel! Laß uns erschrecken an der Gasse wo er wohnt — und erzittern vor dem Hause, darinn er sich aufhält! — O Du, dessen Gerichte Nabab und Abihu

traf,

traf, dessen Flammen die ergriffen, die fremdes, nicht gebottenes Feuer vor Dich brachten — O Du, der heilig und ehrwürdig seyn will Allen, die sich zu Dir nahen, solltest Du den ungestraft lassen, der sich mit freventlicher Stirne zu Deinem Tische nahte, und sich so schrecklich vergriff an dem Weine des Abendmahls, dem Bilde des Blutes Deines Sohnes Jesu Christi! O Gott! Laß mich meine Augen nicht schliessen, laß diese Hand nicht erstarren, und diesen Athem nicht stille stehen, bis ich's mit Augen gesehen habe, wie es dem Gottlosesten aller Gottlosen vergolten wird. . . . .

Ich bin nicht rachsüchtig, Geliebte, und wehe mir, wenn ich auf der Kanzel, wo ich Liebe lehren, und wo Liebe seyn soll — Raache lehrte; Aber in diesem Falle, meine Theuresten, kann ich anders nicht reden, und wenn ich sogleich sterben müßte; anders nicht reden gegen den unbekannten Lästerer Gottes, und Entheiliger des heiligen Abendmahls Jesu Christi, keine Worte der Liebe und des Seegens reden: Sanft mit dem reden, hiesse, sanft mit dem Satan reden, — und ein treffendes Wort für den spahren, hiesse, seine Seele zur Hölle einwiegen. Ich habe, so wahr ich lebe, ich habe so wenig, als mein Gott, Gefallen an dem Tode des Sünders, nur daß er sich bekehre und errettet werde ins ewige Leben. — Aber mit gelinden Worten kann der nicht erweckt, und mit evangelischen Tröstungen nicht gelockt werden. Mit Jedem muß geredet werden nach dem Gehöhr seiner Ohren, und nach

der

und sein Schicksal.

der Härtigkeit seines Herzens. Vielleicht wär' Alles, was wir gesagt, wenn er uns hörte — nur schwache Stimme eines Kraftlosen! — Denn sein Herz ist ein Fels, und unempfindlich, wie ein Diamant! Er hat sich in die Hölle gewurzelt; Wer wird ihn wieder heraus reissen? Ja! Flammendes Feuer seh ich um dich — höhre, höhre dich schon fallenden Bergen und stürzenden Felsen zurufen: O ihr Berge fallet über mich, und ihr Felsen bedekket mich vor dem Zorne des Lammes! Darum brennt meine Seele vor Eifer, dir höhrbar zu seyn, und ich will, will alle meine Kraft aufbieten, dich zu wecken, du Tiefschlafender! — Elender; — Entsetzlicher!... Siehe! Siehe! Ich habe dir gefluchet; O daß ich dich seegnen könnte! Ja.. Seegnen will ich dich wieder im Namen des Herrn, wenn du deine Missethat bekennest. Barmherzigkeit, Barmherzigkeit will ich vom Himmel herab über deine Seele flehen — wie ich Gericht und Strafe über deinen Körper flehete — Flehen will ich, und eine ganze Gemeine auffordern, ihr Flehen vor Gott zu vereinigen, daß er sich, wenn's möglich ist, deiner Seele, deiner unsterblichen, unsterblichen Seele erbarme! Daß das Blut der Versöhnung, welches du mit so schaamloser Vermessenheit entheiligtest — ach! Daß es auch noch für dich geflossen seyn möchte! — Daß du auch noch wenigstens der letzte, letzte aller Seeligen werden möchtest ... O wenn seine Seele noch, wie ein Brand aus dem Feuer, zu retten wäre? — Erbarmender Jesus! Wie würdest Du dich, — wie würde der Himmel, wie würden alle Gerechte auf Erden

sich

sich freuen — Aber du, Verbrecher ohne deines Gleichen, du bist der Verlohrneste aller Verlohrnen, wenn du immer die Wahrheit verheelst, und einen Unschuldigen, auch nur in Gedanken, als den Gräuelthäter deiner Gräuelthat argwohnen lässest. — Aber weg wend' ich mich einen Augenblick von dir Elenden — Zu wem? Zu denen, die du durch deine Bosheit in tiefen Jammer stürzest, und aller Freuden des Lebens beraubest. O ihr —, Unschuldige — Freunde, Hausgenossen, Verwandte, Geschwister vielleicht, Kinder vielleicht, Eltern vielleicht, des Gewissenlosen, — Verzweifelt, verzweifelt nicht, wenn ihr der Nachricht Donnerschlag höhret: Unser Freund, unser Hausgenoß, unser Verwandter, Bruder, Sohn, ist der schwarze Verbrecher. — Zittern, erbeben, hinsinken, Weh ausrufen — wer wird's wehren, wer hindern wollen, oder können? Wer nicht mit Euch weynen, jammern, zittern, hinsinken? — Wer ist Teufels genug, Euer zu lachen, oder Unmensch genug, Euch sein heisses Mitleiden, seine brennenden Thränen zu versagen? Ich weyne zum Voraus mit Euch, und stehe ietzt schon zum Vater aller Erbarmung und alles Trostes: Laß sie nicht versinken, nicht verzweifeln — die unschuldigen Freunde des Verbrechers ohne seines Gleichen … über dem Verbrechen ohne seines Gleichen. Auf die offene, blutende, schreyende Wunde, wer kann Balsam giessen, als Du? — O! Erbarmer der Unglücklichen — Verwandle ihren Jammer in Seegen, ihre Wehmuth in Anbethung! Du führest durch Trübsal zur Freude, und durch Todesangst zur Wonne … Gieb, gieb den Unbekannten, die

die ihr Elend ſelber vielleicht noch nicht vermuthen können, gieb ihnen in den ſchrecklichen Stunden, die auf ſie warten — Du allein weißt, Allwiſſender, auf wen, auf wen von uns ſie warten! Gieb ihnen in den ſchrecklichen Stunden, die auf ſie warten, Glauben in ihr Herz, und ſtröhmende Fürbitte auf ihre am Gaumen klebende Zungen! Gieb ihnen fromme Freunde an ihre Seite, und verſage ihnen den einzigen letzten Troſt nicht, daß der Verbrecher, über den ſie jammern, noch Erbarmung vor Dir gefunden habe, ehe er ſein ſchreckliches Leben geendigt.

Ich bitte für ſie, Vater im Himmel! Aber um ihrentwillen bitt' ich nicht um Schonung für den Verruchten. — Väter des Vaterlandes!.. Nicht um Schonung, und wenn's einen meiner Freunde träfe... denn es iſt Frefelthat an dem Allerheiligſten. Nein! Theure, Chriſtliche Obrigkeit, die Du heute deinen gerechten Abſcheu über die unmenſchlichſte aller Thäten vor den Ohren aller Gemeinen dieſer unſrer Stadt bezeugteſt, wohl Dir, daß Du's thateſt; Wohl Dir, Dienerin Gottes! Rächerin zur Strafe für jeden, der Böſes thut! — Trage Du, o beſonders auch in dieſem ſchrecklichen Falle, das Schwert nicht umſonſt! Thue, was Du thun, und erdenke, was du erdenken kannſt, den laſterhaften Böſewicht zu entdecken, und allen ſeinen leiſeſten Spuhren nachzugehen! Laß deine Augenlieder nicht ſchlummern, ehe Du den Vater im Himmel um Weisheit, um Weisheit zur Entdeckung des gräulichen Böſewichts, und um Ernſt, ihn bis an die äuſſerſten Ende der Erde

S

zu verfolgen, angesehet hast. Sey nicht nachläßig, nicht träge, nicht menschenfürchtend, nicht muthlos! Laß dich durch nichts ermüden! Erkalte nicht! Erkalte nicht! Es ist Menschensache! Bürgersache! Kirchensache! Gottessache! — Du erkennest sie für das! Heil Dir! Muth und Stärke Dir! Eherner Muth Davids, und Daniels Weisheit Dir! Daß du ausrottest das Böse aus unsern Mauern, und wegwälzest den Fluch von unserm Lande! Gottesfurcht und Religion, Christenthum und Geist Christi Dir! Daß Du unversöhnliche Feindin seyst alles unchristlichen Gräuels, und unerbittliche Rächerin aller Entheiligung und Lästerung des Allerheiligsten! Daß Du dich keiner fremden Sünden theilhaftig machest! Daß nicht das Blut, das vergossen werden oder erstarren sollte, von deiner Hand gefordert werde! — O Väter des Vaterlandes! — So wie, wenn die Bosheit des Boshaften vornehmlich auf Euch gezielt hätte; — Wie, wenn das, was einem vermischten Haufen von Lehrern und Zuhörern hat wiederfahren sollen, an Euch bey einer gemeinschaftlichen Mahlzeit, in einem Gasthofe, in einem Gesandtschaftshause versucht worden wäre; So — So — Und was wäre ein so verruchter Versuch gegen den geschehenen Versuch in einer Kirche, einer Gemeine, worunter Eurer so viele mit waren, gegen einen Versuch durchs Abendmahl? So, so strenge seyt in der Nachforschung! So wachsam seyen Eure Augen! So muthig Eure Verfolgungen! So scharf und exemplarisch Eure Bestrafungen! Ruhet nicht! Säumet nicht! Schohnet nicht in der Untersuchung! Wachet und betet!

bebtet! Saget uns, was wir thun, was wir predigen sollen, um den Gräuel aus unsrer Mitte wegzubringen, der noch sicher und unbekannt unter uns wandelt.

O christliche Obrigkeit! — O christliche Bürgerschaft! Wenn der Unmensch noch länger unter uns wandelt; Was wird er noch anheben? Welcher Gute, welcher Fromme wird noch sicher seyn, da eine ganze Gemeine nicht vor ihm sicher war? Welche nachforschende Magistratsperson, welcher ernststrafende Prediger, welche Versammlung wird ihm zu ehrwürdig, welches Heiligthum wird ihm zu heilig seyn? Eine so gottlose Seele, die eine solche Teufelsthat ausbrüten konnte, was wird sie in ihrer gränzenlosen Raserey noch weiter ausbrüten können? Welche neue, unerhörte Mordanschläge erdenken, vor denen sich keine Klugheit sichern kann? Werden unsre Wohnungen, unsre Rathhäuser, unsre Zunfthäuser sicher seyn, wenn unsre Tempel es nicht waren? Werden's unsre gemeinen Mahlzeiten seyn, wenn es die Allerheiligste nicht war? — Der Gottlose, wie wird er uns nun auffätzig seyn, wie mit den Zähnen über uns knirtschen, daß ihm sein Teufelsanschlag misglückt, und daß er noch nicht entdeckt worden ist! O Ihr väterlichen Landesväter, Beschützer der allgemeinen Ordnung und Sicherheit! Darf ich ein Wort mehr verlieren, um Euch zu sagen, was Ihr schon wisset; Empfinden zu lassen, was Ihr schon empfindet; Ein wenig Sauerteig versäuert die ganze Masse! . . . Denkt an das Wort des Propheeten: Vergriff sich nicht Achan, der Sohn Serach, daß der Zorn über die ganze Gemeine Israels kam, und er wäre beynahe nicht allein untergangen in seiner Missethat? Nichts mehr, als noch dieß: Ruhet nicht, bis das Böse unter uns ausgerottet, und dieser Gräuel aller Gräuel gerochen ist.

Und wer ein Menschenherz, ein Bürgerherz, ein Christenherz unter uns hat, der waffne sich mit Klugheit und Wahrheitsliebe! — Wenn er Spuhren weiß, oder vermuthet von dem Verbrechen oder Verbrecher, daß er sich nicht theilhaftig mache einer Frefelthat, vor der sein Herz zittert, — und an dem Schicksale des Verruchten nicht Theil nehme. Um Gottes, um der Religion, um des Vaterlandes willen entdecke jeder, was er entdecken kann! Scheue sich keiner vor Menschen! Nein! Der hat Freude, hat Theil am Verbrechen, der den Verbrecher nicht entdeckt, wenn er ihn entdecken kann!

Aber ja dann auch noch die Bitte und Warnung: (Wieder Eins von zehn, das ich sagen möchte und sollte) Schohnet, schohnet der Unschuldigen mit verdammlichem Argwohn auch nur im Herzen! Es ist entsetzlich, diesen oder jenen besondern Menschen eines solchen Verbrechens, auch nur in seinen Gedanken fähig zu glauben. Blutige Thränen muß die Unschuld weynen, die weiß, daß ein Mensch denkt: „Du hast's vollbracht!" Ach, Brüder! Setzt Euch an die Stelle der beargwohnten Unschuld! Es ist ein Verbrechen, einen Unschuldigen eines solchen Verbrechens auch

nur

nur in Gedanken zu beschuldigen. O Brüder!.. Richtet nicht vor der Zeit ... Es ist vielleicht noch um ein weniges zu thun, so wird der Herr das Geheimniß der Bosheit offenbahren, und der Gottlose wird nicht mehr seyn, und wenn du nach seinem Orte fragen wirst, so wird er nicht mehr vorhanden seyn.

III.

Nun ich habe viel gesagt, Meine Theuresten, aber mich dünkt, beynahe nichts gesagt zu haben. Ich kann, ich darf, um weder Euch noch mich zu sehr zu ermüden, nicht viel mehr sagen. Aber das muß ich jetzt noch kurz, bey einer andern Gelegenheit werde ich's ausführlicher sagen: — Sehet in diesem Beyspiel den Verfall der Religion und des Christenthums unter uns! Sehet zweytens die Folgen und Wirkungen dieses Verfalls! Lernet den Betrug der Sünde, und die Blendung der Leidenschaft kennen, Sehet — wohin, wohin es mit dem Menschen kommt, der Gottes nicht achtet; Wie der alle Bande der Menschheit zerreißt, der alle Bande der Religion zerreißt.

1) Sehet in diesem Beyspiel den Verfall der Religion und des Christenthums unter uns.

Oder wenn Ihr wollt, so ist's Beyspiel der Religion und des Christenthums. — Aber — Es ist nur Einer, werdet Ihr sagen. Ich hoffe es! — Aber dieser Eine ist doch unter uns, ist ein Mensch, ein Christ, oder vielmehr
ein

ein Unchrist, ein Unmensch, ein Teufel.... und dieser Teufel begieng doch seine That in unsrer Mitte, in dem Herzen unsrer Stadt. Unter uns ist ein Laster geschehen, wie kaum einer Gemeine auf Erden zur Last gelegt werden kann. Wenn das Euch gleichgültig ist!.. Wär's Euch auch gleichgültig, wenn Euer Hausgenoß, Euer Freund, Euer Bruder das Verbrechen begangen hätte? — Doch es ist wahr, Ihr seyt unschuldig! Ihr seyt rein davon — Ihr entsetzt Euch darüber; Ihr verabscheuet es.. Gut, wenn Ihr's thut — Wenn Ihr betrübt und bekümmert seyt, wie die Apostel — als Jesus Christus zu ihnen sagte: Einer aus Euch wird Mich verrathen! Einer aus Euch ist ein Teufel! Gut, wenn Ihr Euch dieses Elendes annehmet, wenn Ihr darüber trauret und weynet, wenn Euer Lachen sich in Trauren, und Eure Freude sich in Kummer verkehrt! Wohl Euch, wenn Ihr Euch dehmüthigt vor dem Herrn, damit Er Euch erhöhe. Aber von dieser allgemeinen Betrübniß, dieser vor Gott sich dehmüthigenden Trauer, dieser Schaam, daß eine solche That unter uns hat begangen werden können; Wer sieht viel davon; Wo sichtbare Dehmüthigungen? Wo mehr Gebeht? Mehr Enthaltungen? Weniger Ergötzlichkeiten? Mehr stilles Nachdenken? Wohl höhret man allenthalben Gespräche voll Gleichgültigkeit und Leichtsinn, selbst über diese schreckliche That; Wohl gar noch Gespött darüber — Wenn also diese That selber kein Zeichen, kein Beyspiel unsers Verfalls wäre, so wäre es gewiß der Leichtsinn, die Unempfindlichkeit,

womit

womit wir diese That ansehen, davon wir wie von jeder gemeinen Neuigkeit reden. O Zürich! O Zürich! Wie bist du gesunken! O Christen zu Zürich! Höhret Ihr's noch, versteht Ihr's noch, wenn ich Euch zurufe: Durch Tugenden, die unter Christen noch nicht erhöhret worden, zeichnet Euch durch solche Tugenden aus, wie Ihr nur durch Laster, die auch unter Heiden nicht erhöhrt worden, ausgezeichnet worden seyt — Nicht mit Worten — nur mit Thaten; Mit Thaten, die der Menschheit Ehre machen, Christo Freude, Euch Seelenruhe bringen; Mit Thaten bezeuget Eure Schaam und Euren Abscheu vor dieser That! Nicht heute nur, nicht morgen, nicht übermorgen nur suchet sie auszulöschen, die Schande dieser That ohne ihres Gleichen, durch gute Thaten ohne ihres Gleichen, daß nicht die ganze Welt uns verabscheue, und der Himmel sein seegnendes Angesicht von uns wende über den Verfall unsrer Sitten und Religion.

2) Aber dann, Meine Theuresten! Lernet auch die schrecklichen Folgen und Wirkungen dieses Verfalls; lernet den Betrug der Sünde kennen! Ihr hättet gewiß nicht geglaubt, daß Gottesvergessenheit und Irreligion so weit führen könnte. Der Verbrecher hat's gewiß vor Jahren, vielleicht noch vor Monaten selbst nicht gegbaut — O ein Tropfen Sünde wird bald zum reissenden, unwiderstehlich fortschwemmenden Strohme — zum Wirbel, der alle Vernunft und Weisheit, alle Tugend und Empfindung, alle Menschlichkeit und Religion verschlingt —

O wer

O wer da stehet, der sehe zu, daß er nicht falle! O ermahnet Euch selbst alle Tage, so lang es heute heißt, daß nicht jemand durch den Betrug der Sünde verstockt werde. Sey nicht stolz, sondern fürchte dich! Wache und bebte, daß du nicht in Versuchung fallest. O Betrug der Sünde, wie bist du so schrecklich und so gefährlich! Wer da stehet, der sehe zu, daß er nicht falle. Du verabscheuest die Gräuelthat, und entsetzest dich vor dem Gräuelthäter.... Ich hoffe es... Aber vor einem Jahre vielleicht noch verabscheute der Verbrecher sein Verbrechen, wie du jetzt; Vielleicht war er vor zehn Monaten dieses Gräuelgedankens noch nicht fähig; Vielleicht hätte er selber einen solchen Bösewicht, wie er nun geworden ist, für unmöglich, den blossen Gedanken an seine Möglichkeit für ein Verbrechen gehalten — O Meine Theuresten! Erst ein fehrner Gedanke, eine schnell vorübergehende Lust, ein muthwilliger Einfall, eine rachsüchtige Regung, eine eigennützige Begierde... Nur diese ersten Keime nicht sogleich zertreten; Nur dieselben sich einigemahl im Herzen hin und her wälzen lassen, und der Keim wurzelt sich ein, und schlägt aus — und die Sünde lauret vor der Thür, uns zu verschlingen wie ein Löwe. Gottes Wahrheit und millionenfache Erfahrung ist's: — Wenn die Lust empfangen hat, so gebieret sie die Sünde, die Sünde, wenn sie vollendet ist, den Tod.

O wer da stehet, der sehe zu, daß er nicht falle! O sey nicht stolz, sondern fürchte dich! Wache und
bebte,

bebte, daß du nicht in Versuchung fallest! Man fängt nicht bey Nachtmahlvergiftungen an; Aber man höhret bey Nachtmahlvergiftungen auf, oder man hört auch daben nicht einmahl auf . . . wenn man nicht bekannt und dafür gestraft wird. Erst stieg dem Verruchten, dem wir noch keinen Namen zu geben wissen, vielleicht nur eine Lust auf nach dem Weine, der da zu rauben wäre, und es gelang ihm, seine Lust unbemerkt zu büssen, und so kam er, vielleicht bald genug, auf den verfluchten Gedanken: Ha! Da könnt' ich gräuliche Unordnungen anstellen, oder auch mich gar an allen meinen Feinden rächen. . . . Erst erzitterte er gewiß selbst vor dem Gräuelgedanken, und es fehlten noch Stufen zur Vollendung. Erst vielleicht erlaubte er sich nur, ein Insekt langsam zu martern; Nachher etwa einem Nachbar oder Gegner ein Thier zu vergiften; Nachher vielleicht etwa eine langsame Vergiftung eines Menschen; So reiste er nach und nach zur entsetzlichsten aller Thaten, eilte mit Riesenschritten fort von Sünde zu Sünde, von Verderben zu Verderben. O wer da stehet, der sehe zu, daß er nicht falle! O sey nicht stolz, sondern fürchte dich; Wache und behte, daß du nicht in Versuchung fallest. Du denkst dich vielleicht tausend Meilen weit von diesem Verbrechen entfernt, und du hast dich durch das blosse öftere Reden davon (auch wieder mit eine von den gräulichen Folgen des ungeheuren Verbrechens, die der Bösewicht an jenem Tag schwehr zu verantworten haben wird, daß er nun so vieler Tausenden Empfindungen abgestumpft, so vielen Tau-

senden

senden Gedanken bekannt gemacht, die niemahls in ihre Seele gekommen wären) — Ich sage: Du hast dich durch das blosse öftere Reden davon schon so gemein gemacht mit dem Gedanken daran, daß es dir nun schon zehnmahl weniger abscheulich vorkommt; Daß du vielleicht gar mit geheimer Freude daran denkst und davon sprichst; Daß es dir nur als Nahrung für deine Neugier wichtig und interessant wird? . . . Und wenn das Alles auch nicht wäre; Und wessen Herz ist ganz rein von diesem Allem? . . Welche Lasters Wurzel ist nicht in deinem Herzen? Von welchem hast du, wo noch keine Früchte, auch noch nie keine Blüthen gesehen? O wer da stehet, der sehe zu, daß er nicht falle! O sey nicht stolz, sondern fürchte dich; Wache und bethe, daß du nicht in Versuchung fallest. Noch einmahl: Aus einem kleinen Saamen kann ein ungeheurer Baum werden. Erst ist der Gottlose dem Gerechten nur aufsätzig, dann knirrschet er mit den Zähnen über ihn, dann erst zuckt er sein Schwert, und spannt seinen Bogen. Judas Ischarioth dachte Anfangs an nichts weniger, als das Theuerste, Kostbarste, Heiligste, was die Erde und was der Himmel hat, um dreyßig Silberlinge zu verhandeln; Aber, und das ist eben Betrug der Sünde, Blendung der Leidenschaft, Verführung des Satans, aber — nachdem er einmahl aus dem Säckel, der ihm anvertraut war, nur wenige Pfennige zu entwenden sich erlaubt hatte, wurden ihm nach und nach dreyßig Silberlinge wichtiger, als der Sohn Gottes. So gieng's dem Judas Ischarioth; So

unserm

und sein Schicksal.

unserm Verbrecher, der sich mit keinem Verbrecher so gut, als mit dem vergleichen läßt, der Jesum Christum vermittelst eines Kusses verrieth. O wer im Kleinen nicht treu ist, ist es auch im Grossen nicht! Wer in geringen Dingen wider seine bessere Ueberzeugung handelt, der wird es bald im Grössern wagen; Bald gar nicht mehr seiner Ueberzeugung folgen, bald ganz und gar alle Vernunft mit Füssen treten, und aller Empfindung spotten. O Betrug der Sünde! Wer kann genug vor dir warnen! O Betrug der Sünde! Wenn dieß Verbrechen nicht vor dir warnet, was wird vor dir warnen? O wer da stehet, der sehe zu, daß er nicht falle! O sey nicht stolz, sondern fürchte dich! O wache und bethe, daß du nicht in Versuchung fallest. O verlasse nur Gott — so wird dich Gott auch verlassen. Spotte nur Seiner Ordnungen, so wird Er deiner Weisheit auch spotten! Unterlaß nur das Gebeht ... Es werden dir bald Laster möglich werden, die dir bis jetzt unmöglich waren; Und du wirst mit Verbrechen vertraut werden, deren blosser Gedanke dich jetzt noch zittern macht. Fange nur an, über Gottesdienst und Religion erst gleichgültig zu denken, nachher mit halb verächtlichem Tone darüber zu reden; Dann mit dem Lacher zu lachen; Dann selbst zu witzeln. ... Dein Witzeln wird bald Spott, dein Spott bald Hohngelächter, dein Hohngelächter wird bald Lästerung, deine Lästerung bald werkthätige Entheiligung und Mißhandlung, Schändung, Verfälschung, Vergiftung des Allerheiligsten seyn.

Noch einmahl und zum letztenmahl: Wer da stehet, der sehe zu, daß er nicht falle! Sey nicht stolz, sondern fürchte dich — Wache und behte, daß du nicht in Versuchung fallest. Was andern Menschen wiederfahren ist, kann auch dir wiederfahren, und wie der Gottesvergessne verfallen ist, kannst auch du verfallen, wenn du Gottes vergissest.

Ich bin müde, mehreres zu sagen, Meine Theuresten! Aber einmahl, einmahl will ich noch meine Hände und mein Herz mit Euren Händen und Herzen zu Gott erheben; — Noch einmahl mit müder Brust und erschöpfter Stimme will ich hier stehen: . . . Vater! Erbarme Dich unser! Richter! Schohne unser! Heiliger! Heilige uns! Reinige uns von dem Verbrecher! Laß das Schwert dem Gottlosen in sein eigen Herz dringen! Zerbrich seinen Bogen! Laß seinen Tag kommen, und seinen Namen offenbahr, und den himmelschreyenden Gräuel aus unsrer Stadt ausgetilgt werden! Schweige nicht länger! Offenbahre Deine Gerechtigkeit! Es sey fehrne von Dir, daß Du schweigest! Es sey fehrne von Dir, das zu thun! Du der aller Welt Richter ist, solltest Du nicht recht richten? Zeige, daß Du lebendiger, heiliger Gott bist! Daß der Gottlose nicht länger sein Haupt erhebe, und der Spötter nicht spotte, bis Dein Donner ihn trifft, die Zunge ihm starrt, und seine hohnlachende Lippe blau wird. Rede, Herr, und entscheide! Entscheide! Laß nicht zu, daß ein Unschuldiger in Verdacht komme, und daß

ein

ein Gerechter fälschlich angeklagt werde! Erwecke täglich und stündlich Gutes durch das Böse, das nun geschehen ist! Gieb neue Triebe zur Wachsamkeit und zum Eifer den Regenten und Lehrern! Laß neue Tugenden hervorleuchten, daß der Gute nicht muthlos werde! Nimm hin die Binde von unsern Augen, und die Decke von unsern Herzen! Laß uns die Augen aufgehen über das Verderben, das unter uns ist, und über den Leichtsinn und die Gottesvergessenheit, die unter uns wie der Krebs um sich her fressen! Zu sehen und zu erkennen gieb uns den Reichthum Deiner Barmherzigkeit und Langmuth, zu empfinden Deine tragende und schohnende Vatergüte! Laß uns aufmerken auf die Stimme Deiner Warnung! Laß unsre Herzen sich nicht verhärten gegen die freundliche Einladung Deiner väterlichen Erbarmung! Religion, Religion Christi — O laß sie uns wichtig und heilig, mit jedem Tag theurer, heiliger werden! Sie allein kann uns vor Laster und Gräuelthaten öffentlich und im Dunkeln bewahren. Sie allein kann uns Tugenden lehren, die alle, auch die abscheulichsten Laster verdunkeln. Sie allein erhebt unsre Seele über die Verblendungen der Sünde, und waffnet uns gegen alle Liebkosungen schändlicher Begierden. Sie allein macht uns zu gerechten, guten, heiligen, Göttlichen Menschen. Sie allein stärkt uns in allen Schwachheiten, tröstet uns in allen Trübsalen, erquickt uns in allem Leiden. Sie allein ist unser Leben im Tode, unsre Freude in der Zukunft! O Vater Christi und Seiner Religion! Laß uns Christum und Seine Religion täglich wichtiger, lieber, heiliger werden!

ten! Ach! Sie ist uns lange nicht wichtig und heilig genug! Ach! Bald kennen wir sie nicht mehr! Bald sind keine Spuhren ihrer ersten Reinheit und Einfalt, ihrer Göttlichen Kraft und Wirkung mehr unter uns. O Vater! Erbarmer! Schobner! Dulder! Richter! Vergelter!.. Wann Jesus Christus einmahl wieder kommen wird; Wo wird Er Glauben und Liebe, wo Religion und Christenthum finden? O Dein Tag eilet, Jesus Christus, denn die Bosheit steigt; Der Tag der Vergeltung! Er donnert schon von fehrne daher, denn wir ersinden neue, unerhöhrte Verbrechen! Unsre Gräuel steigen auf's höchste! Daß Deine Langmuth noch nicht den höchsten Gipfel erreicht habe! O Jesus Christus! Erbarme Dich Deiner Christen und Deiner Menschen! Amen.

———————

Man bittet sehr, hinten in der Revision und den Beyträgen nachzusehen, was über diese Predigt und ihre Veranlassung gesagt ist.

Zwote Predigt.
Ueber Nahum III. v. 1.
Gehalten den 24. November 1776.

Text.
Nahum III. V. 1.
Weehe der blutdürstigen Stadt, die voll Lügen und frefler Gewalt ist.

Verzeihet mir, oder verzeihet mir nicht, andächtige, um Jesu Christi willen geliebte Zuhörer! ... Daß ich Euch eben einen Text vorgelesen, den Ihr vielleicht nicht erwartetet! ...

Verzeihet mir, oder verzeihet mir nicht, daß ich nochmahls, Gott gebe zum letztenmahl, öffentlich von einer Sache zu reden anfange, von der ich so gern schweigen möchte, wenn durch Schweigen nur geholfen, nur Blutdurst und Lügen und Frefel aus unsrer Stadt vertilgt werden könnte. ... Also verzeihet oder verzeihet mir nicht, daß ich noch einmahl mein Furcht = und Sorgen = und Abscheuvolles Herz in Euren Schooß ausschütte! ...

Ich sehe, ich höhre gleichsam Eure Gedanken — die sich itzo in Euch aufregen: „Wieder eine Strafpredigt ....
„Was? ... Sagt der Eine ... Was geht uns eine sol„che Strafpredigt an? Ist denn unsre Stadt mit jener „Gräuelvollen Stadt Ninive zu vergleichen, über die der

T   Prophet

„Prophet Gottes ein so entscheidendes Weehe ausspricht?
„— Und wenn schon, seit einiger Zeit, unerhörte Gräuel-
„thaten unter uns geschehen sind; ... Ist nicht ein all-
„gemeiner Abscheu vor diesen Gräuelthaten? ... Ist's
„mehr als Einer, oder Zween? Höchstens nur Drey bis
„Vier? Soll denn um Dreyer oder Vierer willen — ein
„Weeh' über eine ganze Stadt ausgesprochen, eine ganze
„Stadt eine Gräuel - Lügenvolle Stadt genen-
„net werden! ... Und noch ein Anderer ... Und es
„möcht' auch seyn wie's wollte — Man hat die Zeit her
„so viel von alle diesem Unwesen reden und predigen ge-
„höhrt, daß man des Dinges einmahl satt ist, und es
„einem eckelt, mehr ein Wort darüber zu verlieren."

Das, meine Theuresten, denk' ich, werden vermuthlich
die Gedanken seyn, die in manchen von Euch aufsteigen
werden, und ganz natürlich aufsteigen müssen. Und dennoch, Geliebte, obgleich ich diese Gedanken alle vorausse-
hen mußte; Dennoch wag' ich es auch heute noch, obgleich der heutige Tag durch nichts besonders feyerlich,
kein Buß - oder Festtag — nur ein allgemeiner ordentli-
cher Sonntag ist, und obgleich ich keinen äusserlichen besondern Beruf dazu habe, Euch den furchtbaren Text an's
Herz zu legen:

Weehe der blutdürstigen Stadt, die voll Lügen und
frefler Gewalt ist. —

Und

Und warum? . . . Wärum noch eine Erweckung in diesem Tone? Darum, meine Theuresten; weil ich des Morgens beym Aufstehen, und des Nachts beym Niedergehen; Darum — weil ich, ich mag allein oder bey Andern seyn, immerfort mich noch vor den entsetzlichen Thaten unsrer Tage entsetzen muß; Darum, meine Theuresten, weil die verruchteste aller Bosheiten immer noch mit aufgerichtetem frechem Haupte — unbekannt und heuchlerisch einhergeht; Darum, weil nun alle obrigkeitliche höchst preiswürdige Nachforschungen wieder einmahl zu Ende sind, und vergeblich waren, und nun zu besorgen steht, daß der, oder die gewissenlosen Urheber dieser, so lang Zürich stehen wird, für Zürich schändlichen Thaten, sich auf's neue in ihrem Herzen seegnen, oder vielleicht gar, wenn alle Nachforschungen und Aufforderungen umsonst gewesen sind — sich zu neuen, wenn's möglich ist, noch teuflischern Thaten stärken und ermuntern werden . . . Darum, meine Theuresten, weil nach der Art des menschlichen Herzens, und besonders auch nach der Art und dem Charakter unsers Zeitalters, und unsrer Nation — sehr zu vermuthen ist, daß der Eifer wider diese Unthaten nur gar zu bald völlig wieder erlösche . . . Darum, weil auch ohne Rücksicht auf diese Beyspiellosen Thaten, der Geist des Leichtsinns, der Verläumdung, der Bosheit, der Rachsucht, der Irreligion, so lebendig, so wirksam und geschäfftig unter uns ist, daß wir uns nach und nach zu allem Bösen — was Namen und keinen Namen hat, unter uns versehen können, wofern nicht bey allen Gelegenheiten, wie Paullus sagt, zu

rechter

rechter Zeit und zur Unzeit mit allem möglichen Nachdruck darwider geeifert, Alles erweckt und Alles gewarnet und ermuntert wird.

Ich denke und hoffe also, meine Theuresten, daß Ihr mir's nicht übel nehmen werdet, wenn ich auch dießmahl noch mein gedrängtes Herz vor Euch ausleere. Ich hoffe, daß Ihr mir's zutraut, daß ich keine andere Absichten haben könne, als gute; Daß ich's mit Euch und Eurer Wohlfahrt herzlich wohl meyne; Daß ich gern alle meine Zuhörer gut, fromm und glücklich sähe; Daß mich nichts mehr freuen würde, als tägliches Wachsthum Eurer Wohlfahrt und Seeligkeit; Daß nichts als der Anblick des immer steigenden Leichtsinns, der täglich wachsenden Gewissenlosigkeit, und des mit diesem Leichtsinn und mit dieser Gewissenlosigkeit wachsenden Elends und immer mehr drohenden Verderbens — mich nöthigen, dringen und drängen kann, Vorstellungen und Erinnerungen, die mir äusserst wichtig sind, Euch an's Herz zu legen. . . . O Brüder! Ihr wißt's doch . . Nicht angenehm ist's mir; Ach! Ich verdamme nicht gern, wo ich seelig preisen kann, und schreye nicht Laster und Rache, wo ich Tugend und Gottseeligkeit erblicke! . . . Nicht angenehm ist mir die Sprache des Propheeten: Weehe der blutdürstigen Stadt, voll Lügen und freveln Gewalts! . . . Aber mir scheint immer — Blutdurst, Lügen, Frevel, Fluch, Gräuel und Verderben ruhen und brüten gleichsam noch über unsrer ganzen Stadt, so lange der Frevler, der Lügner

ner und Blutdürstige, der sich an Gott und Menschen, an Kirche und Staat, an Hohen und Niedrigen so schrecklich versündigte, noch unbekannt unter uns, wie die Pest im Finstern, herumschleicht...

O Zürich! Meine liebe, theure Vaterstadt, die ich, Gott weiß wie? in meinem Herzen schätze und liebe!.. O Zürich! Mit welchem Herzen, mit welchen Empfindungen muß ich inner deinen Mauern auf= und niedergehen?.. Wie ist mir, wenn ich meine Augen hin und her richte? Wenn ich eine Gasse auf oder nieder gehe?.. Und wem, dessen Herz von Abscheu und Entsetzen vor den ungeheuren, entsetzlichen Thaten unsrer Tage voll ist — Wem kann anders seyn?... Wer kann sich des Gedankens erwehren: „Irgendwo muß doch der Bösewicht, oder müssen „die Bösewichter doch wohnen, vielleicht etwa an dieser „Gasse da? Vielleicht geht er itzt vor mir...Vielleicht „neben — vielleicht hinter mir?.. Oder in welchem Hau„se dieser Gasse geht er jetzt sorgenlos und hohnlächelnd sein „Zimmer auf und nieder?... Oder ißt und trinkt im „Zirkel seiner unschuldigen — ihn nicht vermuthenden „Hausgenossen?.. Oder er sitzt am Spieltische, und wi„ckelt und betrügt, oder er spricht in einem Kreise ver„mischter Bürger — in einer männlichen oder weib„lichen Gesellschaft, gerade über die Gräuelthaten, de„ren Urheber er ist; Entweder mit erzwungener Gleich„gültigkeit, oder mit erzwungenem heuchlerischem Ab„scheu und Eifer — Horcht auf allen Seiten Alles aus, „was

„was im Publikum geredet, geurtheilt, vermuthet wird;
„Giebt auch sein Urtheil, seine Meynung, oder Vermu-
„thung; Wendet sich und lacht mit Höllengelächter Erd-
„und Himmel an; . . . Oder er sitzt in einem Winkel,
„und macht tausend Entwürfe, deren einer den andern
„wieder verschlingt, und zernichtet; Denkt mit Satans
„lust seiner Bosheit, und mit Satansgrimm dem Mislin-
„gen seiner Bosheit nach, oder er unterredet sich mit sei-
„nen Freunden, wenn ein eingefleischter Teufel Freunde
„haben kann, mit Genossen seiner Gräuelthaten, über die
„Wahrscheinlichkeit oder Unwahrscheinlichkeit, Möglichkeit
„oder Unmöglichkeit ihrer Entdeckung . . . Oder sein
„Herz, eine hochflammende Hölle, brennt vor Rache ge-
„gen die Obrigkeit, und alle besonders wachende und nach-
„forschende Mitglieder derselben; Gegen alle Prediger,
„die äusserlichen oder innern Beruf hatten, und unauf-
„hörlich zu haben glauben, sich wider solche Unthaten
„und ihre Urheber mit entscheidendem Eifer zu setzen, und
„Gott und Obrigkeit, und Alles, was Christ und Bürger
„und Mensch heißt, ohne Ruh aufzufordern, zu bitten
„und zu flehen, zur Entdeckung und Ausrottung dieses
„Gräuels aller Gräuel wachsam und wirksam zu seyn;
„Oder sein Herz brennt vor Grimm und Rache auch ge-
„gen mich, der nicht schweigen und nicht ruhen kann und
„will — wie man's immer ansehen, oder beurtheilen,
„deuten oder mißdeuten mag, — sich nicht will, nicht
„kann geschweigen und stillen lassen, und wenn ich Ehre
„und Gut, Vaterland und Leben dabey einbüssen müßte —

„bis

an meine Vaterstadt.

„biß der Blutdürstige Lügner und Fresser in seinem Fre-
„fel, seiner Lügenhaftigkeit und seinem Blutdurst offen-
„bahr und die Unschuld um ihn her gesichert wird?"

Mit diesen oder andern Gedanken, wie oft bin ich diese
neun oder zehn Wochen auf, nieder, hin und her gegangen, und werde mit denselben weiter hin und her gehen
und oft mit schwehr beladenem Herzen seufzen und schmachten!.. O weehe der blutdürstigen Stadt, die voll
Lügen und frefl·r Gewalt ist!.. Was?.. Was,
meine Theureste, kann man sich von dem Fortgang der
Lasterhaftigkeit und Irreligion in unsrer Stadt versprechen? Was muß jeder auch nur wenig Nachdenkende bey
solchen Ausbrüchen namenloser Schandthaten — alle Tage,
alle Nächte erwarten! —

O Gott des Himmels und der Erde! — Schutzgott unsers Vaterlandes; Gott! — Gott! Was soll ich weiter
sagen, daß es nicht umsonst gesagt sey? — Wann, wann
wirst Du den Lügner, und den Blutgierigen entlarven,
brandmarken, hervordrängen an's Licht? Wann ihn einmahl herzuführen zum Worte Deiner Wahrheit, daß es
ihn brenne wie ein Feuer, daß es ihn schlage und zermal-
me wie ein Hammer, der Felsen zerschmettert! — Wann
wirst Du unsre Stadt von Lügen und Frefel und Blutdurst reinigen? Wann werden wir wieder sicher und ohne
Furcht, und ohne Argwohn herumgehen, wann wieder Einer den Andern mit f·eyem, offenem, ruhigem Blick an-

sehen

sehen dürfen? — Wann das Gedächtnismahl der Liebe
Deines Sohnes Jesu Christi ohne alle Furcht und fremde sorgsame Gedanken oder Erinnerungen geniessen?...
Ach Vater im Himmel! — Erbarme dich unser durch Jesum Christum, und um Jesu willen! Amen.

**Weehe der blutdürstigen Stadt, die voll Lügen und
frefler Gewalt ist!**

Schwarzer Undank, Lüge, Frefel, und unverantwortliche
Lästerung wär's — Wenn ich dieß Wort Nahums über
Ninive in seiner ganzen Kraft auf unsre Stadt anwenden wollte... Nein, Vater im Himmel! Du hast noch
manche Seelen inner diesen Mauren, die Dich suchen und
fürchten, die zu Dir stehen mit einfältigem Herzen; Die
fromm wandeln und recht thun, die mit ihrer Zunge nicht verläumden, ihrem Nächsten nichts Arges
thun, und ihren Nachbarn und Mitbürger nicht
schmähen; Die den Gottlosen für nichts achten, und
den Gottesfürchtigen ehren, die unschuldige Hände —
und ein, wenigstens von vorsetzlichen Lastern und Bosheit-
ten, reines Herz haben.

**Weehe der blutdürstigen Stadt, die voll Lügen und
frefler Gewalt ist....**

Schwarzer Undank, Lüge, Frefel und unverantwortliche
Lästerung wär's, wenn ich diese Worte des Propheeten
etwa

an meine Vaterſtadt. 297

etwa beſonders auf die Obrigkeit anwenden wollte . . .
So ſehr auch die ſchaamloſe Bosheit unruhiger Köpfe im
Finſtern murren, und ſo viel Teufeleyen ſie auch ausbrüten möchten . . . Trete der Mann von Ehre und Gefühl
hervor, der ſich über Blutdurſt und freſſen Gewalt
unſrer Obrigkeit beklagen darf! . . . Trete der Mann von
Ehre und Gefühl deſſen, was recht und billig iſt, hervor
— und nenne eine einzige That der Bosheit, der Gewalt-
thätigkeit, der Tyranney, der ſich unſer Magiſtrat bey
Mannsgedenken in unſrer Stadt ſchuldig gemacht habe . . .
Trete der Mann von Ehre und Gefühl hervor, der ſagen
kann: Eigennutz und Rachſucht der Obrigkeit haben mich
von Hauſe und Hofe, von Stadt und Land getrieben,
haben mich arm gemacht, und mein Weib und meine Kinder in Mangel und Elend geſtürzt. Die Wittwe trete auf,
die Wayſe ſpreche, die durch die Schuld unſerer Obrigkeit in Armuth und Verlaſſenheit gekommen iſt . . Verflucht ſey meine Zunge, wenn ich einer ungerechten Obrigkeit ſchmeichle, und das Böſe gut, Finſterniß Licht,
und Bitterkeit ſüß nenne . . Nein! Gott hat mir eine freye
Zunge in meinen Mund, und ein freyes Herz in meine
Bruſt gegeben! . . . Gott weiß es; Ich will der Erſte
ſeyn, der der Obrigkeit Ungerechtigkeiten vorwirſt, wenn
ſie ſich wirklich Ungerechtigkeiten ſchuldig macht . . Aber
unerträglich wär' es doch auch, in einem Staate zu wohnen, wo die gerechteſte, väterlichſte Obrigkeit miskennt,
verlacht, verläſtert, und das billigſte öffentliche Zeugniß
eines Predigers als Schmeicheley ausgedeutet werden; Wo

T 5 vielleicht

vielleicht gegen die billigste, väterlichste Obrigkeit im Finstern Anschläge des Verderbens und der Zerrüttung ausgebrütet werden. . . . Ja, weehe, wer muß es nicht ausrufen: Weehe der blutdürstigen Stadt, die voll Lügen und freflerGewalt wäre, gegen eine Obrigkeit, die so offenbahr nicht sucht, was ihr — sondern was dem gemeinen Wesen Nutzen bringt; Die aus Menschen freylich — und nicht aus Engeln besteht, und als eine Gesellschaft von Menschen fehlen kann; Aber nie aus einer niederträchtigen, eigennützigen Absicht fehlen will — Die nicht ein Jahr vorbeygehen läßt, ohne neue, gute, gemeinnützige Anstalten zu machen, oder zu befördern und zu unterstützen; — Eine Obrigkeit, die niemanden furchtbar ist, als wenn sie furchtbar seyn soll — dem Laster und dem Verbrechen; — Eine Obrigkeit, die noch nie darüber gezürnet, sich noch niemahls geroten hat, wenn Lehrer der Wahrheit ihr ihre Pflichten vorgehalten, Nachläßigkeiten geahndet, und sie zur Erfüllung ihres Berufs ermuntert haben; — Eine Obrigkeit, die auch besonders in Absicht auf die Gräuelthaten, wodurch sich diese traurige Zeit der unsre Stadt vor allen Städten des Erdbodens auszeichnet, Alles gethan, und Alles versucht hat, was sich immer mit Billigkeit von ihr erwarten ließ? Oder! Hat sie nicht mit der sorgfältigsten Wachsamkeit, mit dem redlichsten Ernste, mit unermüdetem Eifer, Alles gethan, was sie thun konnte, den Blutdurst und die Lügen, und den freßen Gewalt aufzuspühren, zu entdecken und auszureuten? . . . Ja! Du hast's gethan, väterliche Obrigkeit! . . Und scheinest am

Ziele

Ziele deiner Versuche zu seyn! .... Und dennoch ruf ich Dir nochmahls zu; Ermüde nicht! Gieb die Hoffnung nicht auf! Fürchte Dich nicht! Fürchte Dich nicht! Laß die Hände nicht sinken! Wache! Schau um Dich her! Horche mit allen Ohren, die Du hast, zur Rechten und zur Linken! Schau mit allen Augen, die Du hast! Wache! Behte! Bitte um Weißheit, um Muth, um unauslöschlichen Eifer ... dem unsichtbaren, namenlosen Laster auf dem Fuß, auf dem Schatten nachzugehen; Und laß keine fehlgeschlagenen Versuche, und wenn Dir noch zehen fehlschlügen, Dich müde noch muthlos machen; Daß deine Stadt nicht endlich von Blutdurst, Lügen und fresser Gewalt voll werde — und Weehe über Dich, und Weeht über sich häufe.

Weehe der blutdürstigen Stadt, die voller Lügen, und fresler Gewalt ist. . . .

Wem gilt denn dieß, meine Theureste, wenn es der Obrigkeit nicht gilt? Wenn's noch so viele redliche, wackere, fromme, von allem Frevel und Blutdurst reine Menschen unter uns giebt?... Wem gilt's?... Ach, es gilt alle Lügner, Verläumder, Fresser, Blutdürstige, auf Arges, auf Zerrüttung, auf Gegeneinanderhetzung, Verwirrung denkende, am Unrecht und Bösesthun Freude habende, verkehrte Menschen ... Und deren sind leider, so viel Gutes man immer von unsrer Stadt rühmen, so viel Gutes immer wirklich noch unter uns seyn mag, noch mehr

als

genug unter uns, und so viel deren unter uns sind, so viele
Antheil haben an dem Weehe, welches der Geist der Wahrheit über sie ausspricht! So viele Freude haben am Bösesthun, so vielen kann's unmöglich wohl gehen .. Die
Ruhe der Gerechten ist fern von dem Herzen des Ungerechten. Wer Böses säet, wird Jammer schneiden.
— Es bleibt ewige Wahrheit, ewiges Recht Gottes, ewige Ordnung der Natur der Dinge: Daß einem Jeden
nach seinen Werken wieder vergolten wird — Daß
Allen denen, die zänkisch und der Wahrheit ungehorsam, dem Unrechten aber gehohrsam sind, Ungnade und Zorn, Trübsal und Angst bevorstehen;
Daß Verderben ärndet, wer Verderben säet. Hier ist kein
Ansehen und Unterschied der Person, der Nation, des Zeitalters; ... Wer Unrecht thut, wird empfangen, was
er Unrechts gethan hat. Gott richtet alle, alle grossen, mittelmäßigen, kleinen Städte, und vergilt jeder nach
ihren Werken! Gutes dem Guten, und Böses dem Bösen;
Böses dem, der Böses thut und Freude hat am Bösen,
und Verdruß am Guten; Freude an der Lüge, und Verdruß an der Wahrheit; — Und das haben, Gott der Allwissende weiß es, und jeder weiß es zum Theil, der unsre
Stadt genauer zu kennen Gelegenheit hat ... Und das
haben .. ach! Wie viele unter uns zu erwarten!... Oder
ist's nicht offenbahr, daß wenigstens zu dieser Zeit — Büberey, Frefel, Lügen, Verläumdung, die schaamloseste, unglaublichste Verläumdung gleichsam sichtbar und täglich höher steigt? Scheint's nicht, als wenn alle Bande, ich will
nicht

nicht einmahl sagen, der Religion und des Christenthums — alle Bande der Bürgerliebe und Menschlichkeit hie und da zu zerreissen anfangen wollten? . . . Wer zählt die furchtbaren Lügen, die entsetzlichsten Verläumdungen, die in unsrer Stadt mit einer kaum begreiflichen Leichtgläubigkeit aufgehascht, und mit einer rasenden Schaden- und Lügenfreude, noch mehr vergrössert werden! . . . Welcher Unschuldige bleibt verschohnt? Welcher Gerechte wird nicht zum Gräuelthäter gelogen? Und von welchen Bubenstücken aller Art höhrt man . . wenn die Hälfte wahr ist? . .

Weehe der blutdürstigen, der Lügen- und Frefel-reichen Stadt! . . .

Wohin? Wohin will's kommen? Ach nicht mit so schnellen Schritten — O meine Vaterstadt — eile von Bosheit zu Bosheit! Sonst wirst du dir Alles erlauben; Bald wird dir nichts mehr gut, und nichts mehr böse dünken; Nichts mehr heilig, und nichts mehr unheilig seyn! Bald wird man dir mit Hoffnungsloser Betrübniß zurufen müssen! Wer ungerecht ist, der werde immer weiter ungerecht, und wer sich besudelt, der besudle sich weiter; Bald wird alle Bosheit, aller Gräuel des ganzen Landes in dir gefunden werden! O Vaterland, wie muß man mit dir reden? Daß du uns noch höhrest? Eh' die Stunde kömmt, da du nicht mehr höhren magst, nicht mehr höhren kannst .. Wie mit dir reden? Daß die entsetzliche Zeit nicht komme, wo es zu spät aber! doch Pflicht ist, dir in vollem Sinn, wie der Prophet der heidnischen Stadt

Stadt Ninive, zuzurufen: Wehe der blutdürstigen Stadt, die voll Lügen und fresser Gewalt ist!... Siehe Sodoma und Gomorra, Adama und Zeboim waren sicher in ihren Sünden, und Feuer vom Himmel traf sie, und sie sind nicht mehr;... Babel und Ninive trotzten und sündigten, thaten Busse und sündigten wieder, und sie sind nicht mehr;... Jerusalem, die Stadt des grossen Königs, sie häufte Blutschulden und Lügen, und fresse Gewalt, und trotzte auf den Tempel des Herrn, den Tempel des Herrn, und Jerusalem und der Tempel des Herrn ist nicht mehr. Wenn das am grünen Holze geschieht, was wird dem dürren wiederfahren? Wehe jeder blutdürstigen Stadt voll Lügen und Frevel!... Sichtbar über alles Vermuthen, sichtbar und augenscheinlich, steigt, so zu sagen, von Woche zu Woche, Bosheit und Lüge und fresser Gewalt. Wer glaubte es an jenem Sonntage, da die christliche Obrigkeit, und christliche Lehrer sich öffentlich verbanden, ihren Abscheu an der unmenschlichsten That, mit allem möglichen Ernste zu bezeugen? Wer hätte es damahls für möglich gehalten, daß der Urheber dieser Gräuelthat selbst, oder einer seiner Gräuelgenossen, oder noch ein Andrer, gleich teuflische, gleiche namenlose Lügen und Frefelthat ausbrüten und vollführen würde? — Wer gedacht, daß acht Tage hernach ein Bösewicht sich hinsetzen, und einen ganzen Tag mit kaltem Geblüte vier Schandschriften, die beynahe eben so viel Lügen als Worte enthalten, wider besser Wissen und Gewissen ausarbeiten — und anschlagen würde?...

Aber,

Aber, in Zürich will bald Alles anfangen möglich zu werden; Auch möglich, daß die dringendsten, großmüthigsten, väterlichsten Aufforderungen der von Gott gesetzten und an Gottes Statt regierenden Obrigkeit umsonst sind, oder wohl gar verlacht werden; So daß es in gewissen Momenten beynahe scheinen möchte, als ob sich Alles verbunden und verschworen hätte — entweder Böses zu thun, oder das Böse zu unterdrücken und geheim zu halten, das ist, demselben Thür und Thor zu öffnen. Nan, man schweige nur immer aus Menschengefälligkeit, Menschenfurcht, Blödigkeit; Man decke nur Alles zu, Vertusche! Lache der Obrigkeit! Lache der Bosheit, und träume dann, Menschenfreund, guter Bürger, guter Christ zu seyn. Man lasse nur Alles hingehen! Man sehe zu, bis der Blutdurst um sich frißt, wie ein Krebs, und Alles voll Lügen und fresser Gewalt wird! Bis man zu sagen genöthigt seyn wird... O **Weehe der Gräuel und Lügen und Frefelvollen Stadt....** O Brüder! O Brüder! Es ist Zeit, in uns selbst zu gehen, und ernsthaften Betrachtungen Raum zu geben!... Zeit — nachzudenken, zu trauren, zu erwachen — O ja, laßt uns erwachen, und wachend bleiben! Laßt uns, uns selbst erwecken! Laßt uns Andere erwecken! Laßt uns wachen und behten, und unsere Kräfte, vielleicht unsere lezten Kräfte sammeln!... Die Guten halten im Geiste zusammen! Drängen sich an einander an! Stimmen zusammen! Kämpfen zusammen! Lassen nicht nach! Reinigen sich immer mehr! Scheiden sich

immer

immer mehr von allem und von allen Bösen! . . . Seyen immer hellleuchtende Beyspiele von Redlichkeit, Gerechtigkeit, Wahrheitsliebe. Bescheidenheit, Mäßigkeit, Dehmuth, Geduld, Vertrauen, Hoffnung, Liebe, Barmherzigkeit, Enthaltung und Beherrschung ihrer selbst!

O wenn je solche Erweckungen nöthig sind, so sind sie's jetzt, und wenn zuletzt nichts diese neue Erweckung nöthig machte, liebe Zuhörer! Wär's nicht allein schon die fortdaurende Verborgenheit, und wer weiß, ob die nicht im Finstern noch fortarbeitende und auf Tod und Verderben lauernde Bosheit des Verbrechers oder der Verbrecher, die noch ohne Namen, und unter allen Namen sind... Ein wenig Sauerteig versäuert den ganzen Teig; O ein einziger solcher, oder eine Rotte solcher Teufel ... wie leicht können sie, wenn Gottseeligkeit und Gott um der Gottseeligkeit und der wiederkehrenden Tugend willen, ihnen nicht im Wege stehen, Alles mit Lügen und frecher Gewalt und Blutdurst und Blut erfüllen!

Nicht für mich oder meine Person fürcht' ich mich! . . . Er verfolge, er zertrete, er überfalle, er tödte mich, durch sich selber, oder durch wen er will . . . der Verruchte, ich werd' um deßwillen gewiß keine Sylbe weniger wider ihn sagen! . . . Nicht für mich ist mir bange — Von der Erde kann er mich vertilgen, aber auch nur, wenn's Gott ihm zuläßt; Aber aus der Reihe der Unsterblichen und aus

der

der Hand meines Gottes kann er mich nicht vertilgen ...
Nicht für mich ist's mir bange, aber wenn's mir bisweilen bange ist, so ist's mir für mein theures, liebes Vaterland bange! Alles, alles läßt sich von dem unerkannten und ungestraften Buben, oder der unbekannten und ungestraften Bubenrotte erwarten. Was nie in eines Menschen oder Unmenschen Herzen aufgestiegen ist!... So viel von ihm erwarten als von einer ganzen blutdürstigen Stadt voll Lügen und frefler Gewalt!...

Weche dir Vaterstadt! Vaterstadt weehe dir! Um des Blutdürstigen, des Lügners, des Freflers willen, wenn er unentdeckt bleibt, und hofft — daß itzt Alles still seyn, und ihm zu neuen Gräuelthaten Raum gelassen werde; — O liebe Vaterstadt! O daß ich mit Kraft, und Freude, und Hoffnung bald sagen könnte: Wohl dir — du von Blut und Lügen und frefler Gewalt gereinigte Stadt! Wohl dir, du gerechte und Unrecht verabscheuende, Unrecht ausreutende Stadt! O daß ich mit Kraft und zweyschneidiger Schärfe Gottesgeistiger, nicht menschlicher, nicht gelernter, nicht künstlicher Beredsamkeit erreichen und erfassen könnte des Bösewichts Felsenherz, welches Gräuel auf Gräuel über uns ausgebrütet hat, und vielleicht noch täglich ausbrütet! O daß mir einmahl die Hand des Herrn ihn in dieses Haus, oder vor mein Auge brächte, und meine Augen mir öffnete, zu sehen das Siegel des Satans auf seiner Stirn, und die tief in seiner Brust arbeitende

ver-

verschlossene Bosheit und Wuth seines unmenschlichen Herzens, in seinem frechen, niedergeschlagenen, oder schnell sich wegwendenden Blicke! O du, der Israel, der unsere Kirche, unsere Stadt, unser Land, — alle Menschenherzen unter uns betrübte; O du, der fortfährt, Gottes und der Menschen, der Obrigkeit und der Mitbürger zu spotten . . . Wo, wo bist du gerade itzt? In welcher Kirche unsrer Stadt? In welchem Hause? Wohin wirst du heute gehen? Wo werd' ich dich antreffen? Welche Gesellschaften wirst du besuchen? Was wirst du sprechen? Wie über die Urtheile über dich urtheilen? Oder wie? Wenn du itzt, ich weiß es nicht — Gott weiß es, wenn du allenfalls durch Leitung und Gericht des Gottes, dessen du lachest, in deinem Wahnsinn, und in der Trunkenheit deines Muthwills ... wenn du allenfalls gerade itzt hier unter uns zugegen wärest, entsetzlicher Mensch oder Unmensch! Du wie vom Blitze des Allmächtigen dein Herz überrascht und getroffen fühltest, ganz anders, als die Wangen der furchtsamen Unschuld ... Todesbleiche, Todesbleiche, dein Angesicht deckte! Du mich itzt höhrtest, höhren müßtest; Du möchtest dich mit deinen Gedanken wenden wohin du wolltest; Du ergriffen von Gott dem Allheiligen, dahin gerissen in Schrecken, du dich Augenblicke fühltest, zum erstenmahl fühltest; in dem entsetzlichen Abgrund deiner Bosheit Thränen entweder oder Blut statt Thränen vergössest, oder knirrschtest in der Tiefe des Mundes und Herzens; Mir fluchtest und bebtest vor Grimm, daß Pfeile der Wahrheit

an meine Vaterstadt.

heit von meine Lippen treffen deine eherne Brust und deine eiserne Stirn! Wie, wenn du itzt wider alle Vermuthung und Wahrscheinlichkeit hier zugegen wärest ... Innwendig wider mich schnaubend, der ich nicht ruhen, und meine Augen nicht schliessen will, bis auf meinen letzten Odem dich verfolgen will, und — du magst dich betäuben und verhärten, und auf die Verschwiegenheit der Genossen deiner Verbrechen dich verlassen, wie du willst — nicht — ruhen will ich, bis die Bosheit aus meinem Volke ausgetilget, und der Fluch von unsern Mauren verbannt ist ... Ja, wehe dir! Höhr's, wenn du's noch niemahls gehört hast; Wenn Gott dich hieher geführt hat; Höhre, wenn du noch ein Ohr hast, wehe dir und allen denen, die mit dir sind, und allen, die deine Bosheit kennen, und deinen Namen verschweigen! Wehe dir, du Blutdürstiger, du Lügner, du Frevler, du machst unsere Stadt zu einer blutdürstigen, lügenvollen, frevelreichen Stadt! Du bist uns Pestilenz! Tod und Verderben werden dir Gott und Gottes Wort, und Gottes Diener seyn! Lache! Lächle! Spotte! Trutze! Häufe Bosheit auf Bosheit! Drohe! Schnaube! Schleich im Finstern! Tödte! Vergifte! Dennoch, dennoch wirds bald genug, genug, genug seyn! Es ist noch um ein klein wenig zu thun, so wird der Gottlose nicht mehr seyn, und wenn wir nach deinem Orte fragen werden, wirst du nicht mehr vorhanden seyn! Sey immerhin dem Gerechten aufsätzig und knirrsche mit den Zähnen über ihn; Der Herr lachet deiner,

denn

denn Er siehet, daß dein Tag kommt. Du zuckest dein Schwert, und spanntest deinen Bogen, die umzubringen, welche den rechten Weg gehen, aber dein Schwert wird durch dein eigen Herz dringen, ja — Amen.

Abschieds-Predigt

von

der Waysenkirche.

Gehalten
am Pfingstmontags-Morgen,
den 8ten Brachmonat 1778.

Ueber II Cor. XIII. 13.

Die Gnade des Herrn Jesu Christi, die Liebe Gottes, und die Gemeinschaft des heiligen Geistes sey mit Euch Allen! Amen.

Ich habe gar kein Bedenken, diese mir abgefaßerte Predigt durch den Druck gemein zu machen. So wenig sie außer dem Kreise für den sie bestimmt war, interessant ist. —

Ich habe nur zu erinnern, daß es unmöglich war, wörtlich alles nachzuschreiben, was das volle gedrängte Herz in der Abschieds-stunde von der lieben Kirche mehr sagen wollte, als sagte; — So wenig es möglich war, alles was ich zu sagen wünschte, genau vorher zu schreiben.

den 3ten Brachmonat 1778.

Was, o du theure, heilige, gedrängte Christenversammlung — erwählt vor der Grundlegung der Welt zur Erkenntnis und Anbetung der unergründlichen Liebe Gottes — berufen zur allerseeligsten Erfahrung der heilreichen Gnade Jesu Christi — zur süssesten Gemeinschaft des heiligen Geistes! Was, o du theure, heilige, auserwählte Gottesgemeine! Was ist's, das ich dir an diesem letzten festlichen Pfingsttage, in dieser letzten Stunde meines neunjährigen Dienstes an diesem Hause, — wegberufen von dieser Tochterkirche zum Diakonate der Petrinischen Mutterkirche; — Was ist's, o du theure, brüderliche, vertraulichfreundschaftliche Versammlung, das ich in dieser für mich so schwehren, so wichtigen Stunde dir noch sagen, noch wünschen, noch in die Seele legen soll?

Was anderes, was besseres, was so Alles in sich fassendes — als den grossen Wunsch des Göttlichen Apostels, womit er seinen zweyten Brief an die Corinther beschließt? —

Die Gnade des Herrn Jesu Christi, die Liebe Gottes, und die Gemeinschaft des heiligen Geistes sey mit Euch Allen! Amen.

Ja, von ganzem Herzen sprech' ich diesen Wunsch dem Geistvollesten Apostel nach: O daß ich ihn mit seinem Sinn und Geist, seiner Kraft und Liebe, mit der Innbrunst und dem Drange seines Herzens ihm nachsprechen könnte!

O Du erbarmende Gottesliebe! O Du unerschöpfliche, Du ewig sich selbst gleiche Gnade unsers Herrn Jesu Christi! O Du mächtige Freuden- und Lichtvolle Kraft des heiligen Geistes! — Lehre Du, Du selbst, in dieser Stunde mich mit Kraft und Leben wünschen! Daß mein Wunsch nicht nur vorübertönendes Wort, daß er Geist, Kraft, Seelenerquickung und Leben sey!

O Vater der Barmherzigkeit! Offenbahr und verherrlicht in dem Angesicht und in der Person Jesu Christ!

Jesus Christus — sichtbare, persönliche Gnade Gottes! Unsichtbarer, allwirksamer Geist Jesu Christi! So manchmahl hast Du mit anbehtenswürdiger Langmuth und Geduld mich getragen, gestärkt, ermuntert, geseegnet! O so oft warst Du mir über Verdienen und Bitten mit Deinem Lichte und Deiner Kraft gegenwärtig! So oft würdigtest Du mich Unwürdigsten, an dieser Stelle Deinen heiligen Namen zu nennen, und Deine Huld und Liebe zu verkündigen und anzubehten!

Ach, auch ißo, o Du über alle Wünsche Gnadenvoller! — Ach, auch noch in dieser letzten Stunde meines Dienstes an diesem Hause, von dem Du mich weggerufen hast! — Ach, auch noch in der gegenwärtigen letzten feyerlichen Stunde

Stunde unsers Beysammenseyns laß Dich erstehen von meiner Ohnmacht! — Wenn Du jemahls mir augenscheinlich beygestanden bist, auch itzo mir augenscheinlich beyzustehen; Itzo, wie noch nie, mit Kraft und Gefühl, mit Geist und Liebe mein Herz zu erwärmen, und zu durchdringen, — daß Gnade und Seegen ausgehen von meinem Mund, aus meinem Herzen in die Ohren und Herzen Aller, die mich hören!

Ja, Vater unsers Herrn Jesu Christi, Vater, von Dem Alle, die Dich kennen, genennt werden, Kindernamen und Kinderrecht her haben! Vater Aller, die Kinder heissen im Himmel und auf Erden — Ach, das letztemahl, da ich hier stehe, wie das erste, da ich hier stand, biege ich meine Knie vor Dir: Daß Du uns gebest, nach dem Reichthum Deiner Herrlichkeit mit Kraft gestärkt zu werden durch Deinen Geist am innwendigen Menschen; Daß Christus, daß alle Kraft und Weisheit und Gnade Christi durch den Glauben in unsern Herzen wohne; Daß wir in der Liebe gewurzelt und gegründet, mit allen Heiligen begreifen mögen, welches die Breite und Länge und Höhe und Tiefe des Tempels Deiner Herrlichkeit und Liebe sey — O gieb, gieb uns auch in dieser Stunde zu erkennen die Liebe Christi, die alle Erkenntnis und allen Verstand übersteigt, auf daß wir Alle mit aller Fülle Gottes erfüllet werden! — Gieb, gieb uns Allen, gieb besonders den Wenigen, die nach Deines Geistes Licht und Kraft hungern und dürsten — den Geist der Weisheit und der Offenbahrung,

bahrung, Dich zu erkennen, und erleuchtete Augen des Verstandes, daß wir wissen und einsehen lernen die Größe der Hoffnung, zu welcher wir berufen sind, und den Reichthum der Herrlichkeit Deines Erbes unter den Heiligen, auch welches da sey die fürtresliche Größe Deiner Kraft an Allen, die an Jesum Christum glauben, nach der Wirkung Deiner starken Macht, welche Du an Jesu Christo geoffenbahret hast, indem Du Ihn von den Todten auferweckt, und zu Deiner Rechten in den Himmeln gesetzt hast über alle Fürsten und Gewalthaber, alle Machten und Herrschaften, und über allen Namen, der genennet wird, nicht allein in dieser, sondern auch in der zukünftigen Welt. — Ja Dir, der Alles Seinen Füssen unterworfen hat, und Ihn erhöht über alle Dinge zum Haupt der Gemeine, die da ist Sein Leib, — die Fülle, der vollkommenste Tempel Deiner Allgenugsamkeit! Dir, der aus Seinem ewig unerschöpflichen Ueberflusse thun kann über Alles, was wir bitten und verstehen, — nach Deiner an allen Gläubigen sich wirksam beweisenden Kraft, — Dir gebühret Ehre und Anbehtung, Freude und Gehohrsam von allen unsterblichen Einwohnern des Himmels! Ehr und Anbehtung, Freude und Gehohrsam von allen sterblichen Bewohnern der Erde! Ehre von allen Gemeinen! Auch in dieser feyerlichen Stunde Ehre von dieser Gemeine, durch Jesum Christum Ehre zu aller Zeit, von Ewigkeit zu Ewigkeit! Amen.

Die

von der Waysenkirche.

Die Gnade des Herrn Jesu Christi, die Liebe Gottes und die Gemeinschaft des heiligen Geistes sey mit Euch Allen! Amen.

Nicht mit Worten erklären läßt sich, Geliebte, dieser Apostolische Seegenswunsch. Er erklärt sich nur durch Erfüllung. Sie will im Geist erkannt seyn die Gnade des Herrn; Gefühlt seyn die Liebe Gottes! Genossen die Gemeinschaft des heiligen Geistes. Sie kann von dem nicht in Worte gefaßt werden, der sie empfindet; — Wie viel weniger von dem, der sie nicht aus Erfahrung kennt.

Nur so viel sey davon gesagt, was jeder verstehen kann.

Mensch seyn, Mensch auf dem Staube der Erde, auf dieser Tiefe stehn, — und empfinden: „Ich werde geliebt vom „Vater aller Geister: Ich bin Sein Augenmerk, bin Ihm „ein Gegenstand der Freude und des Wohlgefallens:" — Ein Sünder seyn, und gedrückt seyn von der Herrschaft und Tyranney der Leidenschaften, und erschreckt von ihren schrecklichen Folgen, und sich dem Gedanken, der Ueberzeugung überlassen dürfen: Ich kann begnadigt, entsündigt, Lasterfrey werden; Ich Böser kann gut, ich Unedler edel, ruhig werden ich Ruheloser, mit dem Geiste Gottes, dem Alles belebenden, in unmittelbarer Gemeinschaft stehen, alles nöthige Licht, alle Kraft, alle Weisheit, alle Ruhe, alle Freude aus Ihm schöpfen; — Durch Ihn sich unsterblich wissen, unsterblich fühlen; — Durch Ihn jeder Seeligkeit gewiß werden. —

Was, Brüder, ist wichtig, wenn's dieß nicht ist? Was unsers Wunsches werth, wenn dieß nicht? — — Ueber alle Begriffe und Worte gnädig ist Jesus Christus. — In Ihm ist alles Wünschenswürdige zusammengefaßt. Er ist die selbstständige, persönliche Liebe Gottes. In Seinem Angesichte erspiegelt sich die unendliche Liebe des Vaters aller Liebe. Er liebt, wie kein Liebender lieben kann; Er kann geben, was kein Reichthum geben, verzeihen, was keine Großmuth verzeihen, beruhigen, wie niemand beruhigen, begnadigen, wie der mächtigste Fürst der Erde nicht begnadigen kann; Er hat, was niemand hat; Er ist, was niemand ist und seyn kann. — Siehe, in Ihm wohnet alle Genießbarkeit Gottes. — Und siehe, durch Gemeinschaft, Wirkung, Einfluß seines gleich dem Sonnenlichte aus Ihm Alles überstrahlenden Geistes — wird sie uns offenbahr, spührbar alle Seine Gnade, all Sein Reichthum, alle Seine Kraft, all Sein Alles für uns. . . .

Allgegenwärtig wie die Sonne leuchtet Seine Allen allgenugsame Gnade. . . . . Aber wie die Sonne nicht dem leuchtet, der seine Augen schließt, sondern dem nur, der sie öffnet, so ist Jesu Christi allgegenwärtig wirksame, Allen zugängliche, Allen genießbare Gnade — Nur mit dem, der nur hat sie, der sie haben will, der sie sucht, wünscht, annimmt, sich ihrer, als einer auch für ihn aufgeschloßnen, auch für ihn unerschöpflichen Quelle alles Seegens und aller Freuden freut.

Daß

von der Waysenkirche.

Daß Ihr sie habet, daß sie mit Euch sey — nicht leeres Wort Euch sey, nicht ein unbestimmtes: „Ich weiß nicht „was!" — Daß sie Euch sey, was sie ist — Beseeligung! Siehe, das, Brüder, ist der Wunsch meines Herzens in dieser Stunde; Daß Euch Allen die Menschenfreundlichkeit Gottes und Jesu Christo durch die Erleuchtung Seines in Euch wirksamen Geistes fühlbar, gewiß, unzweifelhaft werde, wie Euer Leben — theuer anbetenswürdig werde uns über Alles — die Liebe Gottes, welche uns in der Offenbahrung Jesu Christi aufgeschlossen und angetragen wird!

O Ihr Alle, die Ihr hier zugegen seyt, aus welchen Gründen und Absichten es nun sey.; Ihr Alle, die Ihr auf den Namen unsers Herrn Jesu Christi getauft seyt; Ihr Alle, die Ihr mit Eurem, oder ohne Euer Wissen, Beweise und Gegenstände der ewigen Liebe, und der Alles seegnenden Gnade Jesu seyt — was kann ich Euch Allen, die Ihr die letzten Seegenswünsche von mir erwartet, besseres, seeligeres wünschen, als Erkenntnis dieser väterlichen Gottesliebe, dieser unbeschreiblich erfreuenden Gnade Jesu, — Genuß und Gemeinschaft des Göttlichen Geistes, ohne welche die menschliche Seele so wenig, als der Leib ohne die Seele leben kann! Euch besonders, die Ihr dieß Haus des Herrn zu besuchen pfleget — die mir Gott so oft zum Unterricht, zur Ermunterung, zum Trost, und zur Erbauung anvertraute — Herzliebe Mitchristen, aus allen Gemeinen unserer Vaterstadt! Ach, für alle Eure

Güte

Güte gegen mich; Allen Euren Fleiß und Eifer, bey allerley Witterung oft auch aus entfernten Gegenden hieher zu kommen, Eure so ungewöhnlich stille Aufmerksamkeit und herzliche Andacht, alle Eure Nachsicht und Geduld bey meinen oft mehr nachläßig vertraulichen, als nach dem feinen Geschmack unsers Zeitalters ausgearbeiteten Predigten, Eure Gelassenheit und Unterwerfung unter alle meine Bestrafungen und Demüthigungen — alle Eure hieher gebrachten Opfer — oft, besonders bey ausserordentlichen Gelegenheiten, und über heilige Festtage so ungewöhnlich grosse Opfer der Großmuth und Liebe — für alle Eure Treue an mir unter allen so ungleichen Urtheilen, und widrigen Gerüchten, unter allen, ich darf wohl sagen, so unerhört bittern und unverdient harten Urtheilen, die man sich wider mich erlaubte, (Jesus Christus, vergieb mir nicht, wenn ich sie nicht alle von Herzen vergebe!) Für Eure unter allen diesen weltbekannten Vorfallenheiten, unverbrüchliche Treue gegen mich, Eure immer wachsende, immer zärtlichere Zuneigung und Liebe, theure, brüderliche Versammlung, ach, für alle deine seegnenden Blicke, alle deine herzlichen Seufzer für mich, alle deine um meinetwillen und vor mir vergossene Thränen — O wie dank' ich dir für das Alles? Wie vergelt' ich, was nicht vergolten werden kann? — Welchen Seegen verdienst du? Keinen geringern, als den apostolischen Seegen — Die Gnade des Herrn Jesu, die Liebe Gottes, und die Gemeinschaft des heiligen Geistes sey mit Euch!

Gegenwärtig und nahe — Allen gegenwärtig und spührbar nahe, nahe von der gegenwärtigen Stund an, und immer näher und spührbarer mit jedem Tage sey die unvergleichbare Freundlichkeit, die allmächtige Gnade Jesu Christi — die Göttliche Huld des Allerhuldreichsten! O daß Ihr sie von dieser Stunde an mit aller Einfalt, aller Furchtlosigkeit und Kindlichkeit umfaßtet die in der gnadenvollen Person Jesu Christi überschwenglich geoffenbahrte Liebe Gottes, — daß sie Jedem von Euch durch die Erleuchtung und Einwirkung des Geistes so aufgeschlossen, so wichtig, so theuer und kostbar werde, daß Euch auf Erden nichts wichtiger und theurer sey! Daß Freude an Gott, und an Gottes Freude über Euch, jede andre Freude gleichsam verschlinge, jede andere entbehrlich mache; Jeden Morgen beym Erwachen, jeden Mittag beym Essen, jeden Abend in Gesellschaft oder in der Stille, in Euren Häusern oder auf Spaziergängen, jede Nacht wo Ihr Euch zur Ruhe niederlegt, in jeder Mitternachtstunde, da Ihr nicht schlafen könnet oder erwachet, beym Auf- und Untergang der Sonne, beym Schimmer der Sterne, beym Scheine des Mondes, beym Anfange, Fortgange, Beschluß aller Eurer Unternehmungen und Geschäffte — in allen trüben und allen heitern Stunden, — bey allen Reizungen zur Sünde, und in allen Gefahren, wenn Ihr unterlieget und wenn Ihr sieget, wenn Ihr geliebt und wenn Ihr gehaßt werdet, wenn Ihr empfanget und gebet, wenn Ihr seegnet und geseegnet werdet, wenn Ihr arbeitet und wenn Ihr ruhet, wenn Ihr betet und wenn Ihr singet; Wenn Ihr

das

das Evangelium leset, und christliche Predigten höhret; — Wenn Ihr Euch zum Genusse des heiligen Abendmahls vorbereitet, und wenn Ihr die heiligen Pfänder der unbeschreiblichen Gnade des Herrn empfangt und geniesset, — An jedem Sonntag und jedem Festtag, — in jeder öffentlichen und jeder besondern Erbauungsstunde, — in gesunden Tagen und in kranken Tagen, — auf dem Sterbebett und an den Pforten des Todes, — und besonders gerade itzt in dieser heiligen Stunde, sey sie Euch Allen allezeit spührbar nahe, und augenscheinlich gegenwärtig; Sey sie Euch empfindbar und unzweifelhaft; — Sey sie Euch Labsal und Erquickung — die Gnade des Gnädigsten, die Liebe des Liebreichsten, die Kraft des kräftigst Alles durchdringenden! Schmecket und sehet, empfindet und erfahret immer, wie freundlich der Herr, und wie seelig der ist, der's mit Ihm hält, und auf Ihn vertraut.

O Ihr lieben mir Bekannten und Unbekannten! — Gewiß, wie Euer Leben, ist's, daß Gott Euch mit unendlicher Liebe liebt; Daß Jesus Christus Gnade die Fülle hat für einen Jeden aus Euch; Daß der Geist Jesu Christi sich Euren Herzen mit unbeschreiblicher Sehnsucht zu nähern sucht. — O daß Ihr Euch unaufhörlich dieser Gnade freuet, diese Liebe fühlet, in der Gemeinschaft des Geistes stühndet!

O Ihr lieben mir Bekannten und Unbekannten — Glauben an diese Gnade, Erfahrung dieser Liebe, Gemeinschaft

schaft mit dem Geiste der Weisheit und Kraft — Es ist ihr keine Freude der Liebe zu vergleichen!... Keine Bruderliebe; Keine Freundesliebe! — Von Gönnergunst und Fürstengnade ist nicht zu reden... Keine Freude der Erde... Es ist nichts, was Vergnügen genannt werden mag, mit ihr zu vergleichen; — Sie ist der Jnbegriff alles Guten, Göttlichen, Wünschenswürdigen; Das Einzige, was ich Euch wünsche! — Brüder! Ihr wißt Alles, was Ihr wissen sollt; Könnt Alles, was Ihr können sollt; Habt Alles, was Ihr haben wollt; Seyd Alles, was Ihr seyn sollt... Alles ist Euer — wenn die Gnade des Herrn Euer ist. Das ist: Wenn Ihr erkennt, glaubt, fühlet, erfahret, daß mit unaussprechlicher Gnade Jesus Christus an Euch denkt; Daß mit einer alle Vaterliebe unendlich übertreffenden Liebe der Vater unsers Herrn Euch liebet; Wann in Euren Herzen sich bewegt und lebendig beweiset die Kraft des Geistes, — Gerechtigkeit, Friede und Freude im heiligen Geiste.

O Du theure Gemeine des Herrn! Diese Freude, die ihres Gleichen nicht hat, — diesen Frieden der Seele, der aus dem Glauben an Gottes Erbarmung, aus der Erfahrung des lebenden Herrn, aus der Erleuchtung und Gewißheit, die Gottes Geist in den Herzen der Menschen wirkt, — so unmittelbar quillt; Wie wünsch' ich sie Dir! Wie leg' ich sie in Dein Herz! Wie erfleh' ich sie vom Himmel!... O Du heilreichste Gnade des Herrn — Du selbst, unaussprechlich Gnadenvoller! Oeffne Du selbst

X durch

durch Deinen Geist uns die Augen, den Reichthum Deiner Gnade, und die Fülle der in Dir wohnenden Gottesliebe zu erkennen — und erfülle unsre Herzen alle mit Freude an Dir und Deiner Alles erfreuenden Huld, an Deiner Alles vergebenden Versöhnlichkeit, — an der Unerschöpflichkeit Deiner Seegenslust und Seegenskraft!..
O Du unendliche Gnade! — Ergiesse Dich in vollem Maasse über diese mir so theure — Dir noch theurere Heerde!

Ja, Du theure, liebe Gemeine! — Mit diesem Gebehte verlasse ich Dich, wenigstens einen Theil von Dir verlasse ich; Aber mein Andenken, mein Gebeht, meine Liebe soll Dich nicht verlassen: — Ach ich wollte Dich nicht, aber mußte Dich verlassen! Mein Trost ist, daß ich, daß ich Dich nicht verlassen wollte! — Mein Trost ist, daß ich Dich nicht ganz verlasse; Daß ich zu der Gemeine gekommen bin, welcher die meisten von Euch auch mit einverleibt sind; Daß ich gleichsam nur aus einem kleinen Zimmer in ein grösseres eben desselben Hauses hinauf berufen worden bin. — Mein Trost ist, daß mein beßter, vertrautester, gleichgesinntester, edelster Bruder in diese meine Stelle tritt, — und in die seinige ein Mann von nicht minder bewährter Einsicht, Redlichkeit und Frömmigkeit, — der meiner weitern Empfehlnng durchaus nicht bedarf.

II.

Die Gnade des Herrn Jesu Christi, die Liebe Gottes und die Gemeinschaft des heiligen Geistes sey mit Euch!

von der Waysenkirche.

Was ich Euch Allen überhaupt wünsche, soll ich, will ich so kurz und so herzlich wie möglich, allen denen von Euch noch besonders wünschen, mit denen ich, Kraft meines Dienstes an dieser Kirche, an diesem Waysen- und Zuchthause, in einer besondern nähern Verbindung stand. —

O gieb mir, gieb mir mein Gott, für Jeden das kräftigste und seegenvolleste Wort in meinen Mund! Die reinste, brüderlichste Empfindung in mein Herz!

Des Herrn spührbare Gnade, Empfindung der unbeschreiblich erfreuenden Gottesliebe, Licht und leitende Kraft des Geistes, o Ihr würdigste, beste, an und abwesende Vorsteher dieses Hauses, wie herzlich wünsch' ich Euch dieß! O Ihr meine Freude und meine Hülfe! Mein Rath und meine Zuflucht! — Ihr, der Seegen dieses Hauses, und Väter dieser Vaterlosen Schaar! — O wie brennt mein Herz, Euch mit Kraft und Geist zu seegnen! Sie besonders mit Kraft und Geist — in dem Namen meines Herrn Jesu Christi zu seegnen, bester, weisester Herr Statthalter Schinz! — O so würdiger Nachfolger unsers edeln, verdienstvollen, grossen Eschers! An dessen einstmahliges Hierseyn, und ach! Nicht mehr hier seyn, — an dessen Treue, und dessen Herz für dieses Haus — ich nie ohne Wehmuth denken kann! — O für alles Ihr Wohlmeynen mit diesem Hause, und mit mir, dem unwürdigsten Diener desselben, für alle Ihre Treue, Ihre Sorgfalt, Ihre Wachsamkeit, Ihre herablassende Huld, Ihren weisen Eifer, Ihre ungeheuchelte Theilnehmung, alle Ihre guten Absichten, Ihre vortreflichen Rathschläge, Ihre edeln Thaten; Alles, was Sie hier, und in so manch andern Verhältnissen, Gutes thun, thaten, thun wollten, thun werden, thun werden mit reinem und frohem Herzen, besonders an diesem Hause, den gegenwärtigen und künftigen Waysen, die ich Ihnen nicht empfehlen darf, — bis auf den lezten Odem Ihres Lebens; — O wie anders, wie besser kann ich Sie seegnen, als mit dem Apostolischen Seegenswunsche: Die Gnade des Gnädigsten, die Liebe des Liebreichsten, die Gemeinschaft des Heiligsten sey mit Ihnen! Es ist mein aufrichtiger Wunsch, und mein herzliches Gebeht, daß auch Ihnen mit jedem Tage sichtiger, und mit jedem Tage spührbarer werde unsers Herrn Alles in sich fassende Gnade! Gottes in Christo herrlich geoffenbahrte Liebe! Daß der Geist der Weisheit und des Muths, — der Kraft und der Liebe, — mit jeder beruhigenden Wahrheit Ihr edles wahrheitliebendes Herz erfreue! Mit jeder himmlischen Tröstung Frieden, der höher ist als alle Vernunft, in Ihre Seele bringe! — Ist irgend eine Gabe des Geistes, die Ihnen Ihr Leben angenehm, eine Last leicht, eine schwehre Pflicht zur Freude machen kann, ist irgend ein Trost, irgend eine Wahrheit, eine Hoffnung, eine Kraft, wodurch Ihnen die Gnade des Herrn mehr aufgeschlossen und empfindbarer, gewisser gemacht — näher gelegt wird, wodurch die Liebe Gottes Ihrem Herzen süsser wird, gewisser wird Ihr Antheil an jenem herrlichen unvergänglichen Erbe — An diesem heiligen Tage, in dieser

dieser fey'rlichen Stunde wünscht sie Ihnen mein Herz, mit aller Aufrichtigkeit, deren es fähig ist. Möge die Gnade des Herrn unter dem Genusse Seines Abendmals das Siegel der Erfahrung auf meinen Wunsch drücken! —

Unsers Herrn spührbare Gnade, lebendigste Empfindung der Liebe Gottes, — und tägliche Leitung und Unterstützung des heiligen Geistes wünsch' ich mit nicht minder aufrichtigem Herzen den würdigen, treuen an- und abwesenden Pflegältern dieses Hauses, — und allen für das Wohl desselben auf manichfaltige Weise treubesorgten — Gliedern ihrer Familie! Bey jeder redlichen Bemühung für die Wohlfahrt des ganzen Hauses, oder einzelner Waysen; — Bey jeder Last, die sie drücken mag; Bey jedem Seufzer, den sie zu Gott thun; — Bey jeder Thräne der Freude oder des Kummers, die sie vergiessen; — Bey jeder Ermahnung, jeder Warnung, jedem Rathe, den Sie einer Wayse geben, — allemahl werd' Ihnen die Gnade des Herrn neu gegenwärtig! Neu empfindbar Seine Liebe! Neu lebendig in Ihnen die unterstützende Kraft des heilgen Geistes! Andre Wünsche und meine Danksagungen will ich nicht wiederholen. Diese heilige Stunde gestattet nur wenige Worte, nur diesen beßten aller Wünsche, — der mein Gebeht werden soll, das Du erhöhren und erfüllen wirst, o Du treuer Begnadiger und Belohner aller guten Gesinnungen und Thaten!

Abschiedspredigt.

Was ich diesen wünschte, wünsch' ich Allen, Jedem nach seinem Bedürfnisse, seiner Fähigkeit, seinem Glauben; — Allen, die auf irgend eine Weise mit diesem Hause verbunden sind; Allen an- und abwesenden Aerzten und Lehrern, — Euch besonders, redlicher Schulmeister; — Allen — bis auf den untersten Dienstbotten, — wünsch' ich Allen, die dem Zuchthause redlich vorstehen, oder redlich dienen, — von dem ersten Aufseher an bis auf den geringsten; Für Alle sey besonders dieser Tag ein Tag neuer Gnade! Sey dieß Fest eine neue Erweckung! Diese Stunde eine Stunde der Freude im heiligen Geist! — Freuen sich Alle der Gnade des Herrn! Treibe Alle der Geist des Herrn zu Allem, was ihnen selbst gut, oder vielmehr zu dem, was dem Hause nützlich ist! Augenscheinlich werd' Ihnen Alles belohnet, was Sie mit Treu und Herzlichkeit thun!

Und auch mit Euch, — ach! Wem wünsch' ich's herzlicher? Wer hat's nöthiger als ihr? Hier Abgesonderte — wie soll ich Euch nennen — Unglückliche oder Glückliche? Auch mit Euch sey — wie noch nie — unsers Herrn erbarmende Gnade! Die Gnade Dessen, der in die Welt gekommen ist, die armen Sünder, die elendesten aller Sünder seelig zu machen! — Empfindbar und theuer werd' einmahl Euern Herzen die Liebe Deß, der da will, daß alle Menschen seelig werden, und zur Erkenntniß der Wahrheit, und zur Ruhe der Seelen gelangen! — Auch mit Euch auch sey die Gemeinschaft und die Unterstützung des heiligen Geistes! Nicht mehr bestrafen,

vom Waysenhause.

strafen, nicht mehr ermahnen, nicht mehr erinnern, nur seegnen will ich Euch itzt. Ich habe mich schon letzten Freytag von Euch verabscheidet; Euch schon die Summe der nöthigsten Erinnerungen ans Herz gelegt. O daß der Geist des Herrn sie Euern Seelen wichtig und unvergeßlich machte! — Nur seegnen mögt' ich Euch, — nur erwecken zu suchen, zu umfassen, und zu erfahren die Allesversöhnende Gnade des größten Begnadigers; Mit kindlicher Dehmuth und Freude zu glauben an die auch Euch liebende Liebe des Vaters; Ach, auch Euch näher bringen der Freude und der Gemeinschaft des heiligen Geistes. O! Daß doch die Meisten von Euch, — warum mag' ich es nicht zu sagen: Alle! Ach, ihr wißt selbst am beßten, warum ich's nicht sagen darf? — O daß doch die Meisten von Euch, wenigstens die, die itzo gerührt sind, gerad itzt sich vor Gott dehmüthigen, und sich Seiner Gnade schaamvoll und zerknirrscht hinwerfen, — O daß doch diesen wenigstens gegeben werden mögte, an die Liebe des Vaters zu glauben, Der Alles durch Jesum Christum entsündigen und begnadigen will, wem es tiefes Bedürfniß, wem's rechter Ernst darnach ist! O daß doch der Geist der Erleuchtung auch Euch zu Theil werden mögte, und mit Ihm Freude an Gott, und allem Guten, woran Gott Freyde hat! Lust an jeder Tugend, Trieb zu Allem, was Euch vor Gott wieder angenehm machen kann, durch Ihn in Euern Seelen lebendig und herrschend würde!

Und

Und nun wend' ich mich billig auch besonders noch zu Dir — zu Dir du Freude meiner Augen! Du Lust meines Herzens! — Du herzlich von mir geliebte Waysenschaar! O Du, als deren Lehrer ich zu leben gedachte und zu sterben hoffte, und die ich nun nicht nach meinem, sondern nach Gottes weisem Willen, verlassen muß. — Auch Dir gebe ich jetzt keine Erinnerungen mehr! Versiegle der Geist des Herrn die, die ich letztern Samstag noch in dein Herz legte — Auch nur seegnen will ich Dich noch mit dem beßten Pfingstseegen! Auch über Dir noch in dieser feyerlichen Stunde aussprechen die Worte des Apostels und den Wunsch meiner Seele — Die Gnade des Herrn Jesu Christi, die Liebe Gottes und die Gemeinschaft des heiligen Geistes sey mit Euch Allen. Mit Allen vom Größten an bis zum Kleinsten! Mit Jedem von Euch, Ihr Knaben! Mit Jeder von Euch, Ihr Töchtern! Mit einem Jeden von Euch nach seinem Bedürfnisse, seiner Redlichkeit, seinem Glauben, seinen Anlagen, seiner Bestimmung? Sey mit Allen, die während meines Dienstes an dieser Kirche meines Unterrichts genossen, itzt entweder in Diensten stehen, oder in Werkstätten, oder an der Fremde, oder auf Reisen, oder auf andre Weise versorgt sind! — Freut Euch alle Gegenwärtige, mit allen Abwesenden! — O ihr Lieben, freut Euch Alle der Gnade des Herrn! der Liebe des Vaters, des treusten Vaters aller Waysen, und der auch Euch angebotnen Gemeinschaft und Erleuchtung des heiligen Geistes! Euer ist sie, die Gnade des Herrn! Für Euch auch

ward

von der Waysenkirche.

ward Jesus Christus arm, da Er reich war, daß auch Ihr durch Seine Armuth reich würdet. Begnadigte Gottes, Gottes Lieblinge seyt auch Ihr! Schüler und Lehrlinge des heiligen Geistes auch Ihr! Auch auf Euch schaut mit Blicken unaussprechlicher Erbarmung Jesus Christus nieder! — Auch Euch kennt Er Alle mit Namen; Seegnet gern Jedes nach seiner Treue! O Kinder, wo Ihr immer immer seyn, was Ihr immer thun möget — in jeglicher Stunde der Versuchung und Gefahr; In der Nähe jedes Verführers, jedes Leichtsinnigen und Gottesvergessenen; Bey allen Euern Arbeiten, in allen Lehrstunden, bey allen Euern Ergötzlichkeiten, in welche Geschäfte, welche Dienste, welche Werkstätte, welche Gegenden der Welt Ihr kommen möget! — So oft Ihr den Namen Christi nennen höhrt; So oft Ihr ein Testament zur Hand nehmt; So oft Ihr zur Kirche geht; So oft Ihr das Abendmahl feyret — Nahe, lebendig sey Jedem von Euch der Gedanke: Gott liebt mich! Auch für meine Bedürfnisse, meine Schwachheiten, meine Sünden alle ist Gnade genug, Kraft und Geist genug für mich! Was mich beruhigt, und sonst nicht zu finden ist, ich kann's finden bey Ihm; Was mich stark, und rein, und edel, und frey, und seelig macht, — Quelle von Alle dem ist meines Herren Gnade! O Kinder! In allen erdenklichen Umständen Euers Lebens mögtet Ihr's einfältig glauben! — Mögtet Ihr sie erfahren des Herren allgenugsame Gnade, die besser ist als das Leben! — O Kinder, ohne sie, was seyt Ihr? Durch sie, was könnt

Ihr werden!. — Auf meiner Seele, Kinder trag' ich
Euch — Das wißt Ihr; Nehm' Euch mit mir weg auf
meinem Herzen! — Dir, o Dir, wie empfehl' ich sie,
diese theure Waysenschaar — Vater aller Liebe! Unausdenkliche Gnade des Sohnes, — Geist der Erleuchtung und
Kraft! — Wie leg' ich sie Alle, o Jesus Christus, nahe
genug an Dein Herz! Wie erseh' ich Dich, sie in dem
Glauben an Deine Gnade, im lebendigen immer sanft
gegenwärtigen Gefühle Deiner Liebe zu erhalten! — O du
Geist der Heiligung — Wie wünsch' ich Dich kräftig genug in ihr Herz! O wie bitt' ich Dich, daß Du sie vor
dem Bösen bewahrest! Daß Du jeden in ihr Herz hinge-
worfnen guten Saamen zu edeln Gesinnungen und Thaten aufblühen lassest; Daß Du ihrem Geiste Ruhe, Kraft,
Wahrheit, Licht, Trost genug gebest, allen Gotteswillen
mit Freuden zu thun, und mit Anbethung zu leiden.

Und was soll ich zu Dir sagen? Wie Dich in dieser feyr-
lichen Stunde seegnen? O du treuster aller treuen Freunde, mein lieber Pfenninger! Beßter Mitarbeiter — Ein
Herz und Eine Seele mit mir! Ach! Nicht reden will
ich von deiner Treu und Liebe an mir; Deiner immer
gleich unwandelbaren Geduld und Zärtlichkeit; — Ich
kann nicht davon reden, vielweniger je sie vergelten, o du
Edelster, Sanftester, — Treuster! Gott kennt Dich allein,
Gott allein kann's Dir vergelten! Nichts sagen und wünschen will ich tzt, als aus der Tiefe meines Herzens den
Seegen des Apostels in dein Herz legen: Die Gnade des
Herrn

Herrn Jesu Christi, die Liebe Gottes und die Gemeinschaft des heiligen Geistes sey auch mit Dir!

Mit Dir — wie noch nie! Sichtbarer, herrlicher, als mit Allen, — um aller Andern willen mehr, als mit allen Andern mit Dir! Neu spührbar mit Dir von diesem Tag und dieser Stund an — Du nun erster unmittelbarer Hirte zwoer so ungleicher Heerden! — O Dich erquicke, wie noch nie, Dich erfreue mit neuer Göttlicher Freude lebendiges Gefühl der unausdenklichen Liebe des Vaters! Dich stärke, wie noch nie, die Gnade des Herrn, die Du so redlich suchest! Dein sey alle Kraft des Geistes, deren Du bedarfst, um diese Schaar von Waysen, — um jene Schaar von Sündern und Sünderinnen zu Gott zu führen und dem Verderben zu entreissen! — So oft, o mein Bruder! So oft Du dich dem Waysenhause näherst; So oft Du das Zuchthaus betrittst; So oft Du an dieser heiligen Stelle hier stehest, müsse neue Freude über die allgenugsame Gnade des Herrn, — neues anbehtendes Gefühl der Vaterliebe Gottes durch Seinen Geist, in Dir rege werden! Müsst Du ermuntert und gestärkt werden, mit neuer Kraft zu zeugen von der Allbeseeligenden Huld und Kraft, in der Du lebst und webst; — Ach! Bruder! verlassen muß ich Dich hier; — Aber laß es mit Trost seyn, — und komm, Bruder, wenn mir des Abends etwann ein Viertelstündchen übrig bleibt, daß ich ruhen kann an deinem Arm, Bruder, komm dann, und erzähle mir von diesen nun deinen, einst deinen und meinen Schaafen, und erfreue

freue mich mit der freudigen Nachricht, daß sie unter
deinem Pflanzen und Wässern täglich wachsen in der Gnade
und Erkenntnis unsers Herrn Jesu Christi, fester werden
im Glauben an Gottes Vaterliebe, und reiner und erleuchteter und froher in der Gemeinschaft des heiligen Geistes.

Und auch mit Dir, lieber, edler, frommer Herder, wür-
digster neuer Helfer an diesem Hause! Auch mit Dir sey
von dem gegenwärtigen Moment an, wie noch nie, die
Gnade des Herrn! Fühle, wie noch nie, die Liebe des
Vaters, — und freue Dich, wie noch nie, in der Freude
und Kraft Seines Geistes!

Grad in dieser feyerlichen Stunde, der ersten und letzten
Stunde, da Du noch mit uns Beyden die heiligen Zeichen der Liebe des Herrn in dieser Versammlung austheilen wirst, — (Gott schenke Dir die Herzen Aller, die hier
zugegen sind!—) Grade in dieser Stunde empfinde sie,
hebte sie an, geniesse sie, wie noch nie, die Gnade des
Herrn! Die Liebe des Vaters, der des Eingebohrnen nicht
schohnte! Hier schöpfe aus dem Geiste des Lebens neuen
Muth und neue Kraft zu dem Amte, das Dir nun anvertraut ist! O empfinde sie mit unzweifelhafter Gewißheit! — Verkündige sie mit der lebhaftesten Freude und
mit aller Kraft eigner Empfindung! Verkündige sie dem
Freyen und Gefangnen; Dem Reichen und dem Wayß-
lein; Dem Gelehrten und dem Einfältigsten: Daß sich Alles mit Dir deines Gottes und Heilandes freue in der
Erleuchtung und Gemeinschaft des heiligen Geistes.

von der Waysenkirche.

Und endlich wend' ich mich auch noch zu Dir für mich selbst. O sey Du auch mit mir, o Du mir unentbehrlichste Gnade meines beßten, beßten Herrn! O Du unermeßliche Liebe des Vaters — Du mein Vertrauen und meine Hoffnung, meine Sehnsucht und mein Gebeht, — lebendige Kraft des heiligen Geistes! — O sey mit mir, mir dem Schwächsten aller Schwachen, dem Unwürdigsten aller Unwürdigen, dem Bedürftigsten aller Bedürftigen! — Mehr als ich sie je empfand in meines Lebens reinsten und seeligsten Augenblicken, Deine süsseste, hülfreichste Gnade — O Du, mein Herr und mein Gott! Mehr als je in meinem Leben sey sie mit mir! Mehr, als sie hier an diesem Hause und bey dieser Stelle mit mir war, — und sie war, o sie war so über Verdienen und Bitten mit mir! — Welche Worte drücken ihn aus, den Dank, den ich Dir schuldig bin! Welche Thränen des Preises! Welch Verstummen der Anbehtung! Welche Empfindungen sind kräftig genug, Dir zu danken für Deine schohnende Langmuth, Deine zärtliche Gnade, — o Du, der mich Schwachen so oft, so fühlbar gestärkt, mich Muthlosen so oft ermuntert, mich Verzagten so oft unterstützt, mich Unwürdigen, (o Gott! Du weissest alle meine Schwachheiten, Fehltritte, Versäumnisse, Nachläßigkeiten, Vergessenheiten meiner Pflicht; — Vergieb mir sie alle! Vergieb sie alle!) mich Unwürdigen so oft gewürdigt hast, Deinen Namen zu preisen, und das Evangelium von Deiner Gnade zu verkündigen! — O Du, der Du meinen Glauben nicht wanken liessest unter allen Bestürmungen und Anfechtunfechtungen von innen und von aussen, — mich bis auf diesen Augenblick mit der augenscheinlichsten Gnade leitetest, meine, ach, so geringen und fehlervollen Bemühungen mit dem unverdientesten Seegen kröntest! O Du Gnadenvoller! — Nicht meine Zunge, meine Thräne nicht, nicht mein Herz kann Dir danken, für alles Wahre, Gute, Nützliche, das Du durch dieß schwache Werkzeug wirken wolltest; — Für jedes Wort heilsamer Wahrheit, das Du mir in den Mund gabst; Für jede fromme Empfindung, jeden heitern Gedanken, jede edle Gesinnung, jede heilige Thräne, jeden guten und muthigen Entschluß, jede Besserung des Herzens, jede gute That, die Du durch Dein Wort in meinem Munde erwecktest oder veranlaßtest! O wie preißt Dich mein Mund, wie dankt Dir mein Herz für jedes Wort der Wahrheit, der Kraft und des Seegens, das ich hier geredt und gehört habe! Aber — o Du über alle Wünsche und Hoffnungen Gnadenvoller! So sehr Deine leitende und seegnende Erbarmung gegen mich meinen heissesten Dank, und meine wärmste Anbehtung verdienet, — ach, — erstehen laß Dich — noch mehr als hier, noch kräftiger als bis jetzt, sey Deine Gnade mit mir, zum Seegen jener grossen, furchtbar grossen Gemeine, in deren ich nun von Deiner Gnade zeugen, und Deine Liebe anbehten soll! O wie beug' ich meine Kniee vor Dir; Wie neig' ich mein Angesicht und mein Herz in den Staub hin — um Dich zu erstehen: Noch gewisser und empfindbarer werde mir Deine Huld und Liebe! Noch herrlicher offenbahre sich an und in mir

die

von der Waysenkirche.

die Erleuchtung und Stärkung Deines Geistes! Voll Deiner Gnade lehre mich zeugen von Deiner Gnade! Nie ohne Gefühl Deiner Liebe laß mich von Deiner Liebe reden! Nur in der Gemeinschaft Deines Geistes von Deines Geistes Freuden und Kräften zeugen! —

Jesus, Jesus Christus! Zum letztenmahle beht' ich Dich hier öffentlich an! O Du, den ich nicht anbehten kann! O könnt' ich nur einmahl, nur itzt, zum letztenmahle — aussprechen Deinen Namen, mit vollem Glauben an Deine Gnade, mit dem reinsten Gefühl der Liebe meines Gottes, und unter dem spührbarsten Anhauche Deines Geistes!

Beschluß.

Und nun, ach, nun, Geliebte! — Es muß seyn! Wir müssen abbrechen! Wir müssen uns trennen — und von einander losreissen! — Es geschehe der anbehtenswürdige Wille des Herrn!

Noch gönnt mir Gott die Freude, zum Beschluß meines Dienstes das Abendmahl des Herrn in vertraulich-brüderlicher Liebe hier mit Euch zu begehen! Das letztemahl! O der Wehmuth- und Gnadenvollen Stunde!

Kommt dann — Brüder und Schwestern! Kommt, Väter und Kinder! Komm, du liebe kleine reifere Waysenschaar! — Genießt noch zum letztenmahle mit mir hier das heilige Gedächtnismal der unendlichen Menschenliebe des Vaters, — der

aller-

allersüssesten und freundlichsten Gnade des Herrn, und das Pfand der Ausgiessung, und der auch Euch möglichen und geniesbaren Gemeinschaft des heiligen Geistes! —

O Glaube, wie noch nie; Liebe, wie noch nie; Hoffnung und Freude, wie noch nie; Ruhe und Friede der Seele, wie noch nie; — Kraft, Muth, Göttliches Leben, wie noch nie — ergiesse sich aus dem Quelle alles Lichtes, aller Kräfte und aller Freuden, in unsre Herzen, bey diesem Male des Heils! O Jesus Christus! Mache diesen Seegen, mache diese Stunde zur unvergeßlichsten Seegensstunde für uns!

Und nun — zum letztenmahle, aus meines Herzens tiefstem Grunde in den tiefsten Grund Eures Herzens: —

Die Gnade des Herrn Jesu Christi, die Liebe Gottes und die Gemeinschaft des heiligen Geistes sey mit Euch Allen! Meine Liebe sey mit Euch in Christo Jesu — Amen.

Antritts-Predigt

zum

Diakonate

bey

ber Kirche zu Sant Peter.

Gehalten

Sonntags Abends

den 5. Julius 1778.

A

Die wenigen Worte, die wir — an dieser heiligen, uns durch Gottes Anbehtungswürdige Leitung anvertrauten Stelle zum Grund unserer ersten Betrachtung zu legen, und Euren Herzen tief einzugraben gedenken, stehen in dem ersten Briefe des heiligen Paullus an die Thessalonicher, dem V. Capitel, dem 25. Vers, und lauten also:

Ihr Brüder, behtet für Uns.

———————

Die Gnade des Herrn Jesu Christi, die Liebe Gottes, und die Gemeinschaft des heiligen Geistes sey mit Dir, du theure, heilige Gemeine!

Meine Liebe sey mit Euch Allen, in Jesu Christo, und um Jesu Christi willen. Amen.

———————

Andächtige, und durch das Evangelium Jesu Christi, zur Erkenntniß und Gemeinschaft der ewigen Liebe in Jesu Christo berufene, theure christliche Zuhöhrer! . . .

So ist sie dann nun wirklich da — die wichtige, ernste, feyerliche, lange schon von mir gefürchtete Stunde, da ich vor dem Angesichte Gottes und Seiner auserwählten Engel, und vor Dir, Du hochansehnliche, theure, verehrungswürdige Petrinische Gemeine, das Amt und den Dienst, zu welchem Du mich im Namen Gottes, vor bald dren Monaten berufen hast, antreten soll!

Ich stehe wirklich vor Dir, Du zahlreiche, gedrängte, beynah' unübersehbare Gemeine! — Was mir immer noch eine Art von Traum zu seyn schien — Es ist nun wirkliche, gegenwärtige Wahrheit. — Ich stehe, wo stehen zu müssen, ich vor weniger Zeit noch nicht denken durfte. Ich bin, was zu seyn ich nie wünschen konnte, — Helfer an dieser Gemeine!

Er ist zu seinen Vätern gegangen; Er ist im Glauben an die bessere, ewige Welt entschlafen, der fromme, dehmüthige, treue, geduldige Hirte, der weyland Wohlehrwürdige Herr Pfarrer Matthias Stumpf; Er hat überwunden und erreicht das Ziel seines Leidens; Erkämpft und ersiegt den Lohn seiner Treue und seiner Arbeit; Sie sind weggetrocknet von seinen Augen die Thränen seines Kummers und seines Kampfes; Er ärndet, was Er gesäet hat, und seine Seele ruhet in den Kreisen der Auserwählten. — O hättest Du — nun triumphierender Dulder, hättest Du mir Deine stille Einfalt und Gemüthsruhe — Deine Dehmuth und Frömmigkeit — Deine Sanftmuth und Geduld — Deinen Eifer im Gebeht, und Deine trostreiche Salbung am Bette des Kranken und Sterbenden — zurückgelassen!

bey der Kirche zu Sant Peter.

gelassen! — Aber ach! — Er nahm mit sich alles Gute, was Gott in sein Herz gelegt hatte; — Nur seinen Seegen ließ Er Dir zurück, o Du ihm so theure Petrinische Gemeine!

Er entwich von Dir, und Du wähltest an seiner statt mit Einem Herzen und Einer Stimme, seinen vieljährigen frommen und treuen Helfer und Mitarbeiter; Und an dessen Statt, neben dem, um diese Kirche vielverdienten Sohne des Seeligen, mit mehreren Stimmen mich, und riefest mich von dem mir so theuren, herzlichen Pfarr-Amt an dem mir unvergeßlichen Waysenhause hieher, — die Lücke wieder zu erfüllen, die der Hinschied deines rechtschaffnen Hirten ledig machte. —

So steh' ich dann nun das erstemahl da vor deinen Augen in dieser heiligen, und gewiß bis zum letzten Odem meines Lebens mir unvergeßlichen Abendstunde.... Nachdem heut Morgen unser theureste, verehrungswürdige Herr Pfarrer Johann Rudolf Freytag, sein längst Vertretungsweise versehenes, nun Ihm eigen gewordenes, höchstwichtiges Pfarr-Amt feyerlich angetreten, und mir zugleich sein bisher, seit zwey und zwanzig Jahren höchstschwehr auf Ihm gelegenes treuverwaltetes Diakonat, unter den heiligsten und brüderlichsten Wünschen, Seegnungen, Anerbietungen und Ermunterungen — mir, seinem von Euch erwählten und berufenen Nachfolger, förmlich abgetreten, und gleichsam aus seiner Hand in die meinige gelegt hat.

Bis auf diesen Punkt also hat mich die Hand meines Gottes gebracht. Hier also steh' ich auf den Ruf und in dem Namen meines Herrn, auch Euch von dieser Stelle, nach dem Maaße meines Glaubens und meiner Kräfte, so lang es meinem Herrn gefallen wird, zu verkündigen das Evangelium von dem Reiche Gottes, und die gute Botschaft von der Begnadigung, Entsündigung — und Wiederherstellung des sündigen, des sterblichen Menschen, durch die huldreiche Vermittelung Jesus Messias.

Als einen solchen Boten des Friedens und der Gnade also nehmt mich auf; — Auf, als bereitwilligen Helfer und Diener dieser hochansehnlichen Gemeine! Eurem Vertrauen und Eurer Liebe stell' ich mich dar mit Vertrauen und Liebe, — und mit Furcht und Zittern! O Brüder! O Schwestern! — Welche Stunde für mich! — Welche Stunde der grossen Furcht und der schwachen Freude! — Vieler Angst und weniger Hoffnung! — Welche dunkle und welche heitere Aussichten öffnen sich mir wechselsweise! Doch dunkle wie viel mehr, als heitere? — Heiliger Gott! Was ist mir aufgetragen? Was nehm' ich nun in dem gegenwärtigen Augenblicke über mich? Was soll ich lehren? Was soll ich thun? Was hab' ich Alles zu betrachten und zu überlegen? Nachzudenken und zu sorgen? Zu lernen und zu lehren? Zu wachen und zu behten? Zurück und vorwärts, zur Rechten und zur Linken zu sehen? — Was Alles zu dulden und zu tragen? Zu arbeiten und zu kämpfen? — Was, was zu verantworten? Wovon Rechenschaft

bey der Kirche zu Sant Peter.

ckenschaft zu geben? — Wie darf ich aufblicken? — Wie in meine künftige Tage hinaus sehen? Wie mich mit Ruhe an der Stelle gedenken, an deren ich nun wirklich das erstemahl stehe, und stehen soll bis ans Ende meines Lebens.. O Gott! Wie ist mir in diesem Augenblicke zu Muthe? — Zu Muthe vor Dir, o Du theure — vollgedrängte Christenversammlung! O Du herrliche Menge wundervoller, lebendiger, unsterblicher Geschöpfe! Gebildet nach dem Ebenbilde Gottes ... O ihr unzähligen Geliebten — verehrenswürdige Ebenbilder der Gottheit, ihr theuren Unsterblichkeiten alle ... Welch ein Anblick, welch ein Eindruck für mich? Wie ernst und heilig! Wie niederschlagend und erhebend! Wie drückend und wie erfreuend! ... Wie entzückend, wenn ich Euch seyn könnte, was ich Euch seyn sollte! Wie schrecklich, wenn ich's nicht bin, nicht kann! O! So vielen, vielen Hunderten soll ich das Evangelium, das vom Himmel kam auf die Erde, verkündigen! Das Evangelium von der Unsterblichkeit aller Sterblichen, — der Seeligkeit aller Verlohrnen, die umkehren zu ihrem Schöpfer und Vater — durch Jesum Christum! — Das Evangelium, dessen ich mich freylich jeden Tag herzlich erfreue, und wenn's aller Weisheit dieser Welt jeden Tag mehr Tohrheit, — allem Unglauben nur Aberglauben zu seyn scheinen würde... Dieß Evangelium — Ich soll es verkündigen mit Weisheit und mit Geduld, mit Kraft und Liebe; Ich soll so manchen Unwissenden erleuchten; So manchen Schwachen stärken; So manchen Wankenden befestigen; So manchem Muthlosen Muth einflößen; So manchem Zweifler Glauben und Zuversicht ins Herz pflanzen; So viele Irrende auf den Weg der Wahrheit führen — So manchen Bekümmerten aufrichten; So manchen Kranken besuchen und erinnern und warnen und trösten; So manchen Sünder erwecken und strafen, verwunden und heilen, dehmüthigen und erhöhen; Ach so manches kaltes Herz erwärmen; So manchen Unbarmherzigen erwaichen; So manchen Zornmüthigen zur Sanftmuth, zur Dehmuth so viele Stolze, zur Mäßigkeit so manchen Unmäßigen, so viele Verschwender zur Sparsamkeit, zur Freygebigkeit so viele Geitzige, so manchen Unversöhnlichen zur Versöhnlichkeit, so manchen Müßigen zu fleißiger Arbeitsamkeit, so manchen Treulosen zur Treue, so manchen Lügner und Verläumder zur Wahrhaftigkeit, so viele Ungerechte zur Gerechtigkeit, so manchen Gottesvergessenen zu Gott, so manchen Unchristen zu Christus, — itzt mit Ernst, dann mit Liebe, itzt mit Drohungen, dann mit Verheißungen, — itzt auf diese, dann auf andere Weise zurückrufen, zurück führen; — Ich soll dem Starken stark, dem Schwachen schwach, weise dem Weisen, dem Gelehrten gelehrt, und dem Einfältigen einfältig werden; — Ich soll dem Greisen ein Stab, und eine sanftleitende Hand der Jugend, — Licht dem Lebenden, Freude dem Leidenden, Labsal dem Sterbenden. — Ach! Ich soll Unzähligen unzähliges, soll Allen alles werden!

Heiliger Gott! Wer ist zu diesen Dingen geschickt? Heiliger allwissender Gott! Wie darf ich hier stehen? Wie

diesen

diesen hohen heiligen Beruf, diesen unerfüllbaren Auftrag annehmen? Wie ohne Zittern und Entsetzen an Alles das denken, was ich thun soll und nicht thun kann? Seyn soll und nicht bin?

Ob also dem, der das erkennet, die Uebernahme eines so unbeschreiblich wichtigen Amtes leicht oder schwehr seyn soll; Wie ihm beym Antritte einer der weitläuftigsten und ansehnlichsten Gemeinen zu Muthe seyn soll? — Davon urtheilet selbst, nachdenkende und gewissenhafte Freunde der Tugend und Religion! Urtheilet selbst, welche Lasten ich in dieser Stunde auf meinem Herzen liegend fühle! Urtheilet selbst, mit welcher Sorgsamkeit, welchem Ernste ich mich nach Erleichterung und Unterstützung umsehen müsse! Ich kenne, meine andern Menschen bekannte und unbekannte Schwäche;.. Sie dehmüthigt mich alle Tage; Sie ängstigt mich alle Nächte.

Die Gutherzigkeit derer, die mich nur halb kennen, mag mich für noch so stark halten; Meine Empfindung und Erfahrung sagt mir das Gegentheil nur gar zu laut. Täglich erfahr' ich neue Schwäche, und ich getraue mir oft kaum, in meinen Gedanken mich selbst anzusehen. Bey diesem lebendigen Gefühle, diesen traurigen Erfahrungen meiner Schwäche, die ich nicht verheelen soll und will; — Was wird mich unterstützen? Was tragen und stärken?

Was

Was hat mich gestärkt und getragen bis jetzt? Was getröstet in allen Betrübnissen? Was mir so oft Muth gegeben, bey meinem neuerlich abgelegten, zwahr geringern und leichtern — aber mir dennoch oft viel zu schwehren Amte und Dienst am hiesigen Waysen- und Zuchthause — Was? Wahrlich, nicht mein Gebeht allein! Das Gebeht, und die für mich seufzende Liebe so vieler redlichen und frommen Seelen, die Gott für mich erweckte. — Dieß war's, was mich trug und hielt und unterstützte. Und dieß ist's, — das Gebeht und die täglich für mich seufzende Liebe so vieler guten und Gottverehrenden Seelen, die Gottes herzelenkendes Erbarmen für mich erwecken wird, was mich itzt allein unterstützen und tragen kann. Diese Hoffnung allein ist's, die mir die Last der gegenwärtigen Stunde einigermaßen erleichtert, und die dunkle Aussichten aufheitert.

Und darum, o Du theure, verehrenswürdige Versammlung, ruf ich Dir gerade in dieser ersten Stunde meines Dienstes mit allem Drange des Bedürfnisses, mit allem Zutrauen der Liebe, mit aller Hoffnung eines gesegneten Erfolges zu: Behte für mich! — Wie sonst, als durch diese Bitte und dieser Bitte Gewährung, o Du theure, fromme Gemeine.. Wie sonst soll's mir möglich seyn, Dir für deinen freywilligen, ungesuchten, Ehrenvollen und gütigen Ruf an mich, den ich als Gottes Ruf erkenne und verehre, zu danken? Wie sonst werd' ich mich desselben würdig machen können? Wie deinem wahrhaftig mich beschä-

beſchämenden Zutrauen gegen mich entſprechen? Wie deinen Hoffnungen und Erwartungen allen genug thun? Ach! Wie iſt's möglich? — Die ſchändlichſte Eigenliebe müßte mich auf die entſetzlichſte Weiſe verblenden — wenn ich's für möglich hielte; Ach, wie iſt's möglich, auch nur die Hälfte, nur einen noch geringen Theil deiner gütigen Hoffnungen zu erfüllen? Der Allwiſſende weiß, daß ich mit Ueberzeugung, mit lebendigem Gefühle, nicht, weil es die Gewohnheit oder die Anſtändigkeit zu erfordern ſcheint, ſondern mit inniger tiefer Schaam meiner Schwachheiten und meines groſſen Unvermögens, hier öffentlich beym Antritte meines Amts gedenke! Der Allwiſſende weiß, daß ich mich mehr, als kein Bekenntniß ausdrücken kann, unfähig fühle, die ungeheure Laſt zu tragen, welche Euer gütigſtes, ach, womit verdientes? Zutrauen, mir aufzulegen beliebt hat.

Alſo laſſet mich, Brüder, mit dieſem tiefen unauslöſchlichen Gefühle meiner Schwachheit vor Euch treten, und Euch, um die wichtigſte, weſentliche Hülfe und Unterſtützung, die Ihr Alle, vom Größten an bis zum Kleinſten, mir gewähren könnt, anſtehen.

Laßt mich das Leichteſte und Wichtigſte von Euch verlangen! Das, was Ihr alle mir geben könnet, und was für mich das Nützlichſte, Troſtvolleſte, Ermunterndſte iſt — Fürbitte, herzliche, dehmüthige, liebreiche, brüderliche, glaubensvolle Fürbitte. Ihr Brüder, betet für Uns!

Ihr

Ihr verzeiht uns, — Sollten wir nur dießmahl, Brüder, die gewöhnlichen Gränzen einer sonntäglichen Abend-Predigt überschreiten — Wir versprechen — (sonst versprechen wir Euch nichts!) daß wir sonst jedesmahl in allen unsern Sonntags- und Wochenpredigten uns der möglichsten Kürze befleißen werden — Nur dießmahl ermüde Eure Geduld nicht zu bald — erlösche die Gluht Eurer Andacht und Aufmerksamkeit nicht zu frühe! Es wird uns obliegen, dieselbe jedoch nicht gar zu sehr zu mißbrauchen.

Du aber, den kein Name nennt! Allmächtige Barmherzigkeit! Seegne Du meinen Eintritt an diesen heiligen, hochwichtigen Dienst.

O Herr, Herr! Ich erhebe mein Gemüth zu D'r! Mein Gott! Ich hoff' auf Dich! Laß mich nicht zuschanden werden! Denn Keiner wird zuschanden, der auf Dich harret! O, Herr, meine Güte, und meine Burg! Meine Höhe und mein Erretter! Mein Schild und mein Vertrauen! Blick' in dieser ernsten feyerlichen Stunde mit Blicken Deines seegnenden Wohlgefallens und Deiner kräftigen Erbarmung auf mich, meine Schwachheit und Unwürdigkeit nieder!

O Herr! Meine Seele hänget an Dir! Erleuchte Dein Angesicht über Deinen Knecht, und laß Deine Gnade mir Trost seyn, und erfreue die Seele Deines Knechtes! Denn zu Dir erheb' ich mein Gemüthe. Ach! Gerad itzt in dieser ſter erſten feyerlichen Stunde meines Dienſtes laß Dich nicht unbezeugt! Gedenke meiner Gebehte, und laß mich erfahren, daß Du meine Angſt und meine Thränen in Gnaden angeſehen haſt! Drücke Du ſelbſt gerad in dieſer Stunde das Siegel Deines Wohlgefallens auf meinen Beruf an dieſe Gemeine! Beglaubige Du ſelbſt mich, an die Herzen derer, die mich hören, als Deinen Boten, und als ein von Dir nicht verworfenes Werkzeug Deiner Gnade! Schenke mir die Herzen, wenigſtens die Aufmerkſamkeit Aller, die mich hören, derer wenigſtens, die Glieder dieſer Gemeine ſind; — Erwecke ſie, wo nicht Alle, doch die, denen Du das Herz mit Liebe der Wahrheit und mit Glauben an das Evangelium Deines Sohns erfüllt haſt, zu täglichem und herzlichem Gebeht für uns, Deine Diener an dieſem Hauſe! Und beſonders auch für mich, der ich, Du weiſſeſt es, ach wie ſehr, dieſer Unterſtützung bedarf! Erhöhre die Seufzer und Gebehte, die ſie Dir bereits für uns in der Tiefe ihres Herzens dargebracht haben, und lehre ſie Du ſelbſt, was und wie ſie für uns behten ſollen, daß durch ſie, und uns, Deine Macht und Liebe offenbahr, und der Name unſers Herrn Jeſu Chriſti geprieſen werden möge, Amen.

Ihr Brüder, behtet für uns.

Dieſe Ermunterung, dieſe Bitte iſt's alſo, die wir Euch in dieſer Stunde beſonders an's Herz zu legen gedenken.

Erſt,

Erſt, meine Theureſten, ein Wort von der Fürbitte überhaupt.

Zweytens, eins von der Kraft und Wirkung, von dem Nutzen und Seegen ächter Fürbitte.

Drittens, allgemeine Ermunterungen zur Fürbitte für Uns. —

Sodann noch einige beſondere Bitten, für mich zu behten; Und endlich, Ausgieſſung unſers Gebehtes und Herzens vor Gott, für mich und für Euch. — Das iſt's, zu deſſen Anhöhrung wir uns Eure Aufmerkſamkeit und Geduld ausbitten.

I.

Ihr Brüder, behtet für Uns! — Schreibt Paulus an ſeine Theſſalonicher, — rufen wir Euch zu. — Was wollen wir, was will Er damit? Was iſt Fürbitte?

Fürbitte iſt Gebeht zum Beſten Anderer, iſt Wunſch des Herzens vor Gott, daß Er andre Menſchen ſeegnen, irgend ein Uebel von ihnen abwenden — ihnen irgend eine Gnade oder Gabe zutheilen möge.

Wer für den Andern bittet, der macht deſſelben Noth, Bedürfnis, Angelegenheit vor Gott zu ſeiner eigenen; Er fühlt ſich ſelber unvermögend, dieß oder jenes Uebel von ihm weg, dieß oder jenes Gute ihm zuzuwenden, — erkennt

kennt und glaubt aber, daß der Allgütige gütig, der Allmächtige mächtig genug sey, das zu thun, was er nicht kann; Und trägt also Gott sein vertrauensvolles Verlangen kindlich vor, und erwartet um der Treue, und der Verheissungen Gottes willen, Gewährung seiner Bitte, wofern sie aus liebreichem, gläubigem Herzen quillt, und den evangelischen Vorschriften gemäß ist.

Solche Fürbitten für unsere Nebenmenschen fordert die Liebe, fordert der Glaube, fordern die ausdrücklichsten Ermunterungen des Evangeliums. Das ganze Gebeth des Herrn ist nicht nur ein Gebeth für uns selbst, sondern zugleich eine Fürbitte fürs ganze menschliche Geschlecht. — Jesus, der Größte aller Brhler, ist zugleich das vorleuchtendste Beyspiel aller Fürbitter, — und Seine Gebether der helleste Aufschluß dessen, was Fürbitte sey. Paulus und alle Apostel dringen durch Ermahnungen und Beyspiel, die Fürbitte für Andere, als ein sehr wesentliches Stück des Glaubens und Liebe an.

Bald heißt es: Ich bin Euer in meinem Gebethe eingedenk. Ich biege meine Knie gegen den Vater unsers Herrn Jesu Christi, daß Er Euch gebe, nach dem Reichthum Seiner Herrlichkeit, mit Kraft gestärkt zu werden durch Seinen Geist am innwendigen Menschen. — Bald: Wachet mit allem Verharren und Anrufen für alle Heiligen und für mich, daß mir das Wort in offnen Mund gegeben werde,

mit

mit Freyheit zu reden, und das Geheimnis des Evangeliums kund zu machen. — Bald: Wir hören nicht auf für Euch zu behten, und zu begehren, daß Ihr mit Erkenntnis des Göttlichen Willens, mit aller geistlichen Weisheit und Verstand erfüllet werdet, auf daß Ihr dem Herrn gemäß wandelt, Ihm überall zu gefallen, und Frucht traget in allem guten Werke, und in der Erkenntnis Gottes wachset, und mit aller Kraft gestärket werdet, nach der Stärke Seiner Herrlichkeit, zu aller Geduld und Langmüthigkeit mit Freuden. — Bald heißt's: Was übrig ist, Ihr Brüder, behtet für uns, daß des Herrn Wort laufe und gepriesen werde, und daß wir von dem unartigen und bösen Menschen erlöset werden. — Bald heißt es: So vermahne ich nun vor allen Dingen, daß man Bitten, Gebehte, Fürbitte und Danksagungen für alle Menschen thue. — Bald: Ihr Brüder, behtet für einander, daß Ihr gesund werdet.

Ihr Brüder, behtet für Uns.

Ein wesentliches Stück also, unsers christlichen Glaubens, und unserer christlichen Liebe ist die Fürbitte für Andre.)

II.

Und was, meine Theureste, damit wir zu unserm zweyten Punkte fortschreiten, was ist nun der Zweck, was die Kraft und Wirkung, was der Nutzen und Seegen ächter gläubiger und brüderlicher Fürbitte?

Er

bey der Kirche zu Sanct Peter.

Er ist manichfaltig, meine Theureste, und groß. Sie ist nicht umsonst und fruchtlos die gläubige Fürbitte. Gott fordert sie, weil sie nützlich ist — Nützlich und Seegenreich für uns selbst; Nützlich und Seegenreich für den, oder für die, für welche wir beten...

Nützlich und Seegenreich für uns selbst. — Sie verbreitet Süßigkeit und Freude, Mitleiden und Liebe über unsere Seelen; Sie macht uns zugleich menschlicher und göttlicher, — theilnehmender an den Angelegenheiten und Schicksalen unserer Nebenmenschen, — froher und Vertrauensvoller gegen Gott; Sie veredelt unser Herz, und reinigt uns von allem Zorne, allem Neide, aller Nachsucht, aller Verachtung und Gleichgültigkeit gegen unsern Nächsten. — Du kannst den nicht mehr beleidigen, für dessen Wohlfahrt du herzlich gebethet hast; Dein Herz ist rein worden von dem Neid und dem Stolze gegen den, für dessen Gesundheit oder Leben, dessen Erleuchtung oder Bekehrung du Gott aufrichtige Gebethe und Thränen dargebracht hast. Fürbitte also reinigt, besänftigt, veredelt, befriedigt unser Herz, und giebt uns auch Freyheit und Freudigkeit, zu reden vor Gott. O wohl dem Herzen, das für Andre bethet, und ihre Wohlfahrt zu seiner Wohlfahrt, ihre Noth zu seiner eigenen vor Gott macht.

Allein Fürbitte, meine Theureste, wirkt nicht nur unmittelbarer, sittlicher und natürlicher Weise auf uns selbst, auf unser eigen Herz, unsere Gesinnungen, unsere Liebe.

Liebevolle, gläubige Fürbitte wirkt auch auf Andere, hat auch Einfluß auf die, für welche wir bitten,

Thörigt und lächerlich wären, ohne das, alle oben angeführte Stellen, wodurch uns die Apostel des Herrn zur Fürbitt ermuntern wollen.

Man durchgehe sie, eine nach der andern; Man durchgeht alle biblische Beyspiele von Fürbittern; Man denke an einen Moses, Samuel, Job, Daniel, Elias und s. w. und sehe, ob diese Stellen, ob die Geschichte ihrer Fürbitten noch einen vernünftigen, einen erträglichen Sinn haben, wann die Fürbitte keine Wirkung, keinen Nutzen, keinen eigentlichen bestimmenden Einfluß auf die Wohlfahrt derer hat, für welche wir bitten. Gesetzt auch, meine Theureste, die Art und Weise ihres Einflusses und ihrer Wirkung wäre uns schlechterdings unerklärlich, welches doch nicht ist, was zwahr hier nicht bewiesen werden kann; Gesetzt aber auch, die Art und Weise dieser Wirkung wär' uns schlechterdings unerklärlich und unbegreiflich, — wenn's Zeugnisse des Evangeliums klar und entscheidend lehren; Wenn's Beyspiele und Erfahrung bestätigen, so hat bey dem Vernünftigen aller Zweifel, und bey dem Redlichen haben alle Einwendungen ein Ende.

Jesus und alle Apostel behaupten einen Einfluß der Fürbitte auf Andere, und darum behten sie für Andere, und heissen uns für Andere behten.

bey der Kirche zu Sant Peter.

Das Gebeht des Gerechten vermag viel, wenn es ernstlich ist.

Es ist kein Wort der Schrift wahr, wenn dieß nicht wahr ist: Der Herr thut, was die wollen, so Ihn fürchten, und Er erhöhret sie. Der kennt Gott nicht, und ist fehrn von dem Glauben an Christus, der das nicht von Herzen glaubt.

Nicht Wahn, nicht Einbildung, Erfahrung ist's — Erfahrung aller dehmüthigen, anhaltenden, gläubigen Behter, Erfahrung Aller, für welche gläubig und herzlich gebehtet wird. Frommes Gebeht würkt auf uns; Fromme Fürbitte wirkt auf Andere.

Wer das läugnet, läugnet die Geschichte und die Verheissungen des Evangeliums. Wer das nicht erfahren hat, soll nicht benken, nicht sagen, sich nicht träumen lassen, daß er ein Christ sey.

So lange Gott Gott, so lange Gerechtigkeit Gerechtigkeit, so lange Glaube Glaube, Gebeht Gebeht, der Mensch Mensch ist, ist's wahr, oder es war nie wahr, aber es war wahr, und ist's, und wird's seyn: Die kräftige Bitte des Gerechten vermag viel.

Wie das Gebeht für uns selbst auf uns selbst wirkt, so wirkt unsere Fürbitte für Andere auf Andere; So geschieht um der Fürbitte willen, was sonst, was ohne sie nicht geschehen wäre. Die kräftige Bitte des Gerechten vermag viel. Siehe, das, fromme Brüder, giebt uns Muth, Euch an diesem Tage zuzurufen: Behtet für Uns!

Bittet den Herrn der Aernde, daß Er Arbeiter in Seine Aernde aussende! Sagt Jesus, unser Herr. — Laßt uns unsern Herrn nicht auf den Mund schlagen, und wider Ihn behaupten: Herzliche Bitte um Lehrer, und für Lehrer helfe nichts; Denn nach diesem Worte des Herrn ist wohl nichts gewissers, als daß Er dem Gebehte für Lehrer und Arbeiter an der Wohlfahrt Anderer, eine wirkliche positive Kraft zuschreibe.

Fehrn also von unsern Gemüthern jene Frechheit und Gebehts-Verachtung des Antichristenthums unserer Zeit, das mit einer unbegreiflichen Schaamlosigkeit mitten im Schooße der christlichen Kirche, oft sogar durch den Mund sogenannter Diener des Göttlichen Wortes behaupten darf: „Es sey Aberglauben, Schwärmerey, Tollkühnheit, um „seines Gebehtes, oder seiner Fürbitte willen, eine beson„dere Gnade oder Wirkung von Gott für sich oder für „Andere zu erwarten."

So tief im Unglauben laßt uns nie versinken! Nie so nach dem Geiste der Verblendung unsers Gott und Seinem Worte hohnlachenden Zeit-Alters denken! Laßt uns

einfäl-

einfältig glauben, was Gott sagt, was der gesunde Verstand billigt, und die Erfahrung als Gottes Wahrheit bestätigt: Die kräftige Bitte des Gerechten vermag viel. Darum, so bittet den Herrn der Aernde, daß Er Arbeiter in Seine Aernde aussende. Darum Ihr Brüder, behtet für Uns.

Von Eurer gläubigen und liebreichen Fürbitte also erwarten wir Wirkung, und manchen unterstützenden Einfluß der Göttlichen Gnade. Je frömmer, Brüder, Eure Herzen, je rechtschaffner Eure Gesinnung, je unsträflicher Euer Wandel, — desto kräftiger und wirksamer Eure Fürbitte. Und darum rufen wir Euch wie Paullus seinen Thessalonichern mit bedrängtem und zuversichtlichem Herzen zu:

Ihr Brüder, behtet für Uns.

III.

Und was, meine Theureste, ist natürlicher und billiger, als daß Ihr für uns behtet?

An dem heutigen Tage, Brüder, verbinden Eure, von Euch selbst freywillig gewählten Lehrer, sich vor Gott und Euch, zur treuen gemeinschaftlichen Sorge und Wachsamkeit, zu gemeinschaftlichem Gebeht und Eifer für Eure ewige Wohlfahrt. Wir sind gesinnet, unsere Gaben und Kräfte, unser Vermögen und unsere Seelen zusammen zu setzen, Euch auf alle mögliche, unserm Beruf angemessene

Weise, nützlich zu seyn, — Wir wünschen Eure täglich steigende Erleuchtung, Beruhigung, Freyheit; — Wir wünschen Euer tägliches Wachsthum in der Gnade, und in der Erkenntnis Jesu Christi, — durch uns und unsern Dienst. Je mehr wir das wünschen, desto unentbehrlicher ist uns Eure Fürbitte; Desto herzlicher rufen wir Euch zu: Ihr Brüder, behtet für Uns!

Freylich, wenn's nur darauf ankommen soll, seine Stunden zu versehen, und eine Predigt nach der andern zu schreiben, und herzusagen; Freylich, wenn nur Beyfall der Menschen und einige Zufriedenheit einer sonst gutherzigen Gemeine errungen oder beybehalten werden soll; Wenn die Zuhörer nur unterhalten und weiche Herzen einigermassen gerührt und erschüttert — wenn nur Thränen entlockt, und vorübergehende Thaten des Mitleids veranlaßt werden sollen — Hier eine flüchtige Angst und Reue — Dort eine flüchtige Beruhigung und Freude erweckt werden soll; — Wenn dieß das Wesentlichste unsers Dienstes und der Zweck unserer Arbeit seyn soll, so hätten wir vielleicht nicht sehr Ursache, uns zu fürchten und uns bangen Gedanken und Besorgnissen zu überlassen, — so hätten wir nicht Ursache, Euch um Eure Fürbitte so drungenlich anzustehen.

Aber — Ach! Heiliger Gott und heilige Gemeine Gottes! — Erwählt vor der Grundlegung der Welt heilig und unsträflich vor Gott in der Liebe zu seyn! Berufen

bey der Kirche zu Sant Peter.

rufen und verordnet zur Kindschaft Gottes und zur Gemeinschaft Seines Sohnes Jesu Christi! Theure, unsterbliche Gemeine Deß, der auf Golgatha sein Haupt neigte und starb, und nun höher ist, als alle Himmel! Dich, grosse Gemeine! Dich deiner hohen und erhabnen Bestimmung näher zu bringen, deinen Verstand zu erleuchten, daß Du erkennest und wissest, welches die Hoffnung deines Berufes sey, und der Reichthum der Herrlichkeit des Göttlichen Erbes, das allen Heiligen bestimmt ist; Dein Herz mit Glauben und Liebe, mit Gedult und Tugend, mit Hoffnung und Freude zu erfüllen; Nicht nur zerbrechliche Rohrstäbe dir hinzubieten; Sondern deine Hoffnung und Beruhigung auf Felsen der Wahrheit, Gewißheit und Erfahrung zu gründen, und zu wurzeln — Nicht nur den Schein, das Wesen der Frömmigkeit über dich auszubreiten — Dich jenem Urbilde der ersten Apostolischen Christen-Gemeine, wo nicht ähnlich zu machen, doch einiger maaßen nahe zu bringen: —

Welch ein ganz anderes, höheres, Göttliches Werk ist dieses? Und ohne diesen Zweck, was ist Predigt-Amt und Prediger-Arbeit? Nichts, als tönendes Erz und klingende Schälle!

Soll also dann, o Geliebte, unsere Absicht erreicht, und unser Wunsch erfüllt werden, so muß Euer Gebeht für uns unser Gebeht für Euch unterstützen. Wie wir für Euch behten, Brüder, so behtet Ihr für uns! Wir beyde Leh-

rer tragen Euch auf unsern Herzen vor Gott — Tragt auch
Ihr uns vor Gott auf Euern Herzen! Seyt unserer Bedürfnisse vor Ihm eingedenk, wie wir Eurer Bedürfnisse
und Angelegenheiten vor Gott brüderlich eingedenk seyn
wollen!

Wir bitten Euch an diesem, uns und gewiß auch Euch,
heiligen Tage, um diesen Beweis Eures Glaubens und Eurer Liebe! Wir ermahnen Euch dazu vor Gott und in dem
Namen unsers Herrn Jesu Christi — Wir erwarten es
von Euch mit brüderlichem Zutrauen.

Denket, welche Lasten von Sorgen und Arbeiten auf uns
liegen! — Ueberschauet unsere öffentlichen und besondern
Geschäffte! Ueberschauet diese Gemeine, und noch sind es
nicht alle, für die wir zu sorgen haben. Eurer sind so gar
viele, und unser so gar wenige, auf deren Schultern gleichsam alle Eure Seelen ruhen — Laßt uns also den Trost;
Gönnt uns also die süße Hoffnung, daß wir an Euch nicht
nur eine Menge Schaafe, sondern auch eine Menge Brüder und Fürbitter haben! Was kann uns bey dem Anblicke
einer so erstaunlichen Menge von Seelen, die wir zu weyden haben, tröstlicher, was ermunternder für uns seyn,
als der Gedanke, als die Hoffnung — Jegliche Seele, so
viel ihrer sind, gedenkt unser vor Gott in ihrem täglichen
Gebethe. — Brüder! Wir halten Eure Fürbitte für uns
nicht für vergeblich. — Sehet sie auch nicht so an. Glaubet an die Kraft Eurer gläubigen Fürbitte, wie wir daran
glauben — das heißt: Brüder, glaubt an das Evangelium.

bey der Kirche zu Sant Peter.

Wir werden seyn, was Ihr wollet, was Ihr wünschen könnet, daß wir seyn mögen, wenn Ihr für uns behtet, so, wie wir wünschen, wie wir Euch bitten, daß Ihr es thun möget.

Wie Euer Gebeht für uns seyn wird; So wird unsere Treue gegen Euch seyn!

Wie Euere Fürbitte; So der Seegen unsers Dienstes.

Wie Euer Eifer im Gebehte für uns, so unser Eifer, so die Frucht unsers Eifers für Euere Seelenruhe und Glückseeligkeit; Unsere Tugend und Frömmigkeit, und mit derselben die Eurige; Unsere Erleuchtung und Salbung und mit derselben die Eurige — ist gewissermassen in Euren Händen.

Liegt Euch was an der Erkenntniß Göttlicher Wahrheiten, die das ganze Herz beruhigen und erfreuen; — Ist sie Euch erwünscht jene Erkenntnis Gottes und Seines grossen Gesandten und Sohnes Jesu Christi, — die das ewige Leben selbst ist; Soll Göttliche Weisheit sich über Euern Verstand, himmlische Ruhe über Euer Gemüth ausbreiten; Soll unsere Arbeit auf und neben dieser Kanzel nicht vergeblich seyn; Soll Licht und Kraft, soll Trost und Frieden, soll Tugend und Liebe gleichsam von unserm Mund ausgehen, Lebens-Ströhme sich aus uns ergiessen — Ihr Brüder, so behtet für Uns, uns Beyde... Und behtet besonders auch

IV.

Für mich, Euren nun ganz neuen Mitlehrer und Mitseelsorger; Mich, noch so Ungeübten und Unerfahrnen; Mich, der ich nie ohne Schrecken und Zittern an die Grösse und Wichtigkeit des Amtes gedenke, das Ihr mir anvertrauet habt; Mich, der ich weiter nichts als schwache, unreife Versuche versprechen kann; Mich, der ich fest entschlossen bin, diese Last wieder abzulegen, und den Ruf an einen geringern Dienst zu erwarten, oder in stiller Einsamkeit, oder auf andere Weise Christo und dem Christenthum beförderlich zu seyn, sobald ich mich untüchtig finde, das Wichtigste zu thun, was ich an dieser Stelle thun soll. — Also, Ihr Brüder, betet für mich.

Soll ich nicht erliegen unter der Last der unzähligen Geschäffte; — Unter den Geschäfften, zu denen ich als Helfer an dieser Kirche von nun an schlechterdings verbunden bin; Und unter den ebenfalls unausweichlichen Geschäfften, die mir als Menschen, als Christen, als Diener des Evangeliums überhaupt, als Freund, als Hausvater obliegen; Soll mir Weisheit gegeben werden, — Alles zu seiner Zeit, am rechten Ort, auf die beßte und schicklichste Weise zu thun; — Immer mit Kraft und Eifer, und immer mit Ruhe und Gegenwart des Geistes zu arbeiten, — mich aufzuopfern zu rechter Zeit, und dann wieder auszuruhen zu rechter Zeit, — sollen meine Sonntäglichen und Wöchentlichen Abendpredigten — sollen meine öffentlichen und häuslichen Kinderunterweisungen — sollen meine

meine Haus- und Kranken-Besuche — sollen meine Räthe und Zusprüche — sollen alle meine Arbeiten auf und neben der Kanzel wahrhaft, nicht nur zum Scheine, geseegnet seyn, nicht nur Blühten, sondern bleibende, unverwesliche Früchte bringen; — Ihr Brüder, so behtet für mich.

Behtet für mich! Brüder!

Ich weiß zum Voraus, daß ich bey diesem meinem Dienst in diesem Hause, und an dieser Gemeine des Herrn sehr vieles zu leiden haben werde.

Ich mache mich auf vielen Widerstand, viele Kränkungen, viele üble Nachreden, viele Spöttereyen, und mancherley Leiden gefaßt. Je redlicher ich seyn werde, desto unerträglicher werde ich dem Unredlichen seyn; Je treuer und fleißiger, desto mehr wird die Trägheit und Falschheit Anderer wider mich schreyen; Je mehr die Einen mich lieben werden, *) desto mehr werden Andere mich verachten; Je mehr gute Herzen mir wohlwollen werden, desto mehr werden die Bösen mir übel wollen; Je mehr ich, oder wahrer, je mehr Gott durch mich dem Satan und seinen Unternehmungen entgegen arbeiten, und seinem Reiche Abbruch thun wird, desto listiger und boshafter wird er durch seine Werkzeuge — (Man kennt sie daran, daß sie Feinde des Namens und des Kreutzes Christi sind,) wider mich wüten.

*) O daß ich diesen Allen kräftig genug zurufen könnte: — Sagt kein Wort davon! —

wüten. Alles, was bis auf diese Stunde seit mehrern Jahren, weltkundig wider mich geschehen ist; Ich sehe es nur als ein Vorspiel, nur als schwache vorläufige Entwürfe und Versuche an, in Vergleichung mit dem, was mir noch bevorstehen wird und muß, wenn ich, an der Hand meines Gottes, und im einfältigen Glauben an meinen Herrn, in dieser bösen Zeit immer freyer und treuer, immer muthiger und unerschütterlicher meiner Pflicht genug thun, meiner Ueberzeugung gewissenhaft folgen, und mit Einfalt und Sicherheit den Weg gehen werde, den Gott mich gehen heißt.

Was mir aber, theure Gemeine, was mir immer für Widerstand und Kränkungen, für Verhöhnungen und Leiden bey der redlichen Führung meines Amtes bevorstehen mögen, — ich will mir sie nicht wegbehten, nicht von Euch weggebehtet wissen; — Nein! Mit Ruhe werd' ich sie erwarten, mit Gelassenheit sie tragen, mit Standhaftigkeit sie überwinden, mit Freuden des Geistes sie gleichsam vernichtigen können, Brüder! Wenn Ihr herzlich und täglich für mich behtet;

Ja, Brüder! Behtet für mich, daß ich dem Spötter keinen Anlaß, dem Feinde der Evangelischen Wahrheit keine Gelegenheit gebe, meinen Dienst zu verhöhnen, und meine Arbeit zu vereiteln!

Behtet für mich! Daß ich gewürdigt werde, um des Namens Jesu Christi, — des verachteten und anbehtenswürdiwürdigen Namens willen Schmach zu leiden, — und nicht achte die Bosheit der Böswilligen, und sanftmüthig, rein und unbefleckt bleibe bey allen Antastungen des Neides und des Spottgeistes; Daß ich nie kein Haarbreit von der Wahrheit weiche; Daß ich in keinem Ding Anstoß gebe, sondern mich in allen Dingen, als einen getreuen Diener Gottes erweise, in viel Geduld und Trübsalen, in Nöthen und Aengsten, in Arbeiten, Wachen und Fasten, in Reinigkeit, Erkenntniß und Klugheit, in Langmüthigkeit und Gutthätigkeit, im heiligen Geist, in ungegleichsneter Liebe, im Worte der Wahrheit, in der Kraft Gottes, durch die Waffen der Gerechtigkeit zur Rechten und zur Linken, durch Ehre und Schmach, durch bösen Leumden und guten Leumden; Müßt' ich traurig seyn, daß ich doch allezeit fröhlich wäre; Würd' ich arm werden, daß ich doch reich machen könnte; Würd' ich nichts haben, daß ich doch Alles besäße.

Ihr Brüder, behtet für mich; Daß ich nicht nur gut anfange, sondern alles angefangene Gute fortsetze und vollziehe; Daß ich das Werk des Herrn nie nachläßig treibe; Daß ich nicht nur das thue, was schlechterdings gethan werden muß, sondern Alles, was von mir gethan werden kann.

Brüder! Wenn Ihr mich liebet, wenn Euch mein Dienst an dieser Gemeine, wenn Euch mein aufrichtiger Vorsatz,
Euch

Euch zum Trost und Seegen zu werden, nicht ganz gleichgültig ist; — So sende jeglicher von Euch alle Tage einige herzliche Seufzer für mich zu dem Vater aller Gnade.

Ihr Brüder, behtet für mich!

Ihr Alle, die Ihr in den weiten Bezirken der Petrinischen Gemeine wohnet; Ihr Alle, mit denen ich in der gegenwärtigen Stunde in eine nähere Verbindung trete; Ihr Alle, für die ich, neben meinem väterlichen Freunde und Mitarbeiter, mitsorgen, mitwachen, mitbehten soll, in deren Herzen alle, ich Saamen der Wahrheit und des ewigen Lebens ausstreuen soll, die Alle ich zu den Leiden und Freuden der Tugend und Religion einleiten, mitermuntern soll; — O ihr Glieder dieser Gemeine in der Stadt, und ihr, liebe Landleuthe — Glieder der äussern Gemeinen! — Ihr Alle, bekannt mir und gröstentheils noch unbekannt, nahe oder ferne, gleich mit mir denkend, oder ungleich denkend, für mich eingenommen, oder wider mich! — Väter alle und Brüder alle! Mütter alle und Kinder alle! Dienstbothen und Fremdlinge alle! Wer behten kann, wer an die Kraft des Gebehtes und der brüderlichen Fürbitte glauben kann; — Ihr Alle behtet für uns! Wer Kraft und Trieb hat zu behten — er lasse sich ermuntern und erbitten, auch meiner vor Gott in seinem Gebehte brüderlich eingedenk zu seyn! O von so Vielen alle Tage — nur Ein Wort, nur ein Seufzer, nur Eine Thräne vor Gott! Brüder, welch ein Seegen für mich! Wer

Wer herzlich für mich behtet, der wird mich herzlich lieben. Wie die Fürbitte, so die Liebe.

Wer für mich behtet, der wird die Wahrheit erkennen, die der Geist der Wahrheit in meinen Mund legen wird — wird das Gute mit Freuden aufnehmen, das aus meinem Herzen sich ergiessen wird.

Wer für mich behtet, wird die über mir ausgestreckte Hand des Herrn verehren, und sich freuen, daß Gott mit mir ist.

Wer für mich behtet, wird meine Schwachheiten und Fehler erkennen, und über diese Schwachheiten und Fehler nicht spotten, nicht triumphiren, — sie nicht der Welt, sondern mir selber, oder meinen näheften Freunden zu meinen Handen in brüderlicher Liebe entdecken. So gewiß, (laßt mich's im Vorbeygehen, Brüder, bey dieser Gelegenheit sagen:) — So gewiß ich als ein Mensch athme, so gewiß werd' ich als ein Mensch fehlen. — O dürft' ich mir von Euer väterlichen und brüderlichen Liebe die wichtige Gefälligkeit ausbitten! Ja, ich darf's, ja meine Bitte ist nicht umsonst — wenn Ihr für mich behtet. — Sagt's mir, wenn ich Fehler begehe! Sagt's mir geradezu, oder durch Briefe, oder durch Freunde, oder wie Ihr wollet. Anzeigen dieser Art von Menschen, die für mich behten, — Verachtung und Schande mir, wenn ich sie übel aufnehme, wenn ich mich nicht belehren lasse — wenn ich sie nicht

für

für Wohlthaten erkenne! Ihr Brüder, behtet für mich, und dann sagt mir, und thut mir, was Ihr wollet. Mir wird Alles an Euch recht, Alles gut genug seyn, Alles lieb und werth seyn, wenn Ihr für mich behtet. Wer, der für mich behtet, wer ist's, der mir etwas Böses, etwas meinem Geist Unangenehmes thun könne?

Ihr Brüder, behtet für mich! — —

Und alles Unangenehme wird mir angenehm, alles Schwere leicht, und Manches, das mir itzt noch unmöglich scheint, möglich werden.

Was ich Allen überhaupt zurufe: Behtet für mich! — Ruf ich besonders Euch zu, Vorsteher dieser Kirche, Mitarbeiter, Kinder!

Behtet für uns besonders und vorzüglich Ihr, würdigste, treuste Vorsteher dieser Hochansehnlichen Gemeine! — Mit Ihnen, Hochgeachter, Verehrenswürdiger Herr Rathsherr und Kirchenpfleger! Ihnen, Hochgeachte, Hochgeehrteste Herren Stillstünder in der Stadt! — Mit Ihnen, treue, würdige Herren Stillstünder der theuren ausseren Gemeinen! — In welche genaue Verbindung trett' ich mit Euch von dem heutigen Tag an? Ich freue mich Euer, und ich erwarte, o wie viel Gutes von Euch! — Aber nur dann erwart' ichs, — wenn Ihr für uns behtet. — Euch soll billig die Wohlfahrt dieser Gemeine, Euch vorzüglich der Seegen unserer Arbeiten am Herzen liegen ... Je herzlicher

licher Ihr für uns behtet; Desto herzlicher werdet Ihr an unsern Bemühungen Theil nehmen; Desto redlicher und und muthiger Euch mit uns vereinigen für das Wohl der Gemeine zu wachen; Desto sicherer werden wir an Euch in jedem Falle, bey jeglicher Gelegenheit, weise Rathgeber, frohe Gehülfen, nicht kalte, nicht laue, eifrige, warme, thätige, beherzte, unternehmende, mannhafte Beförderer aller guten Rathschläge, aller nützlichen Vorkehrungen, aller edeln Absichten finden. Behtet für uns, daß wir von Einem Geiste der Treue, der Gewissenhaftigkeit, der Wachsamkeit, des Eifers, der Liebe, des Ernstes, des Muthes und der Kraft beseelet werden.

Behtet für uns, und für mich besonders, ihr theuren, würdigen, brüderlichen, verdiente Mitarbeiter an dieser Gemeine! — Allervörderst aber empfehl' ich mich Ihrer frommen und eifrigen Fürbitte, mein erster vörderster Mitarbeiter, oder vielmehr Vorarbeiter! Mein väterlicher Freund und Bruder! Verehrenswürdiger Herr Pfarrer! O wie wichtig und theuer sollen mir alle Ihre Räthe und Lehren, — aber, o wie viel theurer und wichtiger noch Ihre tägliche herzliche Fürbitte seyn! Wechselseitige Fürbitte allein wird unsere Herzen in reinester Liebe und gemeinschaftlichem Eifer bewahren; Sie allein wird uns aufs innigste und kräftigste vor Gott zum Heil dieser unserer theuren grossen Gemeind unzertrennlich vereinigen.

Je herzlicher Sie für mich behten werden, desto muthiger werd' ich an Ihrer Seite mit Ihnen in Einem Geiste arbeiten; — Desto Kraft = und Geistvoller das Evangelium unsers Gottes und Heilandes verkündigen; Je herzlicher Sie für mich behten werden, desto mehr werd' ich mir Ihre Geduld und Nachsicht versprechen dürfen. — O behten Sie für mich, väterlicher Bruder, und helfen Sie mir, für diese grosse theure Gemeine behten! Behten Sie für mich! Und mit immer lebendiger Freude werd' ich dann Ihnen die Last tragen helfen, die Gott auf Ihre Schultern gelegt hat; Ihnen zu Hülfe eilen, wo Sie immer meiner Hülfe bedürfen mögen! Behten Sie für mich mit dem Herzen voll Vertrauen und Liebe, mit dem Sie mich von dem ersten Tage meines Berufes an empfiengen, — mit dem Sie schon mehrmahls, und besonders heut Morgen mich seegneten und einweyhten!

Endlich empfehl' ich mich auch noch besonders deiner vor Gott gewiß nicht unkräftigen Fürbitte, — theure, holde, christliche Jugend dieser Gemeine! Auch Dir, und wem mehr als Dir, Du meine Hoffnung und meine Liebe! — O Du, das Beste, was in dieser Gemeine Jesus Christus hat! — Geliebte Schaar christlicher Kinder! — Auch Dir ruf' ich zu: Behte für mich! Sagt's, liebe Anwesende den lieben Abwesenden; — Sagt's Aeltere den Jüngern: — „Unser neue Helfer bittet uns, daß wir für ihn beh„ten." — Ja, Kinder! Behtet für mich in Liebe und Einfalt des Herzens! „Gieb ihm Weisheit," Kinder, so behtet

tet für mich, — „Gieb ihm Weisheit, — Vater alles
„Lichts! Gieb ihm Licht, uns zu erleuchten! Gieb ihm
„Freudigkeit und Geduld, uns zu lehren! Erfülle sein Herz
„mit Liebe zu uns, und unser Herz mit Liebe zu ihm!
„Gieb ihm Sanftmuth für die Sanftmüthigen, und Ernst
„für die Rohen und Hartherzigen unter uns! — Gieb
„seinem Worte Kraft, und alle seine Bemühungen an uns
„kröne Dein augenscheinlichster Seegen! Mach uns durch
„ihn und seinen Dienst, zur Freude unserer Aeltern, zum
„Seegen unsers Vaterlandes, — zur Ehre Gottes und un-
„sers Heilandes! Führ uns durch ihn zu Dir und unserer
„Seeligkeit!" — So, oder wie Ihr wollet, Kinder, —
wie's Euch Gottes Geist lehrt — Knaben und Töchtern,
edle Jünglinge — sittsame, zartherzige Jungfrauen, so behtet für mich! So ihr Schulen der Stadt, und der äuß-
seren Gemeinen auf dem Lande, behtet für mich, daß ich
Euch immer mit frohem Herzen besuchen, und mit frohe-
rem verlassen könne! Euer tägliches Gebeht für mich erwecke und bringe mich zum täglichen Gebehte für Euch! —
Herzliebe Kinder behtet für mich!

V.

Und was soll ich nun weiter sagen, Theureste Petrinische
Gemeine! Nichts mehr — so viel noch zu sagen wäre; —
Nichts von dem, was ich etwa Dir zum Heile besonders
zu versuchen und vorzunehmen vorläufig gesinnet bin; —
Nichts von besondern Wünschen, Gedanken, Entwürfen;
— Das Alles wird sich ohne Ankündigung und Verspre-

chen von selbst geben; — Nichts also dießmahl mehr, als letzte Ausgießung meines Herzens und meines Gebethes vor Gott für mich und für Euch — o ihr liebenden Lieben!

Also steh' ich hier vor Dir — Vater aller Sterblichen und Unsterblichen! Heiland aller Menschen, besonders der Gläubigen! — Vater und Herr und Heiland — auch dieser Gemeine — und jedes einzelnen Gliedes derselben! — Hier steh' ich, neuer Mithirt und Lehrer derselben! Mit dem lebendigen Gefühle meiner Ohnmacht und Unwürdigkeit, — und mit einfältigem, freylich nicht genug festen Glauben an Dich und Deine für alle meine Bedürfnisse zulängliche und überflüßige Gnade!

Nieder vor Dir wirft sich meine Seele in dieser heiligen Stunde — und, o daß sie mir noch viel heiliger wäre! — Ein Ohnmächtiger, ein Sünder steht vor Dir. . . . Ein Unheiliger vor Deiner Heiligkeit! Ein Zerschlagener vor Deiner Barmherzigkeit. Der Anfang meines Gebethes sey:

Verbirg Dein Angesicht vor meinen Sünden, und tilg ab alle meine Missethaten! Schaff in mir, o Gott, ein reines Herz, und erneuere in mir einen aufrichtigen Geist! Verwirfe mich nicht von Deinem Angesicht, und nimm Deinen heiligen Geist nicht von mir! Erquicke mich täglich mit der Freude Deines Heiles, und unterstütze mich mit einem freywilligen

Ge-

bey der Kirche zu Sant Peter.

Geiste! So will ich die Uebertreter Deine Wege lehren, und die Sünder werden sich zu Dir bekehren! Herr! Thue meine Lefzen auf, so wird mein Mund Dein Lob auskündigen. Ich hebe meine Augen auf zu Dir, der Du im Himmel sitzest! Siehe, wie die Augen der Knechte auf die Hand ihrer Herren sehen, und die Augen der Mägde auf die Hand ihrer Frauen; Also sehen meine Augen auf Dich, o Herr mein Gott — bis Du dich meiner erbarmest! Erbarme Dich meiner, o Herr, erbarme Dich meiner, denn ich erhebe mein Gemüth zu Dir! Lehre mich thun, lehre mich lehren, lehre mich beten, lehre mich leiden, lehre mich arbeiten, lehre mich reden, lehre mich schweigen, lehre mich wahrnen und trösten, lehre mich straffen und überzeugen, lehre mich schreiben, lehre mich Alles thun nach Deinem Willen, denn Du bist mein Gott, Dein guter Geist führe mich auf ebener Bahn! Verlasse nicht das Werk Deiner Hände! Herr, zeige mir Deine Wege, und berichte mich Deiner Fußpfade, und lehre mich! Leite mich in Deiner Wahrheit, denn Du bist der Gott meines Heils, und ich harre auf Dich allezeit! Beweis an mir Deine wunderbare Güte, Du, der Du ein Heiland bist deren, die auf Dich vertrauen! Behüte mich wie einen Augapfel! Verbirg mich unter den Schatten Deiner Flügel! O wie groß ist Deine Güte, welche Du denen, die Dich fürchten, verborgen hast, und erzeigest denen, die auf Dich hoffen, vor den Menschenkindern! Ich

mögte

mögte Deine Gerechtigkeit auskünden! Ich mögte
Deine Gerechtigkeit nicht verbergen in meinem Herzen, und Deine Treue und Güte nicht verschweigen
vor dieser grossen Gemeine! — Du, o Herr, wollest
mir Deine Barmherzigkeit nicht von mir wenden!
Deine Güte und Treue wollen mich alle Zeit und
ür Alleweg behüten! Ich will von der Herrlichkeit
Deiner löblichen Macht und von Deinen Wundern
reden! Ich will auskündigen die Herrlichkeit Deines
Reiches, und reden von Deiner Stärke! Ich will
den Menschen Deine Gewalt kund thun, und die
herrliche Pracht Deines Reiches; Denn Dein Reich
ist ein ewiges Reich, und Deine Herrschaft währet
von einem Geschlecht bis ins andere.

Ja, König aller Könige! Dein Reich über alle Reiche zu
verkündigen und anzupreisen und glaubwürdig und wün-
schenswehrt zu machen über Alles; — Wie kann ich's?
Wer lehrt mich's? Wer giebt mir redlichen Trieb, reine
Lust, feurige Kraft genug zu diesem hohen Werke? Wer
macht mich tüchtig, allein auf diesen allein wichtigen Zwek
zu arbeiten? Wer, als Du, allgenugsame Kraft und Wahrheit und Liebe, geoffenbahrt in dem Angesicht und in der
Person Jesu Christi? —

Siehe, zu Dir erhebt sich meine Seele! Siehe zu Deinen
Füssen giest sie ihr Gebeht und ihre Thräne aus; — Von
Dir erwartet sie Licht und Muth, Kraft und Gnade, so

viel

bey der Kirche zu Sant Peter.

viel sie bedarf. — O Herr, Deine Güte erfüllt Himmel und Erde! Sie seegnet alle Gerechte, und begnadigt alle Sünder. . . . Sie hat auch Seegen und Gnaden für uns Deine Diener an dieser Gemeine! Seegen und Gnade genug auch für mich schwachen, unwürdigen, unerfahrnen, neuen Diener derselben.

Jesus Christus, Du Licht und Leben der Menschen!

Jesus Christus, Du Weisheit, Gerechtigkeit, Heiligung und Erlösung der Menschen!

Jesus Christus, Du lebendige Wahrheit! Du Auferstehung und Unsterblichkeit der Menschen!

Jesus Christus, Du Herr und Gott! Du Richter und Heiland der Menschen!

O Du Lamm Gottes, das da hinnimmt die Sünden der Welt! O Du einzige ewige Versöhnung für unsere und der ganzen Welt Sünden!

Jesus Christus, unser wahrhaftiger Gott und ewiges Leben!

O Du Angebehteter von allen Guten! Du Geglaubter von allen Kindern der Wahrheit! Du Vertrauen aller bußfertiger Sünder! Du Ehre Gottes und der Menschen! Du Entsetzen der Hölle und des Himmels Entzücken! Du Einziger! Unvergleichbarer! Du Alles für Alle, und nur

deren

deren Gespötte, denen man's ansieht von der Scheitel zur Ferse, daß ihr Herz fehrn ist von aller Religion und Gottesverehrung; — Fehrn von aller Liebe, die ihr erstes und leztes Wort; Fehrn von aller Tugend, die doch ihre einzige Göttin und Heilandinn seyn soll! — O Jesus Christus! Stein des Anstosses! Fels der Aergerniß! Und Seeligkeit dennoch, und dennoch lebendigmachende Gotteskraft einem Jeden, der an Dich glaubt! Wie bieg' ich meine Knie vor Dir! Wie fleh' ich zu Deiner Erbarmung: Würdige mich Unwürdigen, von Deiner Macht und Herrschaft über Alles zu zeugen, und Deine Liebe ohne ihres gleichen den Herzen Aller, die mich hören werden, anzupreisen! Nicht mich selbst, nicht irgend einen Menschen; Dich, nur Dich, zu predigen, sey meine Lust und Freude! Dich zu ehren, meine Ehre! O ich Unwürdiger Deinen Namen zu nennen, — O! — wie umfaß' ich Dich im Geist innbrünstig genug, daß Dein Leben an mir und durch mich an hundert und tausend andern offenbahr werde? O Du, dem Alles möglich ist, und der oft das Größte thut durch das Geringste! Jesus Christus! — O daß ich nie ohne Empfindung, ohne Glaubensfreude, ohne Anbehtung Deinen Namen nenne! Jesus Christus! Verherrliche Deinen herrlichen Namen auch durch meinen Dienst! Offenbahre Deine Unsterblichkeit auch durch diese Handvoll Erde! Laß auch meine Zunge eine laute mächtige Zeuginn Deiner Herrlichkeit seyn! — Deine Liebe bringe mich, wie sie Deine Apostel drang, Dir, o Du für uns Alle Hingegebener und Geopferter, zu leben!

Siebe,

bey der Kirche zu Sant Peter.

Siehe, o Herr, Herr! Ich weiß, Du wandelst unter Deinen Gemeinen! Deine Augen sind wie Feuerflammen! Du prüfest Herzen und Nieren! Du weissest alle Werke Deiner Knechte, — und alle ihre Arbeit, und Geduld, und Trübsal, und Armuth, und Liebe; Du weissest all unser Thun und Lassen, all unser Beginnen und Vollbringen, und vergiltest dort erst vollkommen, einem Jeden nach seinen Werken, und nach den wahren Gesinnungen seines Herzens.

O Du heiliger und gerechter Richter aller Lehrer und aller Schüler! O daß Dein immer offenes, immer auf mich gerichtetes Auge voll Kraft und Gnade, mir immer gegenwärtig sey, mir immer in die Seele blicken möge! Daß Dein allaufdeckendes, allrichtendes Gericht mich von jeder Nachläßigkeit und Treulosigkeit, jeder Unreinigkeit des Wandels und der Absichten wegschrecken und entfernt halten möge! Was Deine Liebe nicht an meinem Herzen vermag, das vermöge Deine ernste richtende Gerechtigkeit; Was diese nicht vermag, vermöge Deine Liebe! O Du immer Gegenwärtiger, sey mir immer gegenwärtig! — O Du mir niemahls ferner, immer müsse Deiner Nähe mein Herz sich freuen! Daß meine Geduld nie wanke; Daß mein Muth nie erliege; Daß keine Nebenabsicht meine Seele beflecke; Daß mein Glaube immer fester, immer feuriger meine Liebe, meine Hoffnung immer lebendiger sey! —

O Jesus, Jesus Christus! Mein Herz und meine Liebe sey Dein! Dein diese Hand, und alle Werke dieser Hand! Mein Mund und meine Zunge sey Dein! Sprich Du durch mich! Auf meinen Lippen schwebe Deine Wahrheit und Deine Kraft! Deine Huld und Liebe, Deine Freundlichkeit und Langmuth blicke aus meinen Mienen und Blicken! Deine edle Einfalt, und Deine fromme, reine, absichtlose Dehmuth leuchte aus allen meinen Gebährden, und aus meinem ganzen Betragen! — Mein stiller Wandel auch ohne Worte sey eine laute Predigt der Gerechtigkeit, Mäßigkeit, Sanftmuth, Versöhnlichkeit, Liebe, — und immer müsse mein Herz gleich rein, gleich unsträflich vor Dir und den Menschen mein Leben seyn! Reiner und unsträflicher von einem Tage zum andern! Nie müsse Gewohnheit mich unempfindlich und die Menge von Geschäfften mein Gefühl stumpf und mein Herz gleichgültig machen!

Mit jedem Sonntag erwecke sich mein Herz aufs neue, mein möglichstes zu thun Allen denen, die mich sehen und hören, zum Seegen zu werden! Jede Predigt sey mir so wichtig, und wichtiger wie die Erste, und jede Kinderlehre so angelegen, als wenn ich wüßte, daß sie die Letzte sey!

O daß doch meine Liebe zu dieser Gemeine mit jedem Morgen neu, jeglichen Abend reiner, froher, lebendiger würde! Daß mein Eifer doch nie erkalte oder erlische! Daß

bey der Kirche zu Sant Peter.

Daß Munterkeit und Freude mich nie verlaſſe! Daß Luſt und Liebe mir Alles leicht mache! O Du Guter, Allmächtiger! Laß doch alle Gleichgültigkeit, alle Trägheit, alle Abneigung von meiner Pflicht, von Arbeit und Anſtrengung ferne von mir ſeyn;

Ich will, ich darf nichts verſprechen. Wer am meiſten verſpricht, hält gemeiniglich am wenigſten. Nichts verſprechen darf meine Schwachheit; Wer meine Schwachheit darf bethen. Mein Herz ſey aufrichtig, o Herr, in Deinen Rechten, daß ich nicht zuſchanden werde!

Ueber alles Wichtige in der Welt wichtig ſey mir die Erleuchtung, Belehrung, Erweckung, Tröſtung, Stärkung der vielen Seelen, die Du auch meiner Sorge und Wachſamkeit mit anvertrauen wollteſt, o, Du Vater aller durch Jeſum Chriſtum, nach Deinem Ebenbilde zur Unſterblichkeit und zum ewigen Genuſſe Deiner ſelbſt erſchaffenen Seelen!

Was Dir lieb iſt, ſey mir lieb! Was Dir über Alles theuer und wichtig iſt, ſey auch mir über Alles theuer und wichtig! Wie Du in Jeſu Chriſto dieſe Gemeine liebeſt, ſo wünſcht' ich ſie zu lieben! Allen Seegen, deſſen ſie fähig iſt, oder fähig werden kann, wünſcht' ich täglich auf ſie herab ziehen zu können!

O in dieſem Hauſe und auſſer demſelben, allſegnender Erbarmer, ſeegne Alle, alle itzigen und künftigen Glieder dieſer

dieser theuren zahlreichen Gemeine! Vom Höchsten bis zum Niedrigsten! Von unserm theuren huldreichen Vater des Vaterlandes an, (-o daß jeder seiner noch übrigen Lebenstage Ihm, um des herannahenden beßern Lebens willen, wichtiger und willkommener werde!) von unserem theuresten Landesvater an, bis auf den geringsten Säugling des ärmsten Landmanns, der zu dieser Gemeine gehört, erfahre jeglicher aufs neue durch uns, und unsern Dienst Deine seegnende Vaterhand!

Erfahren sie augenscheinlich alle Regenten und Väter unsers Volkes! Erfahre sie besonders, der Verehrenswürdige, und fromme, dessen freywillige Namsung mir den Weg zu dieser Stelle, wo ich, freylich mit Furcht und Zittern, dennoch so viel Gutes zu thun hoffe, — gebahnt! Erfahren sie alle Vorsteher und Stillstäuder dieser Gemeine! Erfahre sie vorzüglich und augenscheinlich der treue und wachsame Herr Kirchenpfleger und Vorsteher dieser Kirche! Erhalte und stärke seine Gesundheit! Er sey noch lange des Rathhauses, sey der Kaufmannschaft, sey dieser Kirche Seegen und Zierde!

Seegne mit deinem herrlichsten Seegen, und begnadige mit den beßten Gaben Deines Geistes, und mit täglich neuem Zuflusse Deines Lichtes und Deiner Freude, den frommen und redlichen Hirten und Pfarrer dieser Gemeine! Sey Du mit Ihm und allen seinen öffentlichen und besondern Arbeiten! — Stärke Du seine gebrechliche Gesundheit!

bey der Kirche zu Sant Peter.

heit! — Laß Dich erbitten, Ihm das Maas von Gesundheit zu geben, das Du mir, o wie kann ich Dir danken, nun so lange väterlich geschenkt hast! — Seine Gesundheit, o wie theuer soll sie uns seyn! O wie vieles hängt davon ab? Um meinetwillen; Um dieser ganzen Gemeine willen; — Erneuere und befestige diese theure Gesundheit! Seegn' Ihn für jeden Seegen, womit Er mich seegnete, für jedes Gebeth, das Dir für diese Gemeine und für mich von seinem frommen Herzen dargebracht wird, mit einem neuen Beweise Deiner über Ihn waltenden Gnade.

Seegne, o Du allgenugsame Quelle alles Seegens, alle mit uns brüderlich verbundene Kinderlehrer und Hülfsprediger an dieser Gemeine! — Schenk Ihnen die Herzen der Kinder und Zuhörer; Und ihren Lehrkindern und Zuhörern schenke die ihrigen! Vereinige sie Alle mit uns in unzerbrüchlicher Liebe! Mache sie uns, und uns ihnen zur Hülfe und zum Seegen! Unser aller sey Ein Sinn und Ein Zweck; Ein Geist und Eine Gnade!

Alle Schulmeister in der Stadt und in den aussern Gemeinen; — Nimm auch von mir, o Du Belohner alles Guten, herzliche Fürbitte für sie an! Seegne sie Alle, und ihre Lehren und Bemühungen alle! — Daß durch sie unsere Jugend zu Stadt und Land Deine Freude und Ehre sey! — Eine Pflanzschule der Tugend und der Seeligkeit!

Seegne

Seegne und stärke alle Greisen und alle Jünglinge in der Stadt und auf der Landschaft, die Gegenwärtigen und Abwesenden, die zu Hause wohnenden und die an der Fremde sich befindenden! — Allen Gesunden mach mich zum Seegen! Zum Trost und Seegen allen Kranken und Sterbenden; Allen Betrübten und Angefochtenen; Allen Wittwen und Waysen; Allen Verlassenen und Trostlosen; Allen Aeltern und Kindern; Allen Dienstbothen und Handwerksleuten dieser Gemeine! Zum Seegen jedem, der diese Kirche besuchen und mich hören wird!

Wer Wahrheit sucht, der finde sie hier! Und wer Beruhigung für seine Seele wünscht, dem gebe sie Deine Erbarmung, o Gott, durch unsern Mund, rein und lauter, kräftig und lebendig, wie sie quillt aus Deinem Evangelium!

Wer die wöchentliche Abendgebehts- und Erbauungsstunden besucht, — dem werde mit jedemmahle Dein Wort theurer und heiterer, und jede ihm aufgeschlossene Wahrheit gewiß, wie sein Leben! — Er müsse sich jedes Capitels des Neuen Testaments, das ihm vorgelesen und erklärt werden wird, mit neuer kindlicher Freude freuen!

Jede Stunde des Sonntäglichen und Wöchentlichen Kinderunterrichts sey Stunde der Belehrung und Erweckung für viele unschuldige und schuldige Herzen!

Kein

Kein Neugebohrnes Kind nahe sich zu mir und dem heiligen Wasser, daß mein Herz nicht gedrungen werde, es Dir mit Gebeht des Glaubens und der Liebe aufzuopfern, und an Dein Herz zu legen, daß es Deine Fürsehung und Liebe augenscheinlich erfahre!

Kein Leichnam irgend eines Gliedes dieser Gemeine werde zu Grabe getragen, daß wir nicht mit neuem Ernste unsere Sterblichkeit und Unsterblichkeit beherzigen! —

Jeden heiligen Fest- und Bußtag, bey jeder feyerlichen Erinnerung des Liebe- und Gnadenvollen Opfertodes unsers Herrn, — müssen alle mit neuer Kraft zu neuer reinerer Liebe des Herrn, und alles deß, was der Herr liebt, erweckt werden!

Wer hier in diesem Hause sein Gebeht Dir darbringt; — Reich oder Arm, Bürger oder Landmann, Vater oder Sohn, Mutter oder Tochter, — den erhöhre Deine Barmherzigkeit, den beruhige und erquicke neue Erfahrung Deiner hülfreichen Gnade! Jeder, der hier eine stille Zähre vor Dir vergießt, müsse früh oder spät erfahren, daß Du sie bemerkt und aufgefaßt hast!

Erbarmen ohne Maas ergiesse sich über mich und alle itzigen und künftigen Glieder dieser Gemeine!

Daß

Daß wir Alle unsträflich seyen, in der Heiligung vor Dir unserm Vater, auf die Zukunft unsers Herrn Jesu Christi samt allen seinen Heiligen....

Dir, der mächtig ist, uns ohne Anstoß zu behüten, und vor Seine Herrlichkeit unsträflich mit Frolocken zu stellen; Dir, dem allein weisen Gott, unserm Heilande — sey Ehre und Majestät, Kraft und Gewalt, itzt und in alle Ewigkeit. Amen.

Predigt,

bey Sant Peter gehalten den 28sten May 1780;

nach

Heinrich Wasers Hinrichtung,

über

1 Corinth. X. V. 12.

Wer sich dünken läßt, er stehe, der sehe zu, daß er nicht falle.

Ihr werdet vielleicht die Ursache vermuthen können, warum wir Euch diese Worte vorgelesen, und unsern Betrachtungen und Erweckungen zum Grunde gelegt haben.

Die Begebenheit des gestrigen Tages hat gewiß einen zu starken Eindruck auf unsere Herzen gemacht, als daß er sogleich wieder sollte ausgelöscht worden seyn.

Welches Menschenherz, Bürgerherz, Christenherz blutet nicht bey dem blossen Gedanken daran! — Oeffentlicher gewaltsamer Tod eines Nebenmenschen — eines Mitbürgers — eines Christen, und, darf ich es sagen? Ach! Mit Wehmuth und Schaam fürs Christenthum und meinen Stand muß ich's sagen — eines gewesenen öffentlichen Lehrers des Christenthums — ist ein so wichtiger gleichsam von Gott selbst aufgegebener Text, daß ich mir heute keinen würdigern denken könnte. Wenn solche Begebenheiten in unserer Mitte nicht Beherzigung verdienen — Wenn wir solche uns nicht zu Nutze machen; Durch welchen Vorfall werden wir je belehrt werden können? Was wird je unseres ernsthaftesten Nachdenkens werth seyn? Es ist

viel-

vielleicht lange über keinen Vorfall, keinen Charakter in der Welt so viel unter uns geredt worden; Ueber keine Sachen sind vielleicht so mannigfaltige, so entgegengesetzte Urtheile gefällt worden, wie über diese Begebenheit und diesen Charakter. Aber nun möchte ich einmahl doch auch fragen: Haben wir bey allem diesem Gered und Urtheilen auch an uns selbst gedacht? Auch auf unser eigen Herz genug Rücksicht genommen? Oder haben wir vielleicht durch häufige Beurtheilung und Verurtheilung eines andern, der Prüfung und Verurtheilung unser selbst vergessen? Hat sich nicht vielleicht, meine Theureste, der uralte, durch alle Menschengeschlechter herab sich forterbende Pharisäische Geist auch unsers eitlen Herzens bemächtiget: „O Gott! Ich danke Dir, daß ich nicht bin ein solcher „und solcher, oder auch wie dieser unruhige Friedens„stöhrer." — —

Es sey fehrne von mir, es zu tadlen, wenn man das unedle, unwürdige, niedrige Betragen und Charakter eines öffentlichen Verbrechers fühlt, und seine Empfindung darüber äussert; wenn man den wahren innern Abscheu, den man vor einem Laster hat, bey allen Gelegenheiten ungezwungen, wahrhaftig und unerschrocken an den Tag legt, und diesen gerechten Abscheu unter seinen Nebenmenschen und Zeitgenossen zu verbreiten sucht. — Das ist natürlich, vernünftig und christlich — und ich sage es besonders auch in Rücksicht auf den Fall, den wir Alle vor dem Auge haben, ganz freymüthig — Kein Verbrechen eines einzeln Men-

die sich stark dünken.

Menschen, wie es auch immer angesehen werde, wie schrecklich es auch immer an sich selbst seyn möchte, ist mir so fürchterlich, ist mir so sehr Beweise des allgemeinen Verfalls und der Verdorbenheit der menschlichen Natur, wie die allgemeine Nichtachtung, Bemäntelung, Entschuldigung, Vernichtigung eines solchen Verbrechens ist.

O! Wie schrecklich weit muß es mit dem Verfall einer sittlichen oder christlichen Gesellschaft gekommen seyn, die die Grösse gewisser Verbrechen und die Abscheulichkeit gewisser Charakter entschuldigt und in den Schuz nimmt, die von keiner Vernunft, keinem guten Herzen, keinem christlichen Gemüthe vertheidigt und gerechtfertiget werden können, und das nicht etwa aus blos schwacher Gutmüthigkeit, aus Menschenliebe, aus christlicher Sanftmuth und Dehmuth, sondern aus Stumpfheit und Gefäßigkeit für Andere, aus Furcht oder aus Begierde Andern zu widersprechen, aus Eigensinn, Schalkhaftigkeit, Leichtsinn, Mangel an Ehrlichkeit und Menschengefühl. —

Wie dem aber immer sey, gewiß ist's, alles Mögliche ist nun einmahl für und wider das Betragen und den Charakter unsers sonderbaren Mitbürgers gesagt worden.

Es ist nun, denke ich, einmahl hohe Zeit, daß wir aus dieser Geschichte für uns selber die nöthigen Lehren herleiten — Daß Einer dem Andern gleichsam die Hand drücke, und in's Ohr sage: Sey nicht stolz, sondern fürchte dich.

dich. — Siehe auf dich selber, was verurtheilest und richtest du deinen Bruder, er stehet oder fällt seinem eigenen Herrn. Wer sich dünken läßt, er stehe, der sehe zu, daß er nicht falle.

Ja, meine Theureste! Das sey die Hauptlehre, die diese traurige Begebenheit in unsern noch weichen Herzen einpräge. Möchten nun alle Worte der Wahrheit, die jetzt geredet werden sollen, uns so unvergeßlich seyn, wie die Begebenheit, welche dieselbe veranlaßt. —

I.

Fürs Erste, meine Theureste! ein kurzes Wort denen, die da stehen, und denen, die sich dünken zu stehen. —

Wer stehet im moralischen oder sittlichen Sinn — Welcher Christ kann sagen: Ich stehe? —

Der, der nicht zum Laster verführt werden kann — Der seiner Tugend so sicher ist, wie seines Daseyns; Den keine Scheingründe, keine Beredungen, keine Beyspiele, keine Reitze, keine Schmeicheleyen, keine Drohungen von dem geraden Pfade der Wahrheit und Tugend wegzubringen vermögen; Der der erkannten Wahrheit immer treu bleibt, und eher sein Leben als seine Ueberzeugung, seine Tugend hingeben und aufopfern könnte. —

Der stehet — Und wo? Wo seyd ihr nun, ihr festen, treuen, unbeweglichen Seelen, ihr unverführten und unverführ=

führbaren Herzen? — Ihr verehrenswürdigste aller Menschen? — O macht mich so glücklich, euch persönlich zu kennen; Werdet mir Lehrer, Beyspiele, Vorbilder; — Laßt mich Schwachen Kraft schöpfen aus Eurer Stärke! Nehmet mich an Euern Arm! Laßt mich in Eure Fußstapfen eintreten! — Aber, wo seyd ihr seltensten, glücklichsten, verborgensten aller Menschen — Ach! Wo seyd ihr?

Je seltener, meine Theureste, diejenigen sind, welche in sittlichem und christlichem Sinne stehen; Desto häufiger sind die, welche sich dünken zu stehen. — Also nun auch von diesen ein Wort der Belehrung.

Was heißt das, sich dünken, daß man stehe? Es heißt: Sich unverführbar zum Laster, wenigstens zu gewissen Lastern halten, und durch diese Einbildung sich selber einschläfern; Es heißt: Sich eine unüberwindliche Stärke, die man nicht hat, zutrauen; Es heißt: Sich selber und die Versuchungen nicht kennen; nicht seine eigene Schwäche, nicht die Stärke der Versuchungen.

Und woher, meine Theureste! Woher wohl dieses Zutrauen zu sich selber? Woher dieser stolze Dünkel: Man stehe, ohne fallen zu können? Woher die töhrichte und dennoch so allgemeine Einbildung von seiner eigenen Unverführbarkeit zum Irrthum und Laster? ... Vermuthlich daher; Daß man vielleicht mehr weiß, als Andere wissen; Daß man vorzüglich helle und weitläuftige Erkenntniß hat; Daß man gewisse Dinge thut, die von wenigen Andern gethan werden; Daß man gewisse Dinge unterläßt, die von wenigen Andern unterlassen werden.

a.

Man hat mehr Wissenschaft als Andere; Man erkennt gewisse Wahrheiten; Man ist über gewisse Vorurtheile und Unwissenheiten gemeiner Menschen hinweg — Das bläht auf; Man erspiegelt und gefällt sich in hellem, oder vielem Wissen; Man hält Wissen für Verdienst, und Erkennen für Tugend. Viel Wissenschaft, aber giebt der Seele keine Kraft, schwächt vielmehr die Stärke zur Tugend. —

War das, meine Theureste, nicht offenbar der Fall, von dem die Rede ist? Wer wußte besser, was Wahrheit und Pflicht, was Tugend und Religion forderte? Wer verachtete mehr Unwissenheit und Vorurtheile? Wer glaubte sich eben dieses Vielwissens wegen über gewisse Fehler weiter weggesezt? — Was hilft aber alles Wissen, wenn's nicht in das Innere der Seele eindringt, wenn es nur unserer Eigenliebe schmeichelt, und unsere Einbildungskraft aufbläht? — Kann's Kraft geben, fest zu stehen? Macht es uns nicht vielmehr wankend?

b.

Was uns zweytens, und oft mehr verführt, daß wir uns dünken lassen, wir stehen, ist das Thun gewisser guter

ter Dinge, die von Andern nicht gethan werden. Wir können und thun viel Gutes, was so manche Andere nicht können und nicht thun; Das wissen wir; Darinn beschauen und bewundern wir uns gern, vergessen so gern, was Andere können, Andere thun — was wir auch nicht zu thun vermögend sind. —

Wie viel Gutes that der Verstorbene, das hundert Andern zu thun unmöglich war, woran so manchen Andern nur kein Sinn kam! — Welch ein Recht schien ihm das zu geben, sich dünken zu lassen, er stehe! — Stand er deswegen? Eben diese Kraft, so vieles zu thun, was so wenig Andere konnten, benahm ihm Lust und Kraft, so manches andere zu thun, was ebenfalls seine Pflicht gewesen wäre. —

Ob es nicht Manchem von uns im Grunde eben so gehe? Ob das Gute, das wir thun, nicht oft uns blende, das Gute nicht zu sehen, was wir unterlassen? Ob es uns nicht stolz und zuversichtlich auf uns selber mache? Ob dieser Stolz, diese Zuversichtlichkeit uns nicht die wahre Lust und Kraft zur Tugend rauben und schwächen? Nicht der erste Schritt zu unserem Falle seyen? — Das, meine Theureste, mag eines Jeden Nachdenken und Erfahren entscheiden! Indem man sich vergleicht mit Andern, wird gemeiniglich nur das gewogen, was wir thun — und Andere nicht thun, und daher entsteht Eitelkeit, Schwäche, Fall. —

Fehrner, meine Theureste! Kömmt der Dünkel — die Einbildung — daß man stehe und nicht fallen könne, bey Manchen daher, daß sie vieles unterlassen, was tausend andere vielleicht in gutem Rufe stehende Menschen ohne Bedenken zu thun pflegen?

Wir unterlassen so manches, was böse, unedel, unanständig heißt, entweder weil wir von Natur keinen Geschmack daran finden, weil wir keinen Reiz, keinen Hang dazu haben, vielleicht von allen Veranlassungen dazu entfehrnt sind — vielleicht dasselbe zu thun nicht einmahl Vermögen und Kraft haben, wie wenige können sich auf die Weise vergehen — wie jener, den wir gestern dem Tode zuführen sahen? — Ist's Verdienst — ist's Tugend — ist's Grund, sich einzubilden, man stehe, weil man nicht gerade auf diese Weise verfallen kann? Auf wie manche andere Weise konnte auch jener nicht fallen? Wie viel Böses mag er unterlassen haben, welches so manche auch aus uns sich vielleicht ohne Bedenken erlauben mögen?

Wollen wir uns bedünken lassen zu stehen — weil wir zu diesem oder jenem besondern Laster unverführbar sind?

Für's erste, wer weiß, daß er morgen oder übermorgen dieses oder jenes Laster so sehr verabscheuen wird, als heut oder gestern — und gesetzt, er wüßte es von diesem oder jenem Laster insbesondere mit der völligsten Gewißheit — und er weiß es nicht von allen — Wird er zu denen gehören,

hören, die stehen? Oder zu denen, die sich dünken zu stehen? Wie viele Laster mögen seyn, von denen wir nie mit völliger Zuversicht sagen dürfen: Diese können wir nicht begehen!

Ich bin für mich vollkommen überzeugt, vor zehen Jahren hielt der Unglückliche, den wir heute nie ganz aus dem Auge verlieren können, gewisse von seinem Verbrechen für so entfernt von seinem Herzen, als wir immer ein Verbrechen von dem unsrigen entfernt halten können. Warum? Weil er hundert Laster unterließ und verabscheute, die sich Andere erlauben, glaubte er auch die, die er doch nachher begieng, auf ewig verabscheuen zu können. — Keine Sprache ist bey einem solchen öffentlichen Vorfall, wie der gegenwärtige ist, gewöhnlicher als die: — „Nein! Nein! „So weit würd' ich mich nie vergessen können — Wie kann „doch ein Mensch so weit verfallen? Wie kann doch ein vernünftiger Mensch so weit sich vergessen? Ein Christ so tief „versinken? Was mir auch widerfahren mögte — so was „doch nicht! — Nichts Niederträchtiges doch — nichts Abscheuliches wird mein Herz je sich erlauben u. s. w." Auf das Alles, meine Freunde, habe ich nichts zu sagen, als Wer sich dünken läßt, er stehe, sehe zu — daß er nicht falle.

II.

Also nur noch ein Wort vom Fallen, und vom Zusehen, daß man nicht falle.

Fallen,

Fallen, heißt der Wahrheit, heißt: Seiner Ueberzeugung untreu werden, seiner Pflicht vergessen, wider sein Gewissen handeln.

Zusehen, daß man nicht falle, heißt: Allervorderst erkennen und empfinden, man könne fallen, sich leicht vergessen, und hinreissen lassen. — Durch die Beyspiele so mancher, die vor uns gelebt haben, und mit uns leben, und die so weise, so stark, so gut waren als wir, sich dehmüthigen, sich behutsam, sich in seine eigene Festigkeit und Stärke mißtrauisch machen lassen. Es heißt: Durch seine eigene Erfahrung innigst überzeugt seyn, daß ohne vorzügliche Wachsamkeit, ohne öftere scharfe Prüfung seiner selbst ohne geflissentliches Umschauen auf Gefahren und Versuchung, die uns Fall und Gottesvergessenheit drohen, immer zu fallen in Gefahr ist; —

Zusehen, daß man nicht falle, heißt: Die Gelegenheit sorgfältig ausweichen, wovon wir wissen oder vermuthen können, daß sie uns leicht von Gott, unserer Pflicht und der Ruhe unsers Gewissens abführen können. Wer die Gelegenheiten zum Falle sucht, der siehet sich nicht vor, daß er nicht falle.

O Jüngling! Fliehe die Gesellschaft der Spötter, und meide die verderblichen Kraise der Verächter Gottes und Christi! — Du fällst, wenn du dich ihnen nahest, wie sehr du dir dünkest zu stehen — Du fällst, eh du dich umsiehest.

Fliehe,

Fliehe, was du fliehen kannst, sonst ergreift dich das Laster, und nichts kann dich vorm Falle sichern.

Zusehen, daß man nicht falle, heißt: Die erste Regung zum Laster bemerken, den ersten Funken der Untugend sogleich in seinem Herzen zu ersticken suchen. Wie schwehr kann eine volle Flamme, wie leicht ein kleiner Funke gelöscht werden! Wer den ersten Gedanken, dem ersten Ruf oder Winke der Leidenschaften Gehöhr giebt, er mag sich so stark dünken, als er will, er ist in Gefahr, schrecklich zu fallen. — Laßt nur einen Funken der Wohllust, des Ehrgeitzes, der Raachsucht auf Euer Herz fallen, und erstickt ihn nicht; Er wird, eh' ihr es Euch versehet, zu einer Flamme werden, die weder durch eigene noch durch fremde menschliche Macht wieder gelöscht werden kann. Wer nicht fallen will, muß sich vor dem ersten kleinsten Glitschen und Mißtritte hüten. Wir wandlen immer an mehr oder weniger tiefen Abgründen, in die wir nothwendig hinabstürzen müssen, wenn wir an gewissen Stellen, aus Unachtsamkeit oder Frechheit, die geringsten Mißtritte thun. Allwissender Gott! Du weissest, wie tief jener Unglückliche fiel — in welche Abgründe der Verblendung — blos weil er die ersten Regungen der Raache nicht unterdrückte. —

Zusehen, daß man nicht falle, heißt endlich: Sich an Gottes haltende Hand halten, Gottes Gegenwart sich vergegenwärtigen, Gottes Kraft und Unterstützung durch

dehmü-

dehmüthiges und zutrauliches Gebeht sich eigen machen, Jesum Christum und die Herzenlenkende Einflüsse Seines Geistes suchen und festhalten, und des Worts des Herrn, bestätiget durch Millionen Erfahrungen, eingedenk seyn: Ohne Mich möget ihr nichts thun. —

Das Andenken an Gott und Seiner Gegenwart verlassen, heißt Gott verlassen: — Das Gebeht unterlassen, heißt Gott verlassen; Das Gebeht fliehen, heißt Tugend und Seelenruhe fliehen. — „Ach! Sagte jener Unglückliche (nun hoffe ich zu Gottes Erbarmen Begnadigter) erst gestern noch: „Ich verließ Gott; Darum verließ Gott mich — „Ich verlohr mich in einem Gewirre von Gottvergessender „Geschäftigkeit! Ich kam von Gott ab, und unterließ das „Gebeht — darum wurde ich oft wie ein Unmensch — „wie ein Vieh."

O! Daß dieß Wort eines Sterbenden uns wichtig und unvergeßlich sey, daß uns dadurch sein Tod zum Seegen werde, und für ihn selbst Freude und Belohnung daher in jener Welt erwachse. Es ist das Wort eines Erfahrnen in dem Momente, da die traurigen Folgen seiner Erfahrung lebhaft vor ihm standen. —

Ich habe für einmahl, meine Theureste, wenig mehr zu sagen, als noch das, was ich gesagt, in Apostolische Worte zusammen fassen. —

Darum

die sich stark dünken.

Darum, wer sich dünken läßt, er stehe, der sehe zu, daß er nicht falle. — Wachet, ja wachet und bethet, daß ihr nicht in Versuchung fallet; Der Geist ist willig, aber das Fleisch ist schwach.

Ermahnet einander und erbauet einander — Richtet die hinläßigen Hände und die müden Knie auf, und thut richtige Läufe mit Euren Füssen, auf daß nicht das Hinkende ausweiche, sondern vielmehr gesund werde, — und sehet, daß nicht Jemand Gottes Gnade versäume, daß nicht etwa eine bittere Ursache aufwachse, und Verwirrung mache, und viel durch dieselbigen befleckt werden. Hebr. XII.

Laßt uns mit Geduld in dem Kampf, der uns vorgelegt ist, fortlaufen, und aufsehen auf den Anfänger und Vollender unsers Glaubens, Jesum. — Sehet zu, ihr Brüder! Daß nicht jemand unter Euch ein arges Herz des Unglaubens habe, indem er von dem lebendigen Gott abtritt, sondern ermahnet Euch selbst alle Tage, so lange es heute heißt, daß nicht jemand durch den Betrug der Sünde verstockt werde; Denn, wir sind Christo theilhaftig worden, so wir anderst unsere standhafte Zuversicht bis ans Ende fest behalten. Hebr. III.

Laßt uns nicht müde werden, Gutes zu thun; Denn so wir nicht erliegen, werden wir zu seiner Zeit ärnden.

ärnden. Seyt fest und unbeweglich, und immerzu überflüßig in dem Werke des Herrn, dieweil ihr wisset, daß Eure Arbeit in dem Herrn nicht vergeblich seyn wird. Dem aber, der da mächtig ist, uns ohne Anstoß zu behüten, und vor seiner Herrlichkeit unsträflich mit Frohlocken zu stellen, dem allein weisen Gott, unserm Heiland, sey Ehr und Majestät Kraft und Gewalt, jetzt und in alle Ewigkeit, Amen!

Predigt
bey Anlaß
der
grossen Erderschütterungen
in
Sizilien und Calabrien.

Gehalten den 30sten Merz 1783.
In der Kirche bey Sant Peter zu Zürich.

C c

Nicht vorzügliche Ausarbeitung dieser Predigt (ich fühle gar zu sehr, wie unbeschreiblich viel ihr fehlt, um das zu seyn, was sie seyn sollte —) sondern die häufige Nachfrage meiner lieben Gemeindesgenossen ist die einzige mich bestimmende und beruhigende Ursache der Herausgabe derselben ... die ich für ganz entbehrlich hielte, wenn viel bessere Predigten über denselben Gegenstand, die in unsrer Stadt gehalten worden seyn sollen, herausgegeben worden wären.

Zürich, den dritten April 1783.

Aus dem XLVI. Psalm
der neunte Vers.

Kommet her! Schauet die Werke des Herrn, welche Zerstöhrungen Er auf Erden angerichtet hat.

Meine andächtige Zuhöhrer!

Die Begebenheit, die uns veranlaßte, diesen Text zu wählen, ist eine der merkwürdigsten, sonderbarsten, schrecklichsten, die sich auf unserm Erdball ereignet haben, oder ereignen können ... Wenn auch allenfalls spätere und reifere Nachrichten den frühesten von dem Umfange und der Schrecklichkeit derselben etwas abziehen sollten — Immer ist es noch eine Begebenheit, die unser Jahrhundert prägt und auszeichnet; Immer ist sie noch mehr als wichtig genug, einen Haupttext unserer heutigen Betrachtungen und Erweckungen auszumachen.

Es werden Wenige seyn, die nicht bereits wissen, wovon wir sprechen. Wir sprechen von den furchtbaren Erderschütterungen, wodurch im Anfange des lezverwichenen Februars so viele Städte, Flecken, Dörfer, Palläste, Klöster, Schlösser, Häuser, Hütten, mit Zehen, Zwanzigtausend — vielleicht Dreyßig, Vierzig, Fünfzigtausend Menschen in Sizilien und Calabrien, theils gänzlich zu Grunde gegangen, theils sehr zerrüttet und verwüstet worden sind.

Eine Begebenheit, Theureste, die, meines Bedünkens, als eine laute Donnerstimme Gottes in alle Welt erschallet. —

Und, was spricht diese laute, weit hörbare Stimme Gottes? Was ruft sie dem ganzen Menschengeschlechte, was allen Nationen, was allen einzelnen Menschen, zu deren Ohren sie gedrungen ist, was ruft sie besonders Uns zu? Kommet her! Schauet die Werke des Herrn, welche Zerstöhrungen Er auf Erden angerichtet hat?

An welche eben so wichtige als leicht vergessene Wahrheiten erinnert sie Uns? Wie soll ein Christlicher Prediger sich solche Begebenheiten zur Belehrung und Erweckung seiner Zuhörer zu Nutze machen? Soll er sich nicht fragen: Was würde wohl ein Apostel, ein propheetischer Mann, ein vom Geist des Herrn erleuchteter Lehrer der Christen — Was würde allenfalls Jesus Christus selbst bey einer solchen Begebenheit gesagt, welche Lehren, welche Wahrheiten den menschlichen Gemüthern einzuprägen gesucht haben?

So unendlich entfehrnt wir von der Anmassung sind — uns jenen Geistvollen Männern der Vorzeit auch nur nahen zu dürfen; So bleibt dennoch die Frage vernünftig und

Christ-

Chriſtlich: „Was würden Sie an meiner Stelle geſagt haben?" — Weil Sie nichts als das Wahreſte, Beßte, Schicklichſte, Weiſeſte würden geſagt haben — Was Sie ſtark, kräftig, mit Göttlicher Vollmacht und Erhabenheit ſagen würden — Das müſſen wir, ihre Schüler, ſchwächer, kraftloſer — jedoch ſo gut ſagen, als es uns möglich iſt. — Mit bebenden Schritten müſſen wir unſern groſſen Vorbildern nachgehen — und dann — mit Ihrem Geiſte wo nicht ausgerüſtet, doch mit demſelben vertraut werden. Wir finden, denk ich, daß Sie höchſtvermuthlich eine ſolche Begebenheit zu folgenden Belehrungen und Erweckungen benutzt haben würden:

Sie würden uns, ohne Zweifel, zugerufen haben:

I. Erkennet, daß der Herr Gott iſt; Allmächtiger Herr der Natur; Unumſchränkter Gewalthaber über alle lebenden und lebloſen Weſen und Kräfte.

II. Sie würden uns ohne Zweifel, an die Eitelkeit und Hinfälligkeit aller irdiſchen Dinge — und beſonders des menſchlichen Lebens, kräftig erinnert haben.

III. Sie würden uns bey einer ſolchen Begebenheit zur Buſſe, oder Sinnesänderung, und zur dankbaren Anbethung der väterlichſchonenden Langmuth Gottes erweckt haben.

Das, Theuerſte, würden Sie ohne Zweifel gethan haben — und das wollen wir jetzo vor Euch thun.

Gebeht.

Gebeht.

Allmächtiger! Heiliger! Gerechter! Schohnender! Langmüthiger — Herr der Natur! Berührer aller Seelen! Vater aller Leben! . . . Mögt' ich gewürdigt seyn, in dieser Stunde Deine Macht zu verherrlichen! Die Eitelkeit aller Dinge fühlbar zu machen! Mich, und meine Zuhörer zu weisern Gesinnungen und bessern Thaten, und zur tiefsten, froh'sten, dankbarsten Anbehtung Deiner schohnenden Langmuth zu erwecken! Amen!

I.

Kommet her! Schauet die Werke des Herrn, welche Zerstöhrungen Er angerichtet hat!

Wenn wir, Theuerste, um alles Andere vergessend, uns im Geiste auf die Stätte des Jammers und der Zerstöhrung hinsetzen; — Wenn wir von einer hohen Trümmer oder der Spitze irgend eines noch aufrechten Felsens den weitverbreitenden Schauplatz der Verwüstung übersehen — und was wenige schreckliche Momente ausgerichtet haben — in Ueberlegung nehmen; — Welche Wahrheit wird uns tausendfach und einfach entgegen kommen! Was wird uns diese allgemeine Zerstöhrung zurufen? —

Gott ist der allmächtige Herr! Ein unumschränkter Gewalthaber über alle lebenden und leblosen Wesen!

A. Er

A. Er verändert, was Er verändern will. Er zerstöhrt, was Er zerstöhrt wissen will. — Die Natur muß seinen leisesten Winken gehohrchen. Sie ist das, was Er will, daß sie sey, und mehr nicht. Was Er will, das ist. Was Er vergehen heißt, das vergeht. Alle Kräfte der Menschheit kommen mit den Seinigen nur gar in keine Vergleichung. Alles, was wir Heldenkraft, Fürstliche, Königliche Macht nennen — verdient den Namen nicht von Kraft und Macht, wenn es neben die Seinige gestellt wird. Unermeßliche Lasten sind Ihm Federleicht — Alles, was wir schwehr nennen, hat bey Ihm gar kein Gewicht.

Wie wir unsere Hand umwenden, wälzt Er Städte und Palläste, Felsen und Hügel um. Wenn Er die Erde anschaut, so erbebet sie; Er rühret die Berge an, so rauchen sie. Wann Er Sein Angesicht verbirgt, so erschräcken alle Lebendigen — Wann Er ihren Odem hinnimmt, so vergehen sie, und werden wieder zu Staube. *) Durch Sein Wort sind die Himmel gemacht, und durch den Geist Seines Mundes all ihr Heer. Er fasset das Wasser im Meer zusammen, wie in einen Schlauch, und leget die Tiefen in das Verborgene. Alle Welt fürchte den Herrn! Alle, die auf dem Erdboden wohnen, sollen sich vor Ihm entsetzen; Denn Er hat geboten, und es ist geschehen. Er hat gesprochen, und es kam — Er zerstöhrte den Rathschlag der Menschen, und machte zu Nichts die Gedan-

*) Psalm CIV.

Gedanken der Völker. Dem Könige half nicht seine grosse Macht — Der Held ward nicht errettet durch seine grosse Stärke.... *) Die Erde erbebete und erzitterte. Die Grundfesten der Berge wurden erschüttert. Ein Dampf gieng aus von Seiner Nase, und ein verzehrendes Feuer aus Seinem Munde. Er bog den Himmel und fuhr herab! Unter seinen Füssen war eine Dunkelheit. Er fuhr auf den Cherubim und flog daher. Er schwebte auf den Flügeln des Windes — Der Herr donnerte im Himmel, und der Höchste ließ Seine Stimme hören! Da sahe man Wassergüsse und der Grund des Erdbodens ward aufgedeckt — O Herr, vor Deiner Bescheltung, vom Blast und Odem Deiner Nase. **)

Er schaffet Alles, was Er will, im Himmel und auf Erden. Vor Einem Winke Seines Angesichtes würde Himmel und Erde entfliehen. Er kennt weder Mühe noch Arbeit — weiß nichts von Anstrengung oder Abspannung und Ermüdung seiner Kraft.

Kommet her! Schauet die Werke des Herrn! Welche Zerstöhrung Er auf der Erde angerichtet hat.

B. Als Sein Werk laßt uns die grossen Veränderungen ansehen, die nun alle Welt in schreckendes Erstaunen setzen....

*) Psalm XXXIII.
**) Psalm XVIII.

ten ... Was Würkung der Natur ist, ist Würkung Seines freyen allmächtigen Willens — Denn die Natur ist die freyeste Würkung Seines freyesten Willens. So wenig mein Gewand an mir sich ohne meine lebenden Glieder regen oder was würken kann ohne mich — So wenig die Natur was, ohne den Alles regenden Willen der Alles belebenden Gottheit! — Die Natur hat keinen Willen — So wenig der Thon in der Hand des Töpfers einen Willen hat. — Würkung der Alles bestimmenden Allmacht sind die Erderschütterungen und Zerstöhrungen, von denen wir reden.

Entweder ist überall kein Gott; Kein allmächtiger Herr der Natur; Kein Beherrscher der Dinge — Keine Weisheit, Keine Fürsehung; — Entweder wird überall nichts von der Gottheit gewürkt oder gewollt — Entweder ist Alles Würkung ohne Ursach; Lebend, ohne belebt zu seyn; — Verständig, ohne einen ewigen Verstand; Getragen, ohne einen Träger — Bewegt, ohne einen Beweger; Erleuchtet ohne eine Sonne — —

Oder — diese wichtige Revolutionen und Zerstöhrungen sind Würkungen des Willens Gottes und Seiner Macht. Sie sind ein Werk des Herrn — Er hat diese Zerstöhrungen auf der Erde angerichtet.

Entweder verdient überall nichts mehr den Namen von Wichtigkeit; Ist für den menschlichen Gesichtspunkt überall nichts mehr groß, oder eine solche Begebenheit ist's. — Ueberhaupt aber ist es kindisch gesprochen, wenn wir Etwas vor Gott groß oder klein nennen. — Ihm ist nichts Grosses groß, nichts Kleines klein. Alles, Groß oder Klein, Grosses und Kleines zusammen, ist nur Ein Ganzes, nur Eins vor Ihm — Eine Würkung Seiner gränzenlosen Macht, die höchsteinfach und schlechterdings unermeßlich — zugleich Sonnen führt, und Sandkörner wälzt; Ozeane und Wassertropfen bewegt; Von der Wurzel herauf durch den Stamm auf alle Aeste, Zweige, Schosse, Blühten, Bläter — auf die äusserste Spitze der höchsten Bläter würkt. — Der Allmacht ist nichts zu schwehr; Nichts zu groß; Nichts zu gering. So wie jeder Pulsschlag des Herzens auf jedes Häärchen, jedes Schweißlöchelgen unsers Körpers würkt. — So jede Bewegung des Allmächtigen auf das, was wir die kleinste Veränderung nennen.. Warum nicht auf Zerstöhrung vieler Städte, Umkehrung ganzer Dörfer, Umwälzung der Berge?

Wenn das Leben von jedem einzelnen Menschen, wenn seine Gebuhrtsstunde, wenn der Moment seines Todes allein von der Alles begränzenden Macht des ewigen Gottes abhängt; Sollte denn das Leben von Tausenden über die Gränze Seines allmächtigen Willens hinaus gesetzt seyn? Wenn sich ohne Seinen Willen keine Hand und kein Fuß regen — Ohne diesen kein verachteter Sperling auf die Erde, kein entbehrliches Haar von unserm Haupte fallen kann; Sollten einstürzende Städte, Flammenspeuende oder

Feuer

in Sizilien und Calabrien.

Feuer zurückhaltende Berge, sollten versinkende Hügel, weit auf sich schliessende Abgründe, Menschen und Thiere ohne Zahl verschlingende Tiefen — kein Gegenstand der Göttlichen Fürsehung — keine Würkung der allgewaltigen Macht des Regieres aller Welten seyn? Wie sollte dieß Alles anders als Bestimmungen seines allesbestimmenden Willens seyn? Regt sich doch jedes Gelenk unsers Fingers durch die Kraft und den freyen bestimmenden Willen unsers Geistes — Sollte dann eine so beträchtliche Veränderung der Natur — Sollte dann eine Begebenheit, wodurch das ewige Schicksal von Zehentausenden, das Zeitliche von Hunderttausenden bestimmt und auf so merkliche Weise verändert wird, — von uns anders als ein Werk Seiner Macht angesehen werden können?

Kommet her! Beschauet die Werke des Herrn! Welche Zerstöhrungen Er auf Erde angerichtet hat!

Wer das Alles bloß als Naturveränderungen ansieht, an welchen kein allmächtiges Wesen Theil nimmt — die ohne den Willen eines Alleinbeherrschers in der Natur vorgehen, der ist — das schlimmste, was man von einem vernünftigen Wesen, von einem denkenden Menschen sagen kann — ein Gottesläugner. Der glaubt keinen Gott, der die Natur sich selbst bestimmen läßt — sie von einem freybeherrschenden Willen unabhängig macht.

So wie der, der in den Evangelischen Offenbarungen, Schriften, Anstalten Gott nicht erkennet, Gottes Hand und Geist nicht darinn wahrnimmt, unmöglich als Christ, oder Christusverehrer angesehen werden kan; So kann unmöglich der als ein gläubiger Gottesverehrer angesehen werden, der Gott nicht in der Natur, und den Bewegungen, Würkungen, Veränderungen der Natur erkennt, spührt, verehrt und anbehtet.

Mit der allertiefsten Verehrung also vor der unbegränzten Macht des Schöpfers und Gebieters der Natur soll uns diese Begebenheit erfüllen... Sie soll uns, wie eine laute Gottesstimme zurufen: Bringet dem Herrn, o ihr Gewaltige! Gebet dem Herrn Ehre und Stärke! Gebet dem Herrn die Ehre Seines Namens! Behtet an den Herrn in der Zier der Heiligkeit! — Die Stimme des Herrn gieng über den Wassern! Der Gott der Ehren donnerte! Der Herr gieng auf grossen Wassern. Die Stimme des Herrn gieng furchtbar! Die Allmacht des Herrn zerbrach die Bäume des Waldes! Der Herr zerbrach Palläste und Hütten! Sie sprangen wie Kälber... Er machte sie springen die Berge in Calabrien — Und beben die Volkane in Sizilien! Der Donner des Herrn erschreckte die Wüste! — Die Allmacht des Herrn zerschmetterte die Wälder, und enthlößte die Tiefen! *) Der Herr erschüttert die Berge, und setzt sie fest mit Seiner Kraft!

Der

*) Psalm XXIX.

in Sizilien und Calabrien.

Der Herr ist gerüstet mit Macht! Er erweckt und Er stillet das Getöse des Meeres, das Rauschen seiner Wällen, und das Toben der Völker. Die zuhinderst in der Welt wohnen, sollen ob Seinen Zeichen erschrecken! *) Alles Erdreich behte Ihn an! Wie erschrecklich, o Gott! sind doch Deine Werke! Kommet her, und besehet die Werke Gottes, wie Er so erschrecklich ist in Seinen Rathschlägen unter den Menschenkindern! Er kann das Meer verwandeln in ein trocken Land! Er verschafft, daß man zu Fusse, durch den Fluß gehen kann! Er herrschet mit Seiner Gewalt ewiglich! Seine Augen haben fleißig Acht auf die Völker. Die Abtrünnigen werden sich selbst nicht erhöh'n. **) Er herrscht von einem Meer bis an's andere, und von dem Fluß an bis zu den Enden der Welt. ***) Er zertrennet das Meer mit Seiner Kraft. Er macht die Fische im Wasser zu Leichen. †) Er setzt aller Welt Marchen. Er ist erschrecklich, wenn Er sich aufmacht; Und wer mag vor Ihm bestehen? Wenn Er Sein Urtheil vom Himmel herab hören läßt — so erschrickt das Erdreich und schweiget. Er nimmt den Fürsten den Muth, und ist den Königen der Erde erschrecklich. ††) —

*) Psalm LXV.
**) Psalm LXVI.
***) Psalm LXXII.
†) Jesaid L.
††) Hiob XII, 21.

Er hat die Erde durch Seine Kraft gemacht, und den Weltkreis bereitet durch Seine Weisheit, und den Himmel ausgebreitet durch Seinen Verstand. Wenn Er donnert, so ist des Wassers die Menge unter dem Himmel; Er zeucht die Nebel auf vom Ende der Erde. Er macht die Blitz' im Regen, und läßt die Winde kommen aus heimlichen Oertern. *) Ja, o Herr! Die Himmel preisen Deine Wunder; Und wer wird in der Wolken dem Herrn gleich geschätzet werden? Wer wird dem Herrn gleich seyn unter den Kindern der Götter? Gott ist erschrecklich unter Seinen Heiligen, und wunderbar über Alle, die um Ihn sind. **) Herr, Gott der Heerschaaren! Wer ist ein mächtiger Herr wie Du? Dein sind die Himmel und die Erde; Der Umkreis der Welt, und was darinn ist. Du hast sie gegründet! In Deiner Hand sind die Heimlichkeiten der Erde, und die Höhen der Berge sind Dein! Dein ist das Meer, denn Du hast es gemacht — und Deine Hände haben das Trockene bereitet! Kommet! Laßt uns anbethen vor dem Allmächtigen — und niederknieen vor dem Herrn, der uns gemacht hat! ***) Kommet! Sehet die Werke des Herrn! Welche Zerstöhrungen Er auf Erde angerichtet hat!

II.

*) Jerem. X. 12. 13.
**) 2 B. Mose XV. 11.
***) Psalm XCVI.

II.

Und was, meine Theuerste! Ruft uns diese furchtbare Begebenheit fehrner zu? Was mehr, als: Gott ist allmächtiger, unumschränkter Herr der Natur — Kann sie uns anders, als eine Stimme Gottes vorkommen, die uns die Hinfälligkeit und Eitelkeit aller menschlichen Dinge, und besonders auch des menschlichen Lebens, auf's neue mit lauter nachdrucksamer Stimme prediget? — Ist sie nicht ein neues, scharfprägendes Siegel auf die grosse Wahrheit: Es ist dem Menschen gesetzt, Einmahl zu sterben, hernach aber das Gericht.

Die Wahrheit, die nie vergessen werden sollte und immer vergessen wird — wie kann sie klärer, treffender, höhrbarer, einbringender, unwiderleglicher ausgesprochen, geprediget, ans Herz gelegt werden, als durch eine solche alle Welt durchschallende Begebenheit? O wenn wir Geistesstärke genug hätten, Alles neben uns zu vergessen, und uns die weite Stätte, den Jammer und die Zerstöhrung klar genug zu vergegenwärtigen! .. Wie tausendfach würd' uns die Wahrheit entgegen gerufen werden: — Alles ist eitel, und eine eitle Eitelkeit. Alles, was die Natur majestätisches, und die Kunst prächtiges, und die Ueppigkeit kostbares, und die Weisheit festes und dauerhaftes erfinden und schaffen konnte — woran Jahre oder Jahrhunderte arbeiteten; — Konnte ein Moment, ein vom Himmel gesendeter, schrecklicher Moment, umkehren, begraben, verschwinschwinden machen! Mitten aus dem Besitz und Genuß Alles dessen, was die Erde schönes und gesegnetes hat, stößt ein entsetzliches Gericht Tausende heraus, und begräbt sie mit allen ihren Besitzungen, Hoffnungen und Entwürfen! — Sicher, wie wir itzt Alle sind — waren sie. Noch denselben Morgen stuhnden die Gesunden unter ihnen auf, wie wir Alle diesen Morgen aufgestanden sind; — Matt und schwach — vielleicht Todfürchtend oder Gesundheit hoffend — blieben hundert Kranke auf ihrem Lager, wie die Kranken unter uns in ihrem Bette verbleiben.... Ach! Die Sichern, dem Tode so nahen, assen ihr reiches oder armes Frühstück so sorgenlos, wie wir unser Frühstück heute noch Alle genossen. Ach! Sie giengen an ihre Geschäffte, in ihre Gewerbe, wie wir jeden Morgen, wenn wir angezogen sind, an unsere Geschäffte hingehen.... Ach! Noch bereiteten sie sich ihr mäßiges oder üppiges Mittagmahl... Begannen ihre Tische zu decken — und schon ... Ach! Schon war der Todes-Engel ausgegangen, von Gott bevollmächtiget, über die Sichern und Sorglosen ein schnelles, entsetzliches Gericht zu vollführen. Das lange Todten-Register war schon in seiner Hand, eh' einer von Allen, deren Namen darinn gezeichnet wären, daran denken könnte. Die dunkle, ernste, bange, Schreckenbelastete, donnernde Stunde kam! Und der zermalmende Berg und Felsen erschütternde Fußtritt des Todesengels gieng unerbittlich über ihren schwindelnden und sinkenden Häuptern hin. Alle Weisheit verschwand. Alle Kraft ward Ohnmacht; Alle Kunst nichts.... Unter den Füßen wich, sank, zerriß

sich,

sich, öffnete sich der grause, dunkle, verschlingende Boden — Zur Rechten und Linken wankten Wände und Mauren. . . . Die Dielen krachten, stäubten, sanken, stürzten. . . . Und alle Herrlichkeit ward zu Staub — Dunkle Mitternacht der helle Mittag — Alles zerschmetternd und zerschmettert! Zerrüttet, zerstöhrt, versinkend, verschlungen, bedeckt — Mitten aus Allem herausgehoben, schnell unterbrochen in ihren unschuldigen, reinen — oder schändlichen und viehischen Vergnügungen, in ihren menschenfreundlichen oder boshaften Anschlägen und Entwürfen. — Kein Entfliehen war möglich — Kein Entziehen half, wo es möglich war. Wer dem Tode bestimmt war, ward vom schrecklichschnellen oder schrecklichslangsamen Tode ergriffen. Kein Erbarmen der Menschen und Gottes war zu erstehen. Auf Einmahl ward das Leben aller bezeichneten Opfer des Todes versiegelt. Wie sie saßen oder lagen, standen oder giengen, in Gesellschaft oder allein waren, redend oder schweigend, lügend oder Wahrheit redend, glaubend oder zweifelnd, behtend oder fluchend, bereitet oder unbereitet; — Mit Gott vereinigt oder von Gott getrennt, wurden sie überfallen. Wie die Einwohner zu Sodoma und Gomorrha, wie die Sichern und Sorglosen in den Tagen Noahs — Sie aßen, sie tranken, sie pflanzten, sie bauten, sie kauften und verkauften, sie nahmen und gaben zur Ehe, und dachten an Nichts, bis die Fluth kam, und sie Alle dahinriß.

418 Predigt bey Anlaß der Erderschütterungen

Welch eine Darstellung der fliehenden sinkenden Eitelkeit aller Wesen, der Unbeständigkeit aller Dinge, die der menschliche Wahn sich so gern als beständig denken mögte! Welch ein neues, scharfes unauslöschliches Siegel auf die alte sich täglich erhärtende Wahrheit — Es ist dem Menschen gesetzt, Einmahl zu sterben — darnach das Gericht! Kann der Tod schneller, kann ein Gericht unausweichlicher und unaufhaltsamer über einzelne Menschen, über Völkerschaften und das ganze Menschengeschlecht kommen? Wie, wie muß uns die Lehre von dem unausbleiblichen unwiderstehlichen Ueberfall des Todes und des Gerichts eingeprägt werden, wenn eine solche Begebenheit auf unser Gemüth keinen Eindruck machen kann? Welch ein besonders warnendes Opfer sollten uns diese schnell Dahingerissenen seyn! Eiteles, töhrigtes, leichtsinniges Menschengeschlecht, in Dinge verliebt und vernarrt, die jeder Augenblick vernichtigen, jeder Wink einer Allesbeherrschenden Macht von allem Wehrte, — aller Brauchbarkeit entblößen kann! Wann willst du lernen? Wann weise werden? Wann die Augen öffnen zu sehen, und den Wehrt der Dinge zu erkennen? — Wann werden uns die irrdische Gestalten so vorkommen, wie sie sind? Wann werden wir sie für mehr nicht, als fliehende Phantomen, Schattenbilder halten, die nie die Seele selbst sättigen und befriedigen können? Wann uns nicht mehr an Rohrstäben, ja zerbrochenen Rohrstäben halten? Wann etwas suchen und festhalten, das kein Sturm bewegen, kein Stoß der bebenden Erde erschüttern, kein Sturz von Städten zerschmettern

schmettern — kein offener Abgrund verschlingen — kein langsamer, kein schneller, kein sanfter, kein gewaltsamer Tod uns rauben kann? Wie muß Gott mit uns sprechen, wenn wir hören, in welcher Sprache uns anreden, wenn wir aufmerken und Ihn verstehen wollen?...

Muß Er auch unter uns erst selbst grosse Zerstöhrungen anrichten — ehe wir von der Eitelkeit aller Dinge, von der Unausweichlichkeit des Todes und des Gerichts überzeugt seyn wollen? — Oder sind wir etwa von anderer Natur, anderm Stoffe, als Alle die, welche ein so schneller unaufhaltsamer Tod hingerafft hat? Sind die Dinge um uns her weniger vergänglich, als die Dinge um jene her? Hat der Tod weniger Rechte auf uns als auf sie? Sind wir nicht Menschen wie jene waren? Waren sie nicht aus demselben vergänglichen Staube gebildet wie wir? Erleuchtete sie nicht dieselbe Sonne? Nährete sie nicht dieselbe Erde? Sind sie nicht Gottes Geschöpfe wie wir? Haben wir nicht Alle Einen Vater? Hat uns nicht Alle Ein Gott erschaffen? *) Ist nicht über Alle derselbe Urtheilspruch ergangen: — „Du bist Erde und „sollst wiederum Erde werden, wovon du genom„men bist?"... Noch Einmahl: Waren sie nicht wenige Augenblicke vor diesem Ueberfalle noch so sicher, als wir es itzt sind? — Wer, als der Allwissende weiß — ob wir nicht gerade itzt so bezeichnete Todesopfer sind, als sie es waren? Ob nicht Alles, was wir itzt um uns sehen,

*) Malach. II. 10.

in wenigen Stunden versunken und jede Schönheit der Natur und Kunst zertrümmert seyn wird? Wer weiß, wer kann sagen — „Und wenn Alles zu Grunde gehen sollte, „was mein ist, wird nicht zu Grunde gehen — Und wenn „Alle vom Tode überfallen werden sollten — Ich werde „stet und aufrecht bleiben — Ich werde nimmermehr ent„wegt werden; Es wird mir nimmermehr übel gehen."
Wer? Ach! Wer von uns hat nicht Ursache, die Hinfälligkeit aller Dinge zu beherzigen, die Unsicherheit seines Lebens zu bedenken, die Vergänglichkeit alles Sichtbaren einen unvergänglichen Eindruck auf sich machen zu lassen? Wer nicht Ursache — mit jedem Glockenschlage ernster und inniger zu flehen: Herr! Lehre mich meine Tage zählen, und weislich zu Herzen fassen! Herr! Lehre mich bedenken, daß ich sterben muß, damit ich weise werde!

III.

Kommet her! Schauet die Werke des Herrn! Welche Zerstöhrungen Er auf der Erde angerichtet hat. —

Was ist das Dritte, was uns die grosse Begebenheit, von welcher wir sprechen, zu Sinne legt? Welch ein Ruf mögt' ich sagen, erschallt noch aus der Tiefe der zertrümmerten und der zerrütteten Gegenden in unser Ohr! Oder mit andern Worten: Was würde ein Prophet, ein Apostel aus den alten Christlichen und Israelitischen Zeiten —

Was

Was würde allenfalls Jesus Christus selbst uns bey einer solchen Gelegenheit für Erinnerungen und Warnungen ans Herz legen? — Wir können's wissen, Meine Theuerste — denn wir wissen, was Er bey einer zum Theil ähnlichen nur weit weniger wichtigen Gelegenheit gesagt hat! O eine Stelle, die unserer ernsthaftesten Beherzigung werth ist: — Es waren aber zu derselbigen Zeit etliche zugegen, die verkündeten Ihm von den Galiläern, welcher Blut Pilatus mit ihrem Opfer vermischt hatte, und Jesus antwortete und sprach zu ihnen: Meynet Ihr, daß diese Galiläer vor alle Galiläer aus Sünder gewesen seyn, dieweil sie solches erlitten haben. Ich sage Euch: Nein! Sondern, wann ihr nicht Busse thut, so werdet ihr Alle gleichergestalt umkommen. Oder meynet Ihr, daß diejenigen Achtzehen, auf welche der Thurn zu Siloa gefallen und sie ertödet hat, für alle Menschen aus, die zu Jerusalem wohnen, Schuldner gewesen seyen? Ich sage Euch: Nein! Sondern: Wann Ihr nicht Busse thut, so werdet Ihr Alle gleichergestalt umkommen. Er sagte aber dieses Gleichniß: Es hatte einer in seinem Weingarten einen gepflanzten Feigenbaum, und Er kam und suchte Frucht an demselben und fand keine; Da hat er zu dem Weingärtner gesprochen: Siehe ich komme nun drey Jahre, und suche Frucht an diesem Feigenbaum, und finde keine; Haue ihn ab! Warum machet er auch das Erdreich unnütz? Er aber antwortete und sprach zu ihm: Herr! Laß ihn auch noch dieß Jahr, bis daß ich ihn umgrabe und Bau zulege. Ob er vielleicht Frucht brächte? Wo aber nicht, so wirst du ihn in das künftige abhauen. *)

Meynet Ihr, daß Christus, oder irgend einer seiner Apostel würde bey dieser Gelegenheit nicht auch dieses sagen? Oder meynet Ihr, daß Er es billigen oder gutheissen würde — Wenn jemand von uns sich in seinen Gedanken über diese schwer Heimgesuchten weit wegsetzen, sie als ausgezeichnete Gegenstände einer ernsten Göttlichen Strafgerechtigkeit scharf und lieblos beurtheilen würde? Ich meyne es nicht. . . . „Weg mit deinen Gedanken" — denk ich, daß Er jedem von uns ernstlich zurufen würde: „Weg „mit deinen lieblosen, scharfrichtenden Gedanken von dei„nen zerschmetterten, zerquetschten Brüdern! Wenn du rich„ten willst, so richte dich selbst! Richte andere nicht, da„mit du von andern nicht gerichtet werdest! Richte dich „selber streng, damit Gott dich nicht richte. Denke mehr, „als an alles andere, an dich selbst, an dein eigen Herz: „An deine Gesinnungen, deinen Charakter, deine Gemüths„Beschaffenheit — deine Thaten, deinen Wandel, deinen „Sinn. Du bist ein Sünder, wie es jene waren. Sey „nicht stolz, sondern fürchte dich! Wer sich dünken läßt, „er stehe, der sehe zu, daß er nicht falle. Gott kennt dein „Herz so gut, als Er jener ihr Herz kannte. Gott weiß „deine Wege, deine Schritte und Tritte, wie Er jener ihre

*) Luc. XIII.

„ihre wußte. Laß dich warnen und auf dich selbst auf-
„merksam machen. Was der Mensch säet, das wird
„er auch ärndten. Gott läßt Seiner nicht spot-
„ten. *) — Gott ist nicht ein Gott, dem gottlos
„Wesen gefällt. Wer bös ist, der bleibet nicht vor
„Ihm. Die Fresser mögen vor Seinen Augen nicht
„bestehen. Er hasset Alle, die Schalckheit treiben.
„Er bringt die Lügner um. Der Herr hat einen
„Gräuel ab den Blutgierigen und Falschen. **)

„Dieß ist dir gesagt, so gut es jenen gesagt ward. Das
„geht dich an, wie es sie angieng. Sünde ist hier Sün-
„de und dort Sünde. — Gott ist dort Gott und hier
„Gott. — Wo die Sünde Sünde, und wo Gott Gott
„ist, kann es dem leichtsinnigen, frechen, unverbesserlichen
„Sünder nicht gut gehen. — Bey Gott gilt kein Ansehen
„der Person. Wie deine Freundschaft mit der Sünde,
„so deine Feindschaft wider Gott; So deine Unsicherheit,
„deine Furcht vor seinem Mißfallen und seinen plötzlich
„überfallenden, schrecklichen, unentfliehbaren Gerichten.“
In diesem Tone, diese Wahrheiten wenigstens — nicht ge-
linder nur ernster — nicht schohnender, nur treffender, würde uns bey einer solchen Begebenheit der Geist Christi und
seiner Apostel zurufen; Zurufen, das Mark und Gebein
bebte: Heut! Heut, so Ihr Gottes Stimme höhret,
so

*) Galat. VI. 7.
**) Psalm V.

so verstocket Euer Herz nicht! *) Wachet und behtet! Wachet, wie Ihr noch nie wachtet! Behtet, wie Ihr noch nie behtetet! Seyt in Bereitschaft — Denn Ihr wisset nicht, um welche Stunde Euer Herr kömmt! Sehet zu, daß sich Eure Herzen nicht beschwehren mit Fresserey und Trunkenheit und mit Sorgen der Nahrung, und irgend ein Tag des Göttlichen Gerichtes unversehens über Euch komme — Denn wie ein Strick und wie ein Netze wird über jeden Einwohner der Erde ein solcher kommen. Darum so wachet allezeit und behtet, daß Ihr gewürdigt werdet, diesem Allem zu entfliehen, das geschehen soll und vor des Menschen Sohn zu bestehen. **) — Denn meynet nicht, daß diese Sizilianer und Calabrier, die die Erde verschlangen, und einstürzende Gebäude zerschmettert haben, vor allen Einwohnern des Erdbodens aus Sünder gewesen — Nein! Wenn Ihr nicht Busse thut, nicht dem besten Sinn und Betragen nachstrebet, so werdet Ihr Alle auf eine eben so schreckliche, 'a noch schrecklichere Weise zu Grunde gehen. Wer sicher seyn will vor schrecklichen Gerichten Gottes — oder furchtfrey bleiben — oder nicht verzweifeln will, wenn schreckliche Gerichte Gottes daher kommen — lasse sich erwecken durch die, welche bereits über Andere gekommen sind! Er frage sich jeden Morgen, wenn er aufsteht, und jeden Abend, wenn er niedergeht: Wie, in welcher Gemüthsverfassung, welcher Gesinnung

*) Psalm XCV. 8.
**) Luc. XXI.

finnung er betroffen werden würde, wenn ein ähnliches Gericht auch über unsre Stadt und unser Land ergehen würde? — Er sehe eine solche Begebenheit als eine aufgehobene warnende Ruthe Gottes für sich an! Mich, Mich! Sag' er zu sich selbst, will Gott auch dadurch warnen; — Mich die Eitelkeit und Unbeständigkeit aller sichtbaren Dinge lehren; — Mich die Unsicherheit und Nähe des unausbleiblichen Todes — Mich die Unentfliehbarkeit seines Gerichtes — Mich an mich selbst, an meine Sorge für die Seele, an's Streben nach unsichtbaren, ewigen Dingen erinnern und erwecken? — Mir ruft, Mir donnert diese Begebenheit tief in die Seele: „Werde weiser mit „jedem Tage! Werde besser mit jeder Stunde! — Thue, „was du thun sollst, und fliehe, was du fliehen sollst! „Wieg deine Thaten! Prüfe deine Unternehmungen! Er„miß deine Gänge! Ueberlege deine Reden und Gesprä„che! Reinige deine Gedanken! Bezähme deine Begier„den! Demüthige dich vor Gott und Menschen und vor „dir selber! Handle so, sprich so, denk' also, daß ein „plötzlicher Ueberfall eines solchen Gerichtes deiner Seele „wenigstens nicht fürchterlich, nicht gefährlich wäre! Laß „der Schulden, die bereits auf deinem Herzen liegen, „genug seyn; Reize die Rache des Allmächtigen nicht mit „neuen Sünden — Eile nicht die Zahl und das Maas der „Sünden zu erfüllen, wodurch eine Nation zu solchen verhee„renden Gerichten Gottes reif werden kann, reif werden „muß. Mache dich los von deinen Sünden durch „Gerechtigkeit, und von deinen Missethaten durch

Dd 5 „Wohl

"Wohlthätigkeit und Barmherzigkeit gegen die Ar-
"men! Laß doch das Laster dir mit jedem Tag verhaß-
"ter — und mit jedem Tage jede Gottgefällige Tugend
"dir lieber werden! Ruhe nicht, bis dein Herz lauter und
"rein vor Gott — und dein Wandel lauter und rein ist
"wie dein Herz! Hasse das Böse; Hange dem Gu-
"ten an! Nahe dich zu Gott, so wird Er sich
"zu dir nahen! Dehmüthige dich, so wird Er dich
"erhöhen! Reinige deine Hände, Sünder — Und
"läutere dein Herz, Zweyherziger! Nimm dich des
"Elends an! Traure und weyne! Dein Lachen ver-
"kehre sich in Kummer, und deine Freude in Trau-
"rigkeit. *) Ruhe nicht, bis du mit Freude sagen kannst:
"Gott ist meine Zuversicht und Stärke, eine gewisse
"Hülfe in anliegender Noth! Darum werd' ich mich
"nicht fürchten, wenn gleich die Erde erbebete,
"und die Berge mitten ins Meer sänken — Wenn
"es gleich wühtete, und seine Wällen aufwalleten
"— Und vor seinem Ungestüm alle Berge erzitter-
"ten. **) — Denn, wenn Gott für mich ist, wer mag
"wider Mich seyn? Ruhe nicht, bis kein Wort in der
"Welt dir lieber, süsser, tröstender ist, als jenes Wort
"Wer Meine Worte höhret, und sie thut, der ist
"einem klugen Manne gleich, der sein Haus auf ei-
"nen Felsen gebaut hat; Und der Platzregen ist her-
"ab

*) Jac. IV. 7—10.
**) Psalm XLVI.

„ab gefallen, und die Wasserströhme sind gekom-
„men — und haben die Winde gewehet, und an
„das Haus gestossen; Und es ist nicht gefallen, denn
„es war auf den Felsen gegründet." *)

Zum redlichsten Eifer also, weiser und besser zu werden
— zur tiefsten Demüthigung deiner selbst vor Gott —
zur schaamvollesten Anbehtung der Göttlich schohnenden
Langmuth — Laß dich, mein Vaterland, laß dich, o Zü-
rich, laß dich, liebe Petrinische Gemeine, erwecken! Ge-
denke nicht, daß du, wenn du Andere richtest, dem
Urtheil Gottes entgehen werdest! Verachte nicht den
Reichthum Seiner Gütigkeit, und der Geduld und
Langmuth, und wisse, daß dich Gottes Güte zur
Busse leitet. Lieber! Beschaue die Gütigkeit und den
Ernst Gottes. **) — Den Ernst an denen, die Sein ge-
rechtes, heiliges Gericht hingerissen hat — die Gütigkeit
aber an dir. . . . Ach! So thörigt sey nicht, es deinem
Verdienste, deiner vorzüglichen Unschuld, Gerechtigkeit,
Sitten-Reinheit zuzuschreiben — Nein! Nicht uns, o Herr!
Nicht uns, sondern Deinem Namen gebühret die Ehre!
Nicht unsrer Unschuld — Wer kennt uns wie der Allwis-
sende, und dörfte von Unschuld und Reinheit der Sitten
sprechen? — Nicht unsrer Frömmigkeit — Sondern Seiner Treu und Huld! Nein! Nicht dein Verdienst kann
dich

---

*) Matth. VII.
**) Rom. II. 3. 4.

dich ruhig machen, sondern Sein harrendes, zusehendes, prüfendes, warnendes Erbarmen! Freue dich dieses Erbarmers und bethe an — Erhebe dein Haupt nicht stolz in den Himmel, sondern neige deine Stirn in den Staub hin vor Dem, der gegen Alle, auch gegen Undankbare und Boshafte gütig ist, und sich aller Seiner Werke erbarmt; — Bethe an Den, der nicht will, daß jemand verlohren gehe, sondern Alle zur Busse kehren; Alle sich zu Ihm wenden und seelig werden. Einmahl oder Zweymahl warnet Gott — in der Nähe und Ferne — Durch Dehmüthigungen Anderer warnet Er — Warnet auf manigfaltige Weise. . . . Oft, oft denk' ich, regte sich auf der Lippe des grossen Erbarmungsreichen Mittlers auch für dich schon das Wort: — „Laß sie noch dieß Jahr!" — Wann wird dieß allmächtigwinkende Fürwort das letztemahl für dich auf Seinen Lippen schweben? — Sey nicht stolz, sondern dehmüthig! Bist du weise, so bist du dir selbst weise! Ferne von dir der thörigte Wahn, daß die Lage des Landes, und die weite Entfernung von drohenden Volkanen *) dich gegen solche schreckliche Unfälle sichere! Soll die unmächtige Natur oder deine Thorheit dem Allmächtigen die Hände binden? Sind nicht zehntausend Mittel in Seiner Hand, Seinen richtenden und zerstöhrenden Willen zu vollziehen? Der Urheber aller Kräfte, der Beweger aller Bewegungen! — Was? Der sollte an ein oder zwey Mittel, Seine Uebermacht über unmächtige Menschen

---

*) Feuerspeyende Berge.

schen zu beweisen, gebunden seyn? Hat Er nicht zehntausend Erderschütternde Kräfe, so leicht, wie eine Einzige in Seiner Gewalt? Sind nie keine furchtbare Erdbeben, ferne von Volkanen, vorgegangen? Da beynahe halb Lissabon umstürzte, erfolgten nicht sechs Wochen hernach in allen Gegenden von Europa, nahe und fern von Feuerspeyenden oder Feuerverschliessenden Bergen, grosse und schröckende Erderschütterungen? — Was damahls geschahe, kann es nicht jetzt wiederum geschehen? Auch ohne alle Hinsicht auf die, als ungegründet erweislichen Weissagungen, mit denen man sich jetzt trägt. Und wenn gerade das nicht geschiehet — wenn auch wiederum das kein Wort der Warnung heissen kann — Geschah dann niemahls auch ohne Erderschütterung inner unsern Gränzen und bey unserm, ob Gott will, noch nicht erloschenen Andenken, etwas im Kleinen, was dort im Grossen geschah? Und was für die, die es traf, gerade von denselben Folgen war, wie die Erderschütterungen, von denen itzt alle Welt spricht? Haben wir des achten Julius 1778. schon vergessen? Was wir damahls fragten, müssen wir itzt wiederum fragen: Wie muß Gott warnen, wenn das nicht gewarnet heißt? Muß Er näher als anderthalb Stunden, näher als eine halbe Stunde an unsere Stadt kommen, wenn wir Seine Warnungen verstehen, wenn wir uns vor Seiner aufgehabenem Rechte demüthigen müssen? Wer hätte damahls eine Stunde vorher daran gedacht, daß ein wildes Waldwasser vom Berg herab so plötzlich ein ganzes Dorf verwüsten, so nahe an

der

der Stadt halbe Häuser wegbrechen, und mehr als sechszig Menschen so unwiederbringlich dahin reissen würde? Kann's einen unsinnigern Unsinn geben, als dem allgewaltigen Herrscher der Natur Hohn sprechen? Als der schohnenden und warnenden Langmuth, die ein Jahr nach dem andern so schohnend um uns herumgeht, trotzen? Wollen wir den Herrn zum Eifer reizen? Sind wir stärker als Er? Kann ein Funken wahrer Weisheit und Vernunft in dem Menschen seyn, der für Gottes gränzenlose Macht und gränzenlose Langmuth keinen Sinn hat? Welche Stimmen Gottes wird der höhren, dessen Ohr für solche Warnungen taub ist?

Ach! Laß unser Ohr, allmächtige Langmuth, bey solchen Warnungen nicht taub und unser Herz bey solchen Schohnungen nicht unempfindlich seyn! Anbehten laß uns mit Trähnen der Rührung und der dehmüthigsten Schaam die Huld, die so manchmahl für uns baht: Laß sie noch dieß Jahr! Ach noch manchmahl müsse die Stimme der Erbarmung rufen: Ich will ihn umarbeiten, ob er vielleicht Frucht trage? Noch oft müsse dieses gnadenvolle Vielleicht — dieß huldreiche: Noch ein Jahr! In den Himmeln erschallen, und tief in unsere Seelen dringen, und scharf wie ein Schwert in unsere Gebeine schneiden Jenes: Wo nicht, so magst Du ihn umhauen. Ach! Einmahl muß es unsers immer steigenden Leichtsinns genug seyn! Einmahl müsse ein so schreckliches

des Schicksal, wie so manche unserer Brüder traf, eine
ernstliche, unvergeßliche Warnung für uns seyn! Einmahl
müssest Du, o unser Schohner, Fürbitter und Aufrecht-
halter mit Blicken des Wohlgefallens auf uns herabschauen
können! Kein unbrüderliches, scharfrichtendes Wort, das
nicht mehr, wie Andere, uns selbst richtet... müsse von
uns gehört werden ... Aber gehört werden tausend
redliche, warnende, brüderliche Fürbitten — Fliessen müssen tausend reine, herzliche Trähnen des innigen Mitleids und
der zärtlichen Theilnehmung für die bestürzten Uebrigge-
bliebenen, denen Dein furchtbares heiliges Gericht ihre
Wohnungen umgestürzt, ihre Väter und Kinder, ihre
Brüter und Schwestern, ihre Bräute und Ehegatten unerbittlich aus den Armen gerissen hat —

Ja erbarme Dich, unendlicher Erbarmer, Aller, Die Du
statt unsrer zu unsrer Warnung und Belehrung gezüchtigt
hast — Seegne sie mit neuen Aeusserungen Deiner erfreuenden Liebe! Geuß Balsam auf ihre Wunden, und
laß sie nicht ersinken unter der Last ihrer gewaltigen Hand
— Laß ihnen von allen Seiten kräftige Tröstungen und
mächtige Unterstützungen zufliessen — Und endlich laß in
allen Menschenherzen, denen ihr bitteres Schicksahl zu
Ohren kommt, — irgend einen guten Gedanken, irgend
eine fromme, edle Gesinnung, irgend eine heilige, Dir
gefällige Empfindung erweckt werden! Alle Welt müsse
sich vor Dir demüthigen; Alle Sünder vor Dir zittern

Und

— Und sich Alle die freuen, die auf Dich vertrauen! Der Gottesvergessenen, welche Deinen Gerichten rufen, müssen immer weniger, und der aufrichtigen Verehrer und Anbeter Deiner Liebe und Heiligkeit, welche für den Riß stehen, und die Stützen der Länder sind, immer mehr werden. Amen.

Revision und Beylagen
zu
diesem zweyten Bande
sämmtlicher Schriften.

1.

Was ich in der Vorrede zum ersten Bande dieser Sammlung sagte, das will ich hier nicht wiederholen, obgleich ich wünschte, daß es jeder Leser dieses zweyten Bandes nachlesen mögte. Vielleicht ist bey diesen Gelegenheitspredigten das, was ich dort sagte, noch nöthiger — —

2.

Ich habe beym letzten Zusammenlesen aller dieser Predigten aufs neue gefühlt, wie Gelegenheitspredigten nach Jahren und Jahrzehenden einen ganz andern Eindruck machen, als unmittelbar nach ihrer Veranlassung. Der billige Leser wird, ohne weiteres Bitten sich leicht in die Gelegenheit und die Lage des Verfassers zurücksetzen können.

3.

Besonders hab' ich zwo dieser Gelegenheitspredigten, die ich doch gewiß sehr herzlich gehalten habe, und die auf die

Zuhörer keinen schwachen Eindruck zu machen schienen, bey der Revision auffallend matt gefunden, die bey der Taufe zweyer Israeliten und die Abschiedspredigt vom Waysenhause. Beyde Predigten mußt' ich seiner Zeit publizieren. Der Geist, der sich beym Halten regte, scheint mir auf dem gedruckten Blatte verflogen zu seyn.

4.

Behttagspredigt über Jesajá XL.

Diese Predigt ist statt einer, die des wiederhohlten Druckes nicht würdig ware, eingerückt worden.

5.

Trauungsrede an Felix Heß.

Es ist schon aus dem ersten Theile der vermischten Schriften bekannt, daß dieser würdige Freund längst — schon im ersten Jahre seines Ehestandes — gestorben, und daß sein nach seinem Tode gebohrnes Kind ihm bald nachgefolgt ist.

6.

Der Verbrecher ohne seines Gleichen und sein Schicksal.

Ueber keine meiner Schriften und Predigten bin ich so sehr verhöhnt und so unwürdig behandelt worden, wie über diese. Warum? Das weiß Gott; Ich will es nicht wissen. Die traurigste Erfahrung meines Lebens war's — daß man den Eiferer wider eine solche That — deren Geschehenheit

Revision.

schehenheit durch keine Weisheit und keine Schalckheit weg — sophistirt werden kann — so kleinlich behandelte. Auch dieß sey dem Richter aller Richtenden und Gerichteten heimgestellt — und wer Wahrheit liebt, Tugend ehrt, und der Menschlichkeit nicht hohnspricht — mag urtheilen ob ich gefehlt, daß ich nicht allein, sondern nebst allen Mitpredigern der Stadt, nach dem hochobrigkeitlichen Auftrage — über diesen unerhörten Vorfall predigte — ob ich geschwärmt, daß mir dieser Vorfall unerhört vorkam — ich — Demüthigung verdiente, daß ich diese Predigt correkt herausgab, nachdem sie drey bis viermahl ohne mein Wissen und Willen mit den unleidentlichsten Druckfehlern gedruckt worden war'. Jeder, den Leidenschaft nicht staarblind macht, mag urtheilen — ob der nicht durch Leidenschaft staarblind sey, der das Verbrechen mit aller möglichen Gelindigkeit, und den Eiferer darüber mit aller möglichen Bitterkeit und Schärfe beurtheilt — Ruhig, ohne Bitterkeit, aber wehmüthig, sag' ich's: diese Manier zu urtheilen kam mir so unerhört vor, wie das Verbrechen selbst. Uebrigens leg' ich die Hand auf den Mund. Es ist eine Zeit zu schweigen, und eine Zeit zu reden — Ich mag wohl warten — Hier folgt die schon gedruckte Nachricht, die haarscharf wahr ist — und deren noch andere Urkunden, die in meinen Händen sind, leicht beygefügt werden können.

7.

Wahre Geschichte der Nachtmahlvergiftung in Zürich.

Den 12ten September 1776. war der gewöhnliche allgemeine Buß- und Behttag, an welchem in allen Kirchen zu Zürich, so wie auch den Sonntag vorher, frühe zwischen 9. und 10. Uhr das Abendmahl gehalten wird. In einigen besonders grossen Kirchen der Stadt war die Gewohnheit, den Communionwein Abends vorher in die Kirche zu bringen, und alle nöthige Zurüstungen auf den folgenden Morgen fertig zu machen, eingeschlichen. Das geschah in der Großmünster- oder Hauptkirche der Stadt. Des Morgens hatte sich der Küster, oder wie er in Zürich heißt, der Sigerist, um etwas verspätet, und gieng erst um das zweyte Glockenzeichen, eine Viertelstunde vor der Zusammenkunft der Gemeine, mit seiner Tochter, die Kirche zu öffnen, und zu sehen, ob nichts mangle, und alles in guter Ordnung sey. Er bemerkte sogleich, da er zum Taufsteine kam, der zum Abendmahltische zubereitet ward, daß auf der Erde etwas verschütteter Wein war — und da ihm das letzte Pfingstfest vorher Wein aus einigen Sestern (hölzernen Weingefässen) nach seiner Vermuthung genommen worden war — wovon er aber vorher niemanden etwas gesagt hatte — so war sein erster Gedanke: „Wie gewiß ist mir wieder Wein genommen „worden!" — Da aber keine Zeit zu versäumen war, so hebte er nur die Gefässe, deren jedes acht Maaß halten mogte, nach einander uneröffnet auf, um zu sehen,

ob e

Revision.

oder vielmehr um zu fühlen, ob sie, dem Gewichte nach zu urtheilen, noch voll wären? Auf diese Weise fand es sich also, daß nichts mangelte. Gleich darauf bemerkte der Küster, daß von den hölzernen Bechern, die alle reinlich gewaschen, zwey und dreyßig an der Zahl, wohlgereihet, auf dem bedeckten Tischbrete standen einer (seit gestern Abend) beschmuzt war *) — Unwillig und erschrocken nahm er den Becher, weil ihm Zeit und Sinn gebrach, ohne weiteres Nachdenken — und gab ihn seiner Tochter, befahl ihn sogleich zu reinigen, und eiligst heisses Wasser herzubringen, das auf die Erde Verschüttete aufzuwaschen. Beydes geschah, und der gute, ehrliche Küster gab anfangs nur der Magd Schuld, die, wie natürlich, versicherte, daß sie gewiß alles aufs reinlichste gewaschen hätte. Also war nun vor dem Anfange des Gottesdienstes schnell wieder alles in Ordnung gebracht, und niemand vermuthete das mindeste Uebel, obgleich einige über den noch feuchten Fleck am Fußboden stutzten. —

Herr Antistes Ulrich predigte, wie gewöhnlich, und gieng nach vollendeter Predigt mit den Herrn Canonicis und Professoren von der Kanzel in die Kirche hinab zum Taufstein, zum Communiontisch. Er, der Antistes, in der Mitte vor dem Tische, zu seiner Rechten und Linken die ersten Canonici. Er hub die Nachtmahlsform an — und noch waren alle Becher leer. Während des Lesens der Form fängt der Küster an, erst aus den vier grossen höl-

*) Ein Umstand, der nicht zu übersehen ist.

zernen Gefässen oder Sestern in alle 32 Becher einzugiessen.
Es ist wohl zu bemerken, daß noch einige zinnerne Kannen unter dem Tische stehen, welche nachher von jüngern Geistlichen den ältern während der Communion nachgetragen, und aus denen immerfort die sich leerenden Becher wieder nachgefüllt werden. Aus diesen zinnernen Kannen, in denen reiner Wein war, wird anfangs nicht in die Becher gegossen; Nur aus den Sestern. Man bemerkte sogleich beym Ausgiessen, daß der Wein trüb herausfloß ... Einigen Herren giengen schnell befremdende Gedanken durch den Kopf, die aber eben so schnell durch Andacht und Liebe wieder verdrängt wurden — Die bläulichte Farbe des unreinlichen Weins war besonders einem verdächtig — aber nur einen Blitzgeschwinden Augenblick. Der Herr Verwalter am Stifte, Herr Canonikus Heß, der den Wein gegeben hatte, und gewiß wußte, daß er gut und rein gewesen war, konnte sich kaum halten, und glaubte, daß durch seinen Amtsknecht ein Versehen geschehen seyn müßte. Weil er aber nichts Böses sonst vermuthen konnte, so ließ er der Communion ihren Fortgang. Die Geistlichen um den Communiontisch communicirten zuerst; Einige schauderten, andere achtetens nicht. Wer das schlimmste dachte, dachte an ein Versehen des Amtes. Erst nachdem die Geistlichen communicirt hatten — nahm der Antistes die heiligen Zeichen und zwahr den Wein gerade aus dem Becher, der vorher beschmiert befunden, und nun wieder ausgewaschen, und aus dem vorher noch nicht getrunken worden war. Nun vertheilte man sich, nach der Gewohnheit,

heit, mit den gefüllten Bechern in verschiedene Gegenten
der Kirche. Einige von den Ministern, welche die trüb-
sten Becher hatten, stutzten, und stunden an, dieselben aus-
zutheilen; Wandten sich also in aller Stille, und gleichsam nur im Vorbeygehen, ohne daß es das mindeste Aufsehen verursachte, an den Herrn Antistes — „Ob sie den
„Wein nicht wechseln sollten?" — „Ja geschwind und
„in der Stille" — winkte der, und sie schütteten den
Wein in die Sester, und füllten die Becher wieder aus
den zinnernen Kannen. Der Wein in diesen aus demselben
Faß und Gefässe war, wie gesagt und wohl zu bemerken
ist — lauter und unverfälscht. Die von den Communicanten nun empfangenen, Bank hin und her gehenden Becher
waren mehr und minder trübe, doch bey weitem nicht so,
wie die, so ausgeleert worden waren, und da sie immer wieder
aus den zinnernen Kannen nachgefüllt wurden, worinn reiner
Wein war, so wurde dadurch der Wein im Becher immer
weniger verdächtig. Jedoch erweckte er bey sehr vielen
Communicanten Eckel, entweder durch den blaulicht unreinlichen Anblick, oder den süßlichfaden Geschmack. Die
meisten kosteten den Wein nur mit der äussersten Zunge
— die andern genossen, unbemerkt zwahr, gar nichts,
und einige spülten, so leise wie möglich, wieder aus.
Kurz, die ganze Communion gieng, wie gewöhnlich, ohne
die mindeste Zerrüttung von statten — ausgenommen, daß
etwa ein Nachbar den andern ansah und ihm sagen wollte,
oder zu sagen schien — „Dießmal war's doch schlechter
„Wein! — Die Communionshandlung gieng also unun-
ter-

„erbrochen zum Ende, die Versammlung auseinander, und
unter etwa tausend bis zwölfhundert Zuhörern mochten
etwa hundert von der Unreinlichkeit des Weins mit einander, oder mit den Ihrigen zu Hause, jedoch nur als im
Vorbeygange gesprochen haben.

Kaum aber kam der Herr Stiftsverwalter nach Hause, so
fieng er sogleich an — den Amtsknecht ernstlich zu fragen —
„Was mit dem Weine vorgegangen? Was er vor Wein
„gegeben?" — „Den gewöhnlichen Communionwein aus
„dem und dem Fasse" — „Er sey so trübe und so miß-
„färbig gewesen" — „Gestern sey er so lauter, wie möglich,
„gestossen — so lauter, wie möglich, zur Kirche gekom-
„men; Er stehe dafür." — Und würklich, da man in
den zinnernen Kannen nachgesehen — Da der Stiftsverwalter sogleich ins Pfarrhaus zur Predigerkirche, die von
demselben Wein aus demselben Fasse communicirt hatte,
hinschickte, und sich etwa einen Rest davon ausbitten ließ,
fand sich derselbe untadelhaft lauter. *).. Der Siegrist
kam gerade nach der Communion auch dazu, und versicherte, daß die Schuld nicht am Amtsknechte liege, daß der
Wein lauter zur Kirche gekommen, und erzählte, was er
des Morgens wahrgenommen. Auch der Böttger oder
Küfer, (den Jedermann als den ehrlichsten, wackersten
Mann kennt,) wurde herbeschieden, der eben dasselbe versicherte. Es fand sich auch in der Taufe, in welcher der
Wein in die Kirche getragen worden war, noch ein Rest
voll-

*) Alles dieß ist erwiesene Thatsache, die man erklären muß,
wenn Versehen statt haben soll.

vollkommen lautern Weins — welches vollends gewiß machte, daß nichts vom Weine herrühre. — Man brachte allso
die Seiler her, öffnete sie, und fand einen Rest von ungleich trübem Wein in allen vieren — Man schüttelte den
Wein, und fand einen zween bis drey Finger hohen schwe-
ren, trüben, leimichten Satz, ein Sediment. — Der
Stiftsverwalter und die gegenwärtigen Personen konnten
ihr Erstaunen nicht genug ausdrücken — Sogleich ward
der in der Nachbarschaft der Probstey gerade gegenüber
wohnende berühmte und geschickte Herr Doctor und Ca-
nonicus Geßner zur Untersuchung dieser Sache gebeten.
Er untersuchte sie des Abends und Freytags darauf; zu-
fälliger Weise in Gesellschaft Herrn Doctor Zieglers von
Winterthur, und Herrn Doctor Schinzen. — Alle diese
drey eben so behutsame als vortreffliche Naturforscher fanden einmüthig „ein Gemisch von Miet und Leit, mit
„in Eßig aufgelößtem spanischen Pfeffer, Stech-
„apfel, Schwertlilien, Fliegengift, und wahrem Ar-
„senik." —

Alle Experimente, die jeder allein und alle zusammen machten, waren übereinstimmend — die äusserst unerwartete
Wahrheit von der Vergiftung des Communionweins zu
bestätigen.

Sogleich ward allso Samstags frühe, den 14ten, von der
Geistlichkeit am Münster diese traurige Begebenheit an
die Obrigkeit mündlich und schriftlich berichtet.

Sonntags

Sonntags, den 15ten September, versammelten sich die Herren geheimen Räthe, und erkannten die allerschärfste Nachfrage und Untersuchung.

Die geschahe Montags den 16ten u. s. f. mit aller möglichen Genauigkeit. Alles, Küster, Tochter, Magd, Küfer, Knechte, Apotheker u. s. f. wurden aufgefordert, beschieden, und verhöhrt — und es entdeckte sich keine Spuhr von dem unmenschlichen Urheber dieser Unthat. Unterdessen verbreitete sich das Gerüchte, daß am Donnerstag und Freytag, und auch am Samstag noch einige Personen Uebelkeiten empfänden, und besonders des Herrn Verwalters Magd heftige Colik litte — das war wahr — doch litte niemand beträchtlichen Schaden, und es ist erwiesen, daß zwo Personen, die auch beym Münster communicirt hatten, und einige Tage nachher starben, Vater und Tochter, schlechterdings nicht davon, sondern an hitzigen Fiebern gestorben sind; Welches freylich in der Ferne übertriebene Gerüchte von den Folgen dieser Vergiftung verbreitete.

Noch darf nicht vergessen werden, daß Montags Abends auf hoch-obrigkeitlichen Befehl auch der geschickte und berühmte Herr Stadtarzt Hirzel mit Zuziehung einiger geschickten Chymisten, noch einen Theil des übrigen Weins untersuchte, und fand, wie der obrigkeitliche Buchstabe lautet — „Daß „dieser Wein mit Eckel erweckenden und betäuben„den Pflanzentheilen, auch mit sublimirtem Queck-
„silber

Revision.

„ſilber ſey vermenget geweſen." — Vom Arſenik fand er in derjenigen Portion, die ihm zur Unterſuchung übrig geblieben war, nichts. Auch nicht eigentlich ſublimirtes Queckſilber fand er, ſondern natürliches.

Nachherige Verſuche zeigten aber, daß ſublimirtes Queckſilber in beſagter Miſchung ſeine Säure fallen laſſe, und ſich wieder in lebendiges auflöſe .. Die Miſchung ſelber alſo, wodurch der Verruchte gewiß zu wirken glauben mußte, half zum Theil mit, ſeinen Höllenanſchlag zu zernichten.

Gewiß iſt's alſo einerſeits, ſo gewiß als etwas ſeyn kann — (denn noch liegen Beweiſe davon in den Händen der Unterſucher) — daß in der Miſchung Gift war — Und gewiß anderſeits — daß aus ſchon oben bemerkten Gründen, wobey auch noch die vom Vergifter nicht calculirte Gröſſe der Seſter nicht zu vergeſſen iſt, kein einziger Menſch davon beträchtlichen Schaden gelitten hat, oder daran geſtorben iſt.

Man kann ſich übrigens die Beſtürzung vorſtellen, in welche nun die ganze Stadt gerieth, und die unendliche Neugier nach dem etwannigen Urheber dieſer Unthat.

Keine Seele fiel mit ihrem Verdacht auf den, auf den man, dem Anſcheine nach, zuerſt hätte verfallen ſollen, den Küſter — da er allein Zutritt und Leichtigkeit gehabt hätte, ſo was zu thun. Warum? Weil der bekanntermaßen ein guter, ehrlicher

ehrlicher Mann war — Jedoch wurde ihm ein scharfer obrigkeitlicher Verweis gegeben, weil er keine frühere Anzeige von dem Becher gethan, den er vor der Communion mit einer ihm unbekannten Materie beschmiert gefunden.

Man untersuchte besonders auch alle Schlösser an den Thüren zum Münster, und fand alle unversehrt, und kein Merkmal eines gewaltsamen Einbruchs. Der Gedanke war also natürlich, daß der Thäter vermittelst eines Schlüssels in der Nacht den Weg zur Kirche gefunden haben — oder daß es ihm sonst leicht gewesen seyn müsse, den Zugang zu finden — Dieß veranlaßte fast die ganze Stadt den Thurmhüter und Todtengräber Wirz — in Verdacht zu ziehen, besonders, da er ein Jahr vorher Drohworte, die auf so eine That ausgelegt werden konnten, ausgestoßen haben sollte. Zu dem kam noch, was ihn am meisten beschwerte, und der Obrigkeit allein schon ein Recht gab, einen Verdacht auf ihn zu werfen, und ein unverrücktes Auge auf ihn zu haben — daß er in derselben Nacht, da diese That verübt worden war, wider seine Pflicht den Thurm verlassen hatte, und nach Hause gegangen war.

Er ward also in einen bürgerlichen Arrest gesezt, aufs genaueste verhöhrt, und über jedes Wort, das er sagte, wurden die möglichsten Erkundigungen eingezogen.

Alles

Revision.

Alles bestätigte seine Aussagen; Besonders erwies sich, daß er in der Pfingstnacht vorher, wo etwas von dem Nachtmahlwein entwendet worden war, wovon ebenfalls der Verdacht auf ihn geworfen werden wollte, nicht in der Stadt, sondern vier Stunden weit aufm Lande gewesen war.

Auch sein Haus, seine Kleider, Briefschaften und Geräthe wurden aufs genaueste untersucht. Keine Spuhr von irgend etwas, das nur im mindesten den Argwohn hätte bestätigen können.

Unterdessen wurde Sonntags, den 29sten September in allen Stadtkirchen ein obrigkeitliches Manifest abgelesen, worinn der Abscheu vor dieser That ausgedrückt, und alles zur Entdeckung des Thäters aufgefordert wurde. Es wurden dem, der eine zuverläßige Nachricht von ihm würde geben können, mit Versicherung, seinen Namen zu verschweigen, zweyhundert neue Thaler, oder fünfzig neue Louisd'or verheissen. Sogleich nach Verlesung dieses Manifestes und auch noch denselben Abend wurden die dringendsten Predigten auf diesen Vorfall gehalten, wovon bereits nebst den Lavaterschen, auch die des Herrn Antistes Ulrichs, Junker Archidiakonus Eschers und Herrn Pfarrer Freytags gedruckt sind, aber gehalten und gedruckt, ohne die mindeste bezweckte Würkung.

Der Todtengräber Wirz war den Sonnntag hindurch, da dieß geschah, noch auf dem Rathhause, und die Untersuchungen giengen immer noch fort.

Nun ereignete sich vierzehn Tage nachher ein neuer, eben so abscheulicher Vorfall — Man fand nämlich Sonntags frühe den 13ten October an vier verschiedenen Orten der Stadt eine gleichlautende anonyme Handschrift angeschlagen, worinn Wirz losgesprochen, und hingegen einige von den würdigsten und angesehensten weltlichen und geistlichen Herren als Urheber der Gräuelthat beym Münster angegeben, und noch andere verruchte Gedanken geäussert wurden. Keine einzige Seele konnte den geringsten Verdacht auf diese Männer werfen, und der ganze Ton dieser Schrift verrieth ein Herz, das nur dem Herzen des Nachtmahlvergifters gleich seyn konnte. Auch dieß schien mit zu helfen, Wirzen von dem Verdachte der Giftmischung frey zu sprechen: Nicht sowohl das Zeugniß des anonymen Schurken, als die Gewißheit, daß Wirz die Schrift nicht gemacht haben, und daß kaum ein anderer, als ein Nachtmahlvergifter, so teuflisch boshaft seyn könnte, so was ohne allen Grund, alle Wahrscheinlichkeit aufzusetzen, und am frühen Morgen, denn das zeigte die Untersuchung, öffentlich anzuschlagen. Dieser neue Vorfall verwirrte die ganze Stadt aufs neue. Die Herren geheimen Räthe versammelten sich sogleich, und Mittwochs darauf die Herren täglichen Räthe — und sodann wurde folgendes angeschlagen:

In eben dem Zeitpunkt, da Unsere Gnädige Herren und Obern mit der aufmerksamsten Sorgfalt beschäfftiget sind, auf den Grund der am letztvergangenen

heiligen

heiligen Bußtage in der Hauptkirche hiesiger Stadt verübten schrecklichen That zu kommen, müssen leider! Hochdieselben mit schmerzhaftem Bedauren erfahren, daß in Bezug auf eben diese Unthat in der Nacht vom 12ten zum 13ten dieses Monats, ein aus eben so viel Unsinn als Bosheit zusammengesetztes Schmähblatt, worinn nicht nur alles der hohen Obrigkeit gebührende Ansehen auf die frefelhafteste Weise zu Füssen getretten wird, sondern der gottlose Vorsatz offenbar hervorleuchtet, in unserm Innern ein allgemeines Mißtrauen, Gährung und Unruhe zu erwecken, und welches hiemit in dem Urheber den höchsten Grad der Vermessenheit und des verdorbensten Gemüths darstellt, an verschiedenen Orten hiesiger Stadt angeschlagen worden seye.

Hochgeacht Unsere Gnädige Herren achten sich demnach verbunden, Dero gerechten Unwillen und Ihre äusserste Entrüstung über einen solch boshaften Frefel öffentlich damit an den Tag zu legen: Und gleichwie Sie nicht im mindesten zweifeln, es werde solcher von Ihren lieben und getreuen Bürgern und Angehörigen mit gleichem Abscheu angesehen werden, als so wollen auch Hochdieselben anduch jedermänniglich bey seinem Eid und bey der Pflicht, welche jeder zu

Revision.

dem Wohl- und Ruhestand des Vaterlandes auf sich trägt, Hochobrigkeitlich auffordern, wenn ihm etwas über diese That, oder über den, oder über die Ueheber, bekannt ist, dasselbe unverweilt bey Hohe Behörde zu eröffnen ; unter dem Versprechen, daß, wer dießfalls gründliche Anzeigen, oder Nachrichten an Hand geben kann, selbst ein solcher, der sich hätte brauchen lassen, die Schmähschrift aufs Papier zu setzen oder anzuschlagen, nebst der genauesten Verschweigung seines Namens eine Belohnung von zweyhundert neuen Thalern zu erwarten haben solle. Ins besondere werden auch diejenigen Personen, welche etwan in der besagten Nacht Geschäfften halber sich auf den Strassen befunden hätten, ermahnet, wenn sie jemand Verdächtiges angetroffen, solches Meinem Hochgeachten Hrn. Seckelmeister **Hirzel** und Jkr. Stadthauptmann **Reinhardt** pflichtmäßig anzuzeigen.

Und damit endlich die Ausbreitung jener schandbaren Pasquill gänzlich gehindert, und solche unterdrückt werde, so wollen Unsere Gnädige Herren, daß die davon verhandenen Abschriften alle Endesunterzeichneter Canzley ohne Fehl eingeliefert werden: Innmaßen wenn nach der Hand über kurz oder lang,
be-

bekannt würde, daß jemand dergleichen wider den gegenwärtigen Hochobrigkeitlichen Befehl in seinen Händen zurückbehalten hätte, dieses zur Gefahr gerechnet, und jener dafür zu verdienter ernstlicher Strafe gezogen werden wurde.

Actum Mittwochs den 16. Oct. 1776.

Coram Senatu,

Unterschreiber-Canzley der Stadt Zürich.

Aber auch das half nichts — nichts alle neue scharfe Untersuchung. Einige Personen, auf die einiger Argwohn fiel, daß sie Wissen davon haben möchten, wurden eingesteckt — einige gelind, andere scharf verhört, und alle wurden wieder entlassen, weil sich aus allen ihren Aussagen nichts nachtheiliges wider sie ergab.

Endlich wurde auch Wirz wieder entlassen, und blieb bey seinem Thurmdienste.

So liegt die Sache nun bis auf itzt. Alles ist stille. Man hat sich so bis zum Eckel satt davon gesprochen, daß man ohne besondere Veranlassungen kaum ein Wort mehr davon hört.

Was hier erzählt ist, auf dessen Wahrheit, Genauigkeit und Menschen mögliche Vollständigkeit darf man sich zuververlassen. Diese Nachricht darf auch, weil einmahl die Predigten über diesen Vorfall, wiewohl ohne Wissen ihrer Verfasser, häufig gedruckt, und alle öffentliche Blätter ohnedem voll davon, und so viele falsche, widersprechende Nachrichten und Gerüchte ausgebreitet worden sind, eben nicht geheim gehalten werden. Doch ist zu hoffen, daß eine mit allen nöthigen Urkunden belegte Geschichte dieser unerhörten Begebenheit verfaßt und gemein gemacht werde, wodurch die öffentliche Bekanntmachung der gegenwärtigen kurzen Nachricht überflüßig würde.

Zürich, im Februar, 1777.

8.

Seite 247. „Mit seinen Fingern wühlte in dem Gemengsel der Bosheit." — Diesen Umstand ließ ich mit Schwabacher drucken, weil er nicht rednerisch, nicht dichterisch, sondern historisch ist — denn man fand am weissen Tuche, welches den Nachtmahltisch bedeckte, noch bestimmte Zeichen, daß der Verbrecher seine befleckte Finger daran abgewischt. Diese Flecken konnten nachher kaum ausgewaschen — das Tuch mußte wieder gebleicht werden. Ich setze, zur Ehre der Menschheit, einen Preis von hundert Thalern darauf, wenn ohne Sophisterey klar und menschenfreundlich gezeigt werden kann, wie dieser Umstand, den ich zuverläßig weiß, mit den übrigen in der Nachricht angeführten notorischen Umständen einem zufälligen Versehen oder einer unvorsetzlichen Weinverfälschung zugeschrieben werden könne? Wollte Gott, daß es ein Versehen wäre. Der wäre

ein

ein Unmensch, dem eine solche Entdeckung nicht Freude
machte. Ich will mich, o so gern, mit meiner weisen
Obrigkeit, und allen Untersuchern, und allen Mitpredigern,
und allen, die die nachherige Lästerschrift, die sich auf
diese That bezog, sahen — geirrt haben. Nur daß der Re-
spekt für die erwiesensten Thatsachen nicht verletzt, und die
notorische Unwidersprechlichkeiten durch erbärmliche Grimas-
sen der Empfindsamkeit nicht weggeurtheilt werden.

———————

Zu diesem wenigen weiß ich nun weiter nichts hinzuzuthun.
Mit bescheidener Hoffnung, daß auch dieser zweyte Band
meiner kleinen sämtlichen Schriften nicht ganz fruchtlos werde
gelesen werden, leg' ich meine Feder nieder — und sehne
mich nach neuem Licht und lebendigerer Kraft, alte Wahrheit und neue Wahrheit mit sichtbarem Erfolge auszubreiten.

Zürich, den siebenten Herbstmonat 1784.

Johann Caspar Lavater.

Register.

A.
                                                           Seite.
Abscheu vor Laster, christlich   188.
Absicht des Giftmischers   252. ꝛc.
Allgegenwart Gottes   261.
Andenken des Gerechten   178.
———— an Jesu.   187—189.
———— ———— Quelle von Tugend ꝛc.   190.
Apostolisches Wort an Alle   397.
Auferstehung Christi geweissagt   125.
Arme Bruder   207.

B.
Basedow   230.
Bekenner des Christenthums   28.
Beßter Wunsch   317. ꝛc.
Betrug der Sünde   279. ꝛc.
Beweis allgemeiner Verdorbenheit   389.
Beyspiel des Gerechten wirkt fort   175. 176. 179. 180.
Beyspiele von Fürbittern   354.
Billigkeit für Lehren zu bitten   357.
Bitte des Gerechten kräftig   357.
                                                           Bitten

Register.

Seite.

Bitten des Lehrers an seine Gemeinde   362. ꝛc.
Busse ang;botten   134.
Bußfertiger soll nicht verzagen   43.
Busse und Glaube unzertrennlich   41.

C.

Charakter eines Gottlosen   242.
Christus, Herr Aller   144.

D.

Dankbarkeit   203. 205.
————— macht den Dankbaren zufrieden   206.
David zeugt von Jesus   123.
——— redet als Prophet   124. 127.
Dehmuth   225.
Dehmüthigen vor Gott   39.
Drohungen Gottes gegen die Sünde unveränderlich   232.

E.

Eigendünkel gefährlich   395.
Einbildung 7 Stolz   226.
Eitelkeit   51.
Einziges Evangelium   135.
Ehliche Glückseeligkeit   85—88.
——— ——— durch Tugend erhöht   88. ꝛc.
Elternfreuden   94. ꝛc.
Erderschütterungen   403.

Erderschüt-

	Seite.
Erderschütterungen sind erinnernd	404.
Ermunterungen zur Busse	35. 36. 38.
Escher (H.Herrn Statthalter sel.) Verlust	116.
—— seine Verdienste um die Waysen	167. 173.
—— Beyspiel der Redlichkeit	169. 170. 171. 172.
—— letzte Aeusserung gegen mich	170.
—— Freund der Armen	172.
—— seine Frömmigkeit	175.
Evangelium richtet ohne Ansehen der Person	32.

F.

Fallen, was es heisse	396.
Falschheit	53.
Fluch über den Gottlosen	265. 1
Frage des Predigers	49.
—— (christliche)	405.
Freyheit der ersten Christen	29.
—— —— zu reden	151.
Freytag (H. Herr Pfarrherr)	341.
Freywillig sündigen	154. 262.
Friede, woher er in der Seele entstehe	219. 220.
Fromm, gerecht, einerley	176.
Furchtbarkeit Gottes	66.
Fürbitte	271. 272. 273.
—— ans Herz gelegt	349. 351. 352.
—— was sie seye	350.
—— nützlich dem Bittenden	353. 355.

Fürbitte

Register.

	Seite.
Fürbitte wirkt auch auf Andre	354. 355.
—— ihre Folgen	361.

G.

Geben seeliger als empfangen	208.
Geist Christi allen Gläubigen verheissen	143.
— — — auf die Apostel ausgegossen	127.
Geist Gottes in allen Dingen	202.
Gebeht des Herrn ist Fürbitte	351.
Gebehtsverachtung	356.
Genuß mit Glaube	203.
Gesetz Gottes will Liebe	221.
Glaube bringt Genesung	42.
— — keine Genesung ohne denselben	44.
— — ist Seele aller Handlungen	204.
Gott und den Nächsten lieben	30.
— — vergiebt Bußfertigen	38. 39.
— — ist Belohner	72. 75. 78.
— — Helffer der Schwachen	73.
— — Schöpfer der Quellen	199.
— — ist Güte	216.
— — verlassen, was es' heißt	398.
Gott angenehm	222.
Gottesläugner	411.
Göttlich unvergänglich	60. 61.
Göttlicher Wille	62.
Glückseeligkeit der Gerechten	99.

Gnade

	Seite.
Gnade Gottes im Geist erkannt	315.
Gottloser schreit immer weiter	275.
Grund menschlicher Unternehmungen	203.
Gutes wird belohnt	76.

H.

Hartherzigkeit	52.
Höheres Wesen im Menschen	61.
Höhren mit Einfalt	7.

I.

Jesum über alles lieben	30.
Jesus von Nazareth	120.
— — dessen Character	120.
— — Zeugnisse seiner Meßiasschaft	121.
— — von den Juden gekreuzigt	122.
— — auferstanden	123.
— — gen Himmel gefahren	126.
— — von Gott zum Meßias gemacht	128.
— — in Knechtsgestalt	129. 2c.
— — erhöhet	132.
— — Ursache der Seligkeit	136.
— — Herr aller Dinge	137.
— — Vergeber der Sünden	138. 2c.
— — schämte sich des Elend nicht	207.
— — die Liebe	316.

Josias

Regiſter.

	Seite.
Joſias warum er ſeine Kleider zerriß	11.
Irreligion, Laſter bringt Dißharmonie	220.
Jünger hat's nicht beſſer als ſein Meiſter	148.

K.

Kräfte der Natur von Gott	291.
Kraft Gottes fodert Zutrauen	204.

L.

Lehrer was ihm wichtig iſt	379.
Leichtſinn des menſchlichen Herzens	49. 51.
Leiden im Eheſtand durch Liebe verſüßt	97. ꝛc.
— — um Chriſti willen	650.
Liebe	18.
Liebe Gottes unendlich	320.
— — — — Unvergleichbarkeit derſelben	321.
Lob über Zürich	296.

M.

Macht Gottes	412. ꝛc.
Macht der Liebe	255.
Menſch wenn er gut iſt?	216.
— — von Gott geliebt	315.

N.

Natur muß Gott gehorchen	407.
Nichts vor Gott verborgen	67.

O.

Obrigkeit zu Zürich gerecht.	297. 298.

Pflicht

P.

	Seite.
Pflicht des Christen	30.
Prediger aus Liebe streng	37.
Predigten, ihr Unterscheid	56.

R.

Rede Petri am ersten Pfingstfest	119.
Religion ist Glükseligkeit und Tugend	215.
— — — macht den Menschen gut	217.

S.

Säen, Aernden	191.
Schiksal des Gottlosen	258. ꝛc.
Seegenswünsche	380. ꝛc.
Selbstprüfung	25.
Selbstverläugnung	23. 24.
Sich dünken daß man stehe	391. 392.
Sichtbares vergänglich	57. 60.
— — — — tägliche Beweise hievon	57. 58.
Sorgen auf Gott werfen	224. 225.
Spöttergesellschaft, gefährlich	396.
Stehen, was es heisse?	390.
Stehen, Fallen	282. 390.
Stolz	51.
Strafe der Unbarmherzigen	31.
— — der Sinnlichkeit	31.
Strafpredigt, warum?	291.
Stumpf, (weil. Pfarrer zu St. Peter)	340.

Register.

T.

Tag des Gottlosen	263. 307.
That (verruchteste)	243. 244. ic.
Tod dessen Ungewißheit	59.
Todesstunde, Gericht vergegenwärtigt	34.
Tohrheit	51.
Tugendhafter	223

U.

Veränderungen sind Würkungen Gottes	110.
Verblendung	20. 21.
Verfall des Christenthums	7. 8. 22. 247. ic.
Vergeltung nach Verdienen	63. 64. 300.
Verharren in Christo	152.
Verläugner des Christenthums	28.
Verläumdungssucht	53. 54.
Vermahnung in Christo zu bleiben	149.
——— ——— an Rechtschaffene	177.
Unbußfertigkeit, ihre Folgen	36.
Undankbarkeit widernatürlich	206.
Unglaube hemmt die wohlthätigen Einflüsse der Gottheit	204.
Unpartheylichkeit Gottes	32. 65.
Unreinigkeit	52.
Unsichtbares, ewig	61.
Unschuldigen schohnen	276.

G g   Unter

Register.

	Seite.
Unterschied der Bösen und Guten	65.
Unumschränktheit Gottes	406.
Unzählbares Gutes frommer Menschen	182. 183.
Vorbilder der heiligen Schrift empfohlen	182.
Vor Gott nichts groß oder klein	410.
Vornehmstes Gebet	13.
Vorschriften (allgemeine)	18. 21.
Ursachen des Eigendünkels	392. ıc.

W.

Wasser grosse Wohlthat	200.
Wachen, behten	284.
Warnung	301. ıc.
Wichtige Frage	14. 15.
Wichtigkeit des Lehramts	359.
Wort an den Titl. Hrn. Vorsteher des Zürcherschen Waysenhauses	323.
— — an die Pflegältern desselben	325.
— — an Hrn. Pfarrer Pfenninger	330. ıc.
— — an Hrn. Diac. Herder	332.
— — an Züchtlinge	326.
— — an die Waysen	328.
— — an die Petrinische Gemeinde	342. ıc.
— — an Stolze	68.
— — an Verläumder	69.
Wort Gottes Nahrung der Seele	62.
Wollen, können.	228.
Wünschenswürdiges des Christen	185. 186.

Zeugen

Z.

Zeugen der Auferstehung Christi	125.	126.
Ziel dem Menschen gesezt		415.
Zusehen daß man nicht falle	396.	397.
Zustand christlicher Eheleute		101.
Zweifelsucht		45.
Zweckmäßig reden		270.

Druckfehler.

Seite
27. in der Mitte verdammten statt verdaammten.
97. unten Eurem statt Curem.
139. unten Gesetz statt Geses.
170. unten nach Beschwöhrung setzet: des für unser.
190. in der Mitte heutigen statt heutige.
352. unten Punkte statt Puntte.
416. in den Wolken statt der Wolken.
426. in der Mitte Stärke statt Stäke.
429. oben Kräfte statt Kräfe.

www.ingramcontent.com/pod-product-compliance
Lightning Source LLC
Chambersburg PA
CBHW022106300426
44117CB00007B/610